LE GRAND GASPILLAGE

DU MÊME AUTEUR

en poche

Nouvelle histoire de la France, volume 1 *De la préhistoire à la fin de l'Ancien Régime*, Paris, Perrin, **tempus** n° 24, 2002.

Nouvelle histoire de la France, volume 2 *De la Révolution à nos jours*, Paris, Perrin, **tempus** n° 25, 2002.

L'Empire colonial et le capitalisme français : histoire d'un divorce, Paris, Albin Michel, Bibliothèque de l'évolution de l'humanité, 2005.

La guerre des deux France, Paris, Perrin, **tempus** n° 91, 2005.

collection tempus

JACQUES MARSEILLE

LE GRAND GASPILLAGE

Les vrais comptes de l'État

édition actualisée et augmentée

Perrin
www.editions-perrin.fr

ISBN : 2-262-02414-6

tempus est une collection des éditions Perrin.

A Jean-Michel Gaillard, ce fidèle et irremplaçable ami, sans lequel ce livre n'aurait jamais existé. A son courage, son humour et sa lucidité.

Avertissement

Depuis le 17 février 2002, le franc n'a plus de valeur légale. C'est désormais en euros qu'il faut payer et compter. Dans cet ouvrage, toutefois, certaines valeurs en francs ont été conservées. Pour deux raisons. Dans la mesure où les chiffres recensés couvrent une période longue, des années 1980 à nos jours, toute conversion en euros des valeurs anciennes peut être artificielle et peu compréhensible. C'est d'ailleurs le problème que devront résoudre les historiens économistes pour les séries de longues durée. Devront-ils traduire en euros les francs des époques anciennes ? La question n'a pas encore été examinée.

« La dette publique fut le germe de la liberté. Elle a détruit le roi et l'absolutisme. Prenons garde qu'en continuant à vivre, elle ne détruise la nation et nous reprenne la liberté qu'elle nous a donnée. »

MIRABEAU, 1789.

Avant-propos

En 2002, quand *Le Grand Gaspillage* a été publié, la dette publique de la France s'élevait à un peu plus de 900 milliards d'euros. A la fin de l'année 2004, elle a atteint 1 067 milliards d'euros. En trois années d'impuissance de l'État à s'attaquer franchement au chantier de la réforme, la dette publique s'est donc accrue de plus de 165 milliards d'euros, soit près de 2 000 euros par... seconde ! Dans le même temps, la richesse nationale, que mesure le Produit intérieur brut, s'est accrue de 101 milliards d'euros. Tout s'est donc passé comme si la totalité du surplus de richesse avait été « confisquée » par l'ensemble des administrations publiques. Ainsi, en 2004, l'impôt sur le revenu (53,4 milliards d'euros) ne sert pratiquement plus qu'à payer les intérêts de cette dette (45 milliards d'euros). A cette date encore, malgré le poids d'une dépense publique qui s'élève à 54,5 % du PIB contre 52,7 % en 2002, un des pourcentages les plus élevés au monde, l'ensemble des indicateurs de la croissance sont au rouge : le taux de chômage est grimpé de 9 % en 2002 à 10 % en 2004, la part de marché de la France dans le commerce mondial est tombée de 8 % à 7,3 %, la balance des paiements est devenue déficitaire après douze années d'excédents et les comptes de la

Sécurité sociale affichent plus de 10 milliards d'euros de déficit.

Pourtant, alors que les indicateurs de la France vont dans le mauvais sens, il ne se passe rien ou presque. L'État impécunieux et enkysté dans des organisations obsolètes est devenu un fardeau pour des Français auxquels il fait subir une trop forte pression fiscale sans pour autant leur proposer des services publics compétitifs assurant une meilleure employabilité et surtout une meilleure éducation pour leurs enfants dont près de 15 % sortent du système éducatif sans formation. Sur les trois missions qui sont les siennes, *préserver le contrat social*, c'est-à-dire garantir à chaque citoyen qu'il sera traité de façon égale à la naissance et protégé, tout au long de sa vie, de l'insécurité économique et sociale, *choisir les meilleures incitations de politique économique*, c'est-à-dire offrir le cadre le plus favorable à l'esprit d'entreprise, *préparer l'avenir*, c'est-à-dire choisir les investissements les plus stratégiques en matière de sciences et de connaissances, l'État est de plus en plus défaillant : le nombre de fonctionnaires reste pléthorique, les déficits ne se réduisent pas et la dette augmente. L'État employeur-débiteur consacre désormais l'essentiel de ses ressources à la rémunération des fonctionnaires et à la gestion de sa dette. Une dette qui pourrait devenir une véritable bombe si les taux d'intérêt augmentaient, même modestement.

Ce qui fait défaut à ceux qui gouvernent la France au plus haut niveau depuis trop longtemps, c'est le courage, la pédagogie et le bon sens. S'il y avait une loi démontrée par l'épreuve expérimentale, c'est que tous les pays qui ont su vaincre le cancer du chômage — et ils sont très nombreux — ont été, dans le même mouvement, ceux qui ont su réduire le poids de la dépense publique. Du pourcentage le plus élevé atteint au début des années 1990 à aujourd'hui, ce poids s'est réduit au Canada de

52 % à 40 %, au Danemark de 62 % à 56 %, en Nouvelle-Zélande de 46 % à 38 %, aux Pays-Bas de 56 % à 49 %, en Suède de 73 % à 58 %. La Finlande, l'Espagne et l'Irlande, qui affichent en 2004 les taux de croissance les plus élevés de la zone euro (respectivement 3,7 %, 2,7 % et 4,9 %), sont en même temps les pays qui affichent le plus faible pourcentage de déficit public (respectivement + 1,9 %, 0 % et – 0,1 %). A l'inverse, ceux qui présentent les taux de croissance les plus faibles, l'Allemagne (1,6 %), l'Italie (1,2 %) et la France (2 %), sont en même temps ceux où le déficit du budget est le plus fort (3,3 % du PIB en Allemagne, 2,4 % en Italie, 3,6 % en France). Si la France respectait simplement la moyenne de la zone euro, qui était de 48,6 % en 2004, elle pourrait redistribuer aux Français 100 milliards d'euros, soit près de *deux fois le montant de l'impôt sur le revenu*, soit plus de deux fois les intérêts de la dette, soit plus de *4 200 euros pour chaque personne active*, soit près de trois mois de revenu moyen supplémentaires.

Le gaspillage de la dépense publique, devenu au fil du temps la marque de fabrique du « modèle » français, est aujourd'hui le verrou qui absorbe sans limites des ressources qui dépassent les moyens du pays. En endettant la prochaine génération déjà confrontée plus que d'autres à la difficulté de trouver un emploi, en compromettant notre compétitivité par rapport à nos concurrents, l'État menace à terme les plus démunis et creuse le fossé entre les deux France, celle régie par le principe de la concurrence et soumise à tous les risques et celle marquée par la pérennité des avantages acquis.

Or cet engrenage n'est pas fatal. En dix ans, le nombre de fonctionnaires en Suède a été divisé par deux. En Italie, un gouvernement de gauche a, avec l'appui des syndicats, supprimé le statut de la fonction publique. Au Royaume-Uni, une réforme a permis d'assurer le financement de l'enseignement supérieur par ceux qui en bénéficient et non plus seulement par la collectivité. En France, contrairement à un lieu commun surtout partagé par les élites, qu'elles soient politiques ou syndicales, l'« opinion » n'est pas hostile à une réforme dont il faut simplement lui présenter la nécessité et les vertus. Interrogés le 15 juillet 2005 par l'Ifop pour *Le Journal du dimanche*, 66 % des Français pensent que leur pays est en déclin mais 69 % sont convaincus qu'il est capable de se réformer. 50 % pensent que la France vit dans le passé mais 89 % estiment qu'elle a beaucoup d'atouts.

En un sens, la réédition de ce *Grand Gaspillage* pourrait être analysée comme un pénible constat d'échec : pourquoi, après trois ans d'un diagnostic largement partagé, rien ou presque n'a été réalisé. Je préfère l'envisager comme un message d'espoir : deux ans avant une échéance présidentielle capitale, il est temps de proposer la pédagogie d'une réforme qui peut faire d'un pays en déclin un pays d'avant-garde si les Français et surtout ceux qui les représentent en ont la volonté et la méthode.

Quelques chiffres pour bien comprendre le poids et l'enjeu des gaspillages.

Produit intérieur brut

Même si cet indicateur des richesses créées par les différents agents (nationaux ou étrangers) opérant sur le territoire national peut être contesté, dans la mesure où il intègre aussi les services non marchands fournis au public gratuitement par les administrations (enseignement, police, défense nationale, etc.), il reste en l'état le meilleur moyen de comparaison internationale.

En 2004, il s'est élevé à *1 627,4 milliards d'euros (10 675 milliards de francs)*.

Dépenses publiques

Elles comprennent les dépenses du budget général de l'État, les dépenses des administrations de sécurité sociale et les dépenses des collectivités locales.

En 2004, elles se sont élevées à *881,8 milliards d'euros (5 784,2 milliards de francs)*.

Les dépenses du budget général

Elles comprennent les dépenses des différents ministères, le concours de l'État aux collectivités locales, les contributions de la France au profit de l'Union européenne, les intérêts de la dette.

En 2004, elles se sont élevées à 288,8 milliards d'euros (1 894,4 milliards de francs).

Les prélèvements obligatoires

Ils sont constitués par l'ensemble des cotisations sociales, des taxes et des impôts, y compris ceux qui sont reversés aux collectivités locales et à l'Union européenne) auxquels les entreprises, les salariés et les ménages sont assujettis.

En 2004, ils s'élevaient à 715,8 milliards d'euros (4 695,3 milliards de francs), soit 44,0 % du PIB.

L'impôt sur le revenu des personnes physiques

L'Assemblée constituante de 1791 avait proscrit le terme d'impôt, auquel elle préférait celui de contribution, qui met mieux en valeur la solidarité des citoyens devant les charges publiques. En pratique, pourtant, c'est bien l'impôt qui a triomphé dans le vocabulaire.

En 2004, *l'impôt sur le revenu des ménages a représenté 52,4 milliards d'euros (350 milliards de francs),* l'impôt sur les bénéfices des sociétés 44,8 milliards d'euros (293 milliards de francs) et les impôts indirects 199,3 milliards d'euros (1 307,3 milliards de francs).

Population

Au 1er janvier 2004, la France comptait 61,7 millions d'habitants (population d'outre-mer comprise). La population active (qui comprend les chômeurs) était de 26,6 millions de personnes. Le nombre de salariés employés par les secteurs concurrentiels était de 17,2 millions. Au sens du Bureau international du Travail, le taux de chômage était de 9,9 %.

Ménage

La notion de ménage est très utilisée pour l'établissement des statistiques économiques et fiscales. Ce sont les personnes seules ou les ensembles de personnes partageant un même logement (foyer) et mettant en commun tout ou partie de leurs revenus. En 2003, on en compte 24,9 millions. Sur ce total, 36,4 % sont constitués d'une personne vivant seule dans son logement.

Salaire

En 2002, *le salaire annuel net moyen était de 21 342 euros (140 000 francs)*. Le salaire médian en dessous duquel est rémunérée la moitié des Français les plus modestes est de 17 142 euros (112 444 francs).

Introduction

La moitié d'une vie de travail

Imaginons un « contribuable français type » né en 1976 qui commence à travailler aujourd'hui, prendra sa retraite en 2041 et mourra à l'âge de soixante-treize ans. Il versera, en l'état actuel des choses, 44 % de ses revenus à l'État, pour un ménage avec deux enfants percevant une rémunération égale au SMIC, près de 49 % pour un ménage avec deux enfants percevant une rémunération de cadre supérieur. Au cours de son existence, ce dernier ménage percevra près de 3,5 millions d'euros d'aujourd'hui, salaires et retraites. Il devra payer 820 000 euros de charges sociales, 300 000 euros d'impôt sur le revenu, 260 000 euros de TVA, 100 000 euros de CSG et de RDS, 152 000 euros de fiscalité automobile et 37 000 euros de taxes locales, soit un peu plus de 1,6 million d'euros de prélèvements obligatoires [1]. Ainsi,

1. Ces hypothèses sont fondées sur les cycles de vie, les revenus, les impôts et la durée du travail observés aujourd'hui. Les impôts retenus sont les cotisations salariales qui seront dues au long du cycle de vie par le contribuable, l'impôt sur le revenu, la TVA acquittée par chaque membre du foyer fiscal, la CSG non déductible et le RDS, la fiscalité locale et la fiscalité automobile qui comprend la carte grise, les taxes sur l'assurance, les taxes sur les carburants, les taxes sur les péages et la TVA payée à l'achat de l'automobile. Voir Xavier Badin, *Pour un nouvel instrument juridique de mesure de la pression fiscale*, thèse Paris-II, 2000.

le conjoint qui perçoit la rémunération de cadre supérieur au sein de ce ménage devra travailler 17 376 heures (neuf ans et six mois) pour payer les charges sociales, 6 557 heures (trois ans et sept mois) pour l'impôt sur le revenu, 5 530 heures (trois ans et un mois) pour la TVA, 2 127 heures (un an et deux mois) pour la CSG et le RDS, 3 289 heures (un an et neuf mois) pour la fiscalité automobile, 779 heures (cinq mois) pour la fiscalité locale. Au total, 35 658 heures pour acquitter les prélèvements obligatoires, soit dix-neuf ans et six mois de vie professionnelle !

Ce poids semble si exorbitant qu'il est sans arrêt dénoncé par les contribuables associés, des socialistes en repentance alertés par l'expatriation des plus brillants cerveaux, des hauts fonctionnaires du ministère des Finances sous pseudonyme, des anciens ministres saisis par le démon de la réforme, et l'ancien ministre en poste lui-même, Laurent Fabius, qui, après avoir mis en place une Mission d'évaluation et de contrôle à l'Assemblée nationale, écrivait : « Pour préparer l'avenir, pour anticiper les conséquences financières du vieillissement de la population, il faut alléger le montant de la dette léguée aux générations futures... La maîtrise des dépenses publiques reste donc indispensable. » « Baisser les impôts pour préparer l'avenir », rompre avec la tradition du « toujours plus », tel est le vaste programme de ceux qui espèrent une réforme de l'État.

Mais simultanément, ce même citoyen qu'exaspère l'abus de biens publics n'en finit pas de demander « plus de moyens » pour la sécurité et pour l'école, pour la santé et le logement, pour la famille et la recherche, pour la justice et la culture. Des écoles proches avec des effectifs faibles, des aides au logement abondantes et une police de proximité, des semaines de travail allégées et des salaires en hausse, des livres scolaires gratuits et des transports publics peu coûteux, des charges allégées et des retraites garanties. Le beurre et l'argent du beurre. Tant il est vrai qu'on préfère la Déclaration des *droits* du citoyen à celle de ses devoirs.

A cet égard, le débat sur la fameuse « cagnotte », qui, en 1999, avait mis dans l'embarras Lionel Jospin, a montré à l'excès à quel point l'ignorance des grandeurs et des contraintes était vertigineuse. Qu'on en soit venu à saliver sur un excédent de recettes de 30 milliards de francs (4,5 milliards d'euros) alors que le simple remboursement de la dette de l'État s'élevait alors à plus de 250 milliards de francs par an (38 milliards d'euros) est proprement stupéfiant. Pour que la réforme de l'État se fasse, il faut d'abord que la pression de l'opinion en faveur de la baisse des impôts s'accompagne d'une prise de conscience des contraintes qui s'exercent sur la dépense publique.

Autant dire qu'il ne sera pas ici question de dénoncer, en bonne invective poujadiste, les privilèges exorbitants des oligarques qui nous gouvernent, les dérives d'une bureaucratie devenue incontrôlable ou l'arbitraire des technocrates de Bercy.

En 1970, le poids des dépenses publiques s'élevait à 40,2 % du PIB ; en 2004, il en absorbe 54,5 %. La question est de savoir s'il est possible de faire mieux en dépensant moins, donc si les sommes prélevées par l'État sont bien utilisées et surtout si les Français, principalement les plus modestes, « en ont pour leur argent ». Les 65 milliards d'euros dépensés pour l'éducation et la recherche contribuèrent-ils à réduire les inégalités entre les classes sociales et réduire la fracture scolaire entre ceux qui savent profiter du système et ceux qui en sont les victimes ? Les 50 milliards d'euros consacrés à l'emploi et à la solidarité réduisent-ils sensiblement le poids du chômage et de la pauvreté ? Les 42 milliards d'euros consacrés à la défense nationale dotent-ils la France d'un outil efficace et moderne ?

Traquer les dépenses inutiles, vouloir réduire le train de vie de l'État, évaluer ses performances et le rapport qualité-prix de l'action administrative, ce n'est pas céder aux sirènes anglo-saxonnes et aux mirages du marché, c'est vouloir simplement respecter une certaine morale. L'argent de l'État, c'est l'argent du « peuple », comme on disait autrefois, un peuple qui sait à quel point il est difficile de le gagner. L'essentiel est de vérifier si l'État reste bien le garant du lien social ou s'il n'est pas devenu un conglomérat de corps et d'intérêts qui luttent pour s'approprier les richesses produites par les fantassins de l'économie exposée. L'avertissement lancé par Montesquieu n'a jamais été plus actuel qui rappelait que « la tyrannie d'un Prince ne met pas un État plus près de la ruine, que l'indifférence pour le bien commun n'y met une république ».

L'exception française

Même s'il faut toujours se féliciter de l'exception française, cette particularité à nous autres Français de nous croire universels, il est toutefois difficile de se glorifier du titre de champion du monde des prélèvements obligatoires. Mettre en place l'euro pour unifier l'Europe comme jamais risque d'être un pari vain si, dans le même temps, se maintient une forte divergence en matière de fiscalité.

Certes, la comparaison des taux de dépenses publiques doit être maniée avec précaution, tant il est vrai qu'elles n'assurent pas les mêmes « services » ici qu'ailleurs. Reste qu'un alignement de la France sur la moyenne des pays de la zone euro ferait baisser le montant de la dépense publique d'environ 100 milliards d'euros, soit près de deux fois le montant de l'impôt sur le revenu.

Faire comme le Royaume-Uni (41 % de dépenses

publiques en % du PIB contre 54,5 % pour la France) permettrait de reverser de manière uniforme à chaque ménage français (on en compte près de 25 millions) près de 9 000 euros par an, soit d'augmenter de plus de 40 % le salaire net moyen ! Non pas une réforme mais une révolution.

Cette révolution est possible, puisque les autres nations industrielles l'ont accomplie. Depuis 1990, la plupart des pays de l'OCDE ont réduit la part de la dépense publique dans l'emploi de leur richesse nationale. Seule la France a fait exception. En 1990, ses dépenses publiques absorbaient 47,4 % du PIB ; en 2004, elles en absorbent toujours 54,5 %, soit 881,8 milliards d'euros.

Et puisqu'il faut parler en milliards, en centaines plutôt qu'en dizaines, signalons que les réformes entreprises en Suède de 1994 à nos jours (de 73 % de dépenses publiques en % du PIB à 58 % en 2004) auraient réduit les prélèvements de l'État de 240 milliards d'euros, soit *la totalité du budget général de l'État*, soit encore *plus de 5 fois le montant de l'impôt sur le revenu* !

Certes, la référence au modèle anglo-saxon a toujours provoqué de fortes allergies. Privatisations massives des services publics, fonds de pension pour assurer les retraites et couverture individuelle maladie ne font pas bon ménage avec les humeurs françaises.

Reste qu'à côté de chez nous, dans cette Europe-providence fortement inspirée par la social-démocratie, on a pu réduire sans dommage la dépense publique tout en assurant aux citoyens une couverture maladie et un service public de qualité.

« Demander compte à tout agent public de son administration », telle était en 1789 la volonté des constituants échaudés par les gaspillages spectaculaires de la Cour, les arbitraires de la faveur, l'envolée de la dette publique et les vieux expédients fiscaux d'une monarchie aux abois. C'était une exigence civique que la révolution opposait à la tyrannie. « Demander des comptes » aujourd'hui, telle doit être l'exigence d'un peuple qui doit savoir de manière claire comment sont utilisées ses « contributions ». Car, comme l'écrit Roger Fauroux, « c'est moins le poids financier global de la machine étatique qui est scandaleux que son inefficacité par rapport aux objectifs que la nation lui fixe, son refus de se réformer et, brochant sur le tout, une ignorance que rien n'entame. Curieux ou inquiétant retour à la fin de l'Ancien Régime où les doléances du tiers ne contestaient pas la légitimité du souverain mais s'en prenaient à ses courtisans et à ses officiers jugés coûteux et inefficaces [1] ».

« Ancien Régime », l'expression vient spontanément à la bouche de tous ceux qu'exaspèrent effectivement l'arrogance et l'improductivité de l'« Administration ». Une administration incapable d'évaluer ses résultats mais assez puissante pour échapper de fait à tout contrôle. Un constat que faisait lui-même Laurent Fabius, quand il était président de l'Assemblée nationale : « Légiférer, dans une société moderne, appartient souvent à un gouvernement. Contrôler la dépense publique, c'est revenir aux sources de la démocratie parlementaire... Or, avec des prélèvements obligatoires de quatre points plus élevés que la moyenne de nos partenaires, nous ne sommes pas bien placés... Pour ne prendre qu'un exemple récent et éclairant, le recouvrement de l'impôt est, dans notre pays, moitié plus coûteux qu'en Espagne ou en Grande-Bretagne et trois fois plus qu'en Suède. » L'essentiel est dit, le mal est connu, les chiffres sont là, la bonne volonté des femmes et des hommes n'est pas en cause. Reste à comprendre pourquoi rien ne se fait.

1. Roger Fauroux, Bernard Spitz, *Notre État*, Robert Laffont, 2000.

Les propositions avancées dans cet ouvrage ne sont en rien « révolutionnaires ». Pour les élaborer, il a suffi de dépouiller l'ensemble des avis et rapports émis par la Cour des comptes depuis plusieurs années, de rassembler les rapports généraux du Comité d'enquête sur le coût et le rendement des services publics, de prendre en compte le travail de la Mission d'évaluation et de contrôle de l'Assemblée nationale et celui de la Commission des finances du Sénat et, tâche plus difficile, d'évaluer l'allégement des dépenses qu'il est ainsi possible de réaliser. Au peuple ensuite, soit d'élire des « représentants » pour appliquer un programme qu'ils n'ont jamais réalisé depuis trente ans, soit de se donner les moyens de faire respecter ses volontés tant il est vrai qu'en démocratie c'est le peuple et non l'administration qui est réputée avoir raison.

« De quoi s'agit-il en définitive, écrivait encore Laurent Fabius que, anciennes fonctions et nouvelles ambitions obligent, nous avons abondamment cité ? Il s'agit de substituer à une logique de dépenses une logique de résultats. Il s'agit que l'Administration rompe avec une tradition du toujours plus et quelle soit rendue sans cesse plus attentive à l'efficacité de son action. Il s'agit que le Parlement joue pleinement son rôle en contrôlant réellement les dépenses publiques (budgétaires et sociales), en discutant du fond des sujets et non de données chiffrées incompréhensibles — et souvent faites pour l'être — en disposant d'une vision complète et non pas tronquée de la sphère publique pour arrêter des choix et veiller à leur respect. Bref, il s'agit de revenir à la source de la légitimité parlementaire, tout en l'adaptant aux donnes de la société moderne. Vaste programme ? Raison de plus pour avancer sans retard. »

A la logique du « toujours plus », il est effectivement urgent et possible de substituer celle du « enfin moins ».

100 milliards d'euros d'économies, c'est possible

Réduire de 100 milliards d'euros les dépenses publiques, tel est l'objectif que nous allons nous fixer pour mettre fin au grand gaspillage dont toutes les parties intéressées connaissent l'ampleur. Le pire, en la matière, est en effet que les « coupables » sont connus, les preuves établies mais la sanction impossible. Pour prendre la mesure du dossier d'« instruction », il faut lire le rapport établi par Didier Migaud, le rapporteur général socialiste de la Mission d'évaluation et de contrôle constituée le 3 février 1999, mission dont les travaux n'ont guère eu d'échos.

Cette mission, coprésidée par un membre de la majorité et de l'opposition, a réfléchi comme tout chef d'entreprise au moment d'engager ses fonds personnels ou ceux de ses actionnaires : comment contrôler l'affectation des crédits aux actions pour lesquelles ils ont été accordés, d'une part, et comment évaluer leur efficacité, d'autre part ? Question somme toute existentielle quand elle s'adresse à un Parlement chargé de décider de la dépense publique en votant la loi de finances et mandaté pour veiller au respect de l'article XV de la Déclaration des droits de l'homme et du citoyen : « La société a le droit de demander compte à tout agent public de son administration. »

Le droit, certes, mais pas la possibilité. Comme le relevait Pierre Joxe, premier président de la Cour des comptes, « l'opposition ne peut pas et la majorité n'ose pas ». Dans notre pays à nul autre pareil, en effet, *aucune instance autonome, à l'autorité reconnue, n'est chargée d'évaluer, de manière systématique, l'efficacité de la dépense publique*. Voulu par le général de Gaulle et les constituants de 1958, en réaction contre les pratiques de la IVe République, le Parlement est en fait incapable de contrôler la gestion du gouvernement dont l'arrogance, en la matière, renvoie aux heures de gloire de la monarchie absolue. On est loin, aujourd'hui, de la notion qui prévalait au XIXe siècle. Le budget était, à l'époque, l'aboutissement du contrôle du Parlement sur l'exécutif. Il est devenu depuis quarante ans l'instrument non contrôlé de la politique du gouvernement.

Alors que ce dernier dispose de plusieurs mois pour élaborer la stratégie qu'il entend mettre en œuvre et, surtout, arbitrer entre les exigences de ministres dont la principale préoccupation est de pouvoir dépenser plus que le voisin et démontrer ainsi qu'ils ont les faveurs du prince, le Parlement, selon l'article 47 de la constitution de 1958 et l'article 39 de l'ordonnance du 2 janvier 1959, ne dispose que d'un délai total de soixante-dix jours pour adopter le projet de finances. Si le Parlement ne respecte pas ce délai, le gouvernement peut le dessaisir et le mettre en vigueur par ordonnance. Une dispostion jamais mise en application dans la mesure où les députés des majorités successives se sont bien gardés de « demander compte » à l'Administration.

En 1959 déjà, René Pleven, ancien ministre des Finances et ancien président du Conseil, s'était écrié : « Nous ne pouvons pas accepter que, par des procédés indirects, comme celui de l'ordonnance du 2 janvier 1959, on vide de leur contenu, de leur substance, les pouvoirs qui avaient été attribués au législatif. » Quarante ans plus tard, Didier Migaud lui fait écho en écrivant : « Il est désormais patent que l'examen de la seconde partie du projet de loi de finances [celle qui concerne les dépenses] est devenu un exercice de style et ne permet guère d'analyser les résultats des politiques suivies ni les moyens utilisés pour les atteindre. Compte tenu de ses modalités, notre procédure budgétaire constitue donc désormais un obstacle à l'évaluation de la dépense publique. *On peut même s'interroger sur le point de savoir si elle ne contribue pas indirectement à la croissance continue de celle-ci.* »

Exemple parmi d'autres, le principe des services votés, qui représentent le minimum de dotations que le gouvernement juge indispensable pour poursuivre l'exécution des services publics dans les conditions de l'exercice précédent, se traduit par *une reconduction quasi automatique de 90 % des crédits de l'État.*

Une anecdote rapportée par Jean Kerna (pseudonyme d'un haut fonctionnaire du ministère de l'Économie, des Finances et de l'Industrie) traduit assez l'incapacité des « représentants » du peuple à s'exprimer en son nom. Lors du débat sur le projet de loi de finances pour 1996, l'Assemblée nationale, après avoir approuvé les recettes, adopte *un amendement réduisant de 2 milliards de francs le déficit budgétaire, qui était de l'ordre de 300 milliards de francs.* La conséquence du vote était une réduction appropriée des dépenses des ministères qui arrivaient en discussion. Les ministres commencent toutefois à défiler sans que les dépenses proposées soient remises en cause. Vers le milieu de la discussion, le président s'exclame alors du perchoir : « Et alors, on les trouve quand, ces 2 milliards ! Ce serait quand même plus pratique si le gouvernement nous disait où l'on peut faire des économies ! » *Le Parlement était en fait impuissant à réduire les dépenses de l'État de... 0,15 %* [1].

Considérée comme l'un des temps forts de la vie parlementaire, la période budgétaire qui s'ouvre en octobre pour s'achever à la fin de l'année civile a progressivement perdu de son intérêt et cette situation est d'autant plus grave que les travaux budgétaires de l'automne ne se prolongent pas, le reste de l'année, par un effort d'examen approfondi de la dépense publique. Privés d'informations sur l'efficacité de cette dépense, inca-

1. Jean Kerna, « Les retards de l'État manager », dans *Notre État, op. cit.*

pables de coordonner les travaux des différents rapporteurs, n'utilisant qu'avec parcimonie les remarquables travaux d'évaluation menés par la Cour des comptes, les représentants du peuple sont en fait incapables de mesurer réellement comment les milliards qu'on lui prélève lui sont efficacement restitués.

Certes, cette dépense fait l'objet de contrôles comptables aussi minutieux que tatillons. Les vingt mille pages annuelles du *Journal officiel* traduisent assez la sur-avalanche de réglementations aussi lourdes qu'inutiles. Elles montrent surtout l'incapacité du gouvernement à « rendre compte » de sa gestion. Alors que la plupart des pays occidentaux ont mis en place des procédures d'évaluation de la dépense publique à l'exemple du *National Audit Office* au Royaume-Uni, toute tentative de contrôle parlementaire est vécue par l'administration française comme un crime de lèse-majesté.

Alors qu'à tout instant le chef d'entreprise ou... le père de famille se posent des questions sur l'utilisation de l'argent qu'ils détiennent, les agents publics qui gèrent les centaines de milliards prélevés sur « le peuple » sont incapables d'en évaluer l'utilité. Ce n'est pas qu'ils sont malhonnêtes ou stupides. Ils font simplement ce qu'ils ont à faire. Le rédacteur rédige des textes que les dépensiers devront appliquer et les contrôleurs contrôler. Le gestionnaire se fait un devoir de dépenser tous les crédits qui lui ont été affectés, on ne sait jamais de quoi demain, c'est-à-dire l'année prochaine, sera fait. Le contrôleur contrôle que ces crédits ont bien été dépensés selon les règles. Et le contrôleur est lui-même contrôlé par d'autres contrôleurs qui vérifient qu'il a bien contrôlé. Bien formés, consciencieux, ces nombreux fonctionnaires appliquent à la lettre ce pour quoi ils sont programmés. Mais ils sont incapables de mesurer la « rentabilité », un mot horrible étranger à leur vocabulaire et leur culture, des centimes dont ils attendent seulement qu'ils ont été « régulièrement » dépensés. *Si leur formation leur permet de savoir « comment faire », leur absence de sens pratique leur interdit de réfléchir au « pour quoi faire »*. Dans la mesure où le système de gestion des dépenses est assis sur une logique de consommation des crédits annuels, critère de la « bonne » gestion, et non sur une logique de maîtrise de la dépense, la gestion est réputée efficace si les crédits sont consommés ; s'ils sont « épargnés », la prévision est jugée défaillante et la sanction est immédiate : les crédits de l'année suivante sont révisés à la baisse. « Dans un centre d'orientation scolaire qui disposait de deux Renault 4, confie à *L'Expansion* Thierry Klinger, le préfet du Finistère, j'ai vu acheter soudain, un jour de novembre, vingt-quatre pneus et quatre batteries, afin d'éviter toute restriction sur cette ligne budgétaire. »

Que Stéphane Martin, directeur de cabinet de Philippe Douste-Blazy, ministre de la Culture de 1995 à 1997, en arrive à écrire que, « selon les estimations, le poids de l'action culturelle publique ou parapublique varie de 75 à 150 milliards de francs par an », laisse pantois. *Les 75 milliards ainsi laissés en suspens dans une estimation improbable représentaient quand même la somme approximative des budgets de la Recherche et du Développement (57 milliards) et des Affaires étrangères.*

Qu'une commission d'enquête de l'Assemblée nationale chargée d'évaluer *les 81 milliards de francs d'aides aux PME* se déclare incapable de connaître le montant de ces aides qui vont à des grands groupes est proprement stupéfiant. « Face à cette ignorance déclarée, écrit-elle, il est apparu encore plus étonnant à la commission d'enquête que l'Administration soit elle-même incapable d'indiquer les montants d'aide publique accordés aux grands groupes. » Constatant la carence des contrôles des pouvoirs publics sur l'attribution de ces aides, elle a simplement estimé que la part des aides irrégulières accordées par les collectivités locales atteindrait *la proportion de 77 %* !

Certes, sans que l'opinion en ait été réellement informée, la fameuse ordonnance qui fixait, depuis 1959, les règles de la discussion budgétaire à l'Assemblée nationale et au Sénat vient d'être réformée, au bout de la trente-sixième tentative. Validée par le Conseil constitutionnel le 25 juillet 2001, cette loi va enfin permettre de rendre le budget de la France plus intelligible et plus intelligent. Dès 2006, le budget de l'État devra comporter des indicateurs de performances. L'activité de l'administration pénitentiaire, par exemple, sera évaluée à partir de critères tels que le taux d'incarcération provisoire se terminant par un non-lieu, le taux de scolarisation des détenus, le taux de suicide... Les responsables des administrations auront l'obligation de rendre compte, chaque année, du respect de leurs objectifs dans le cadre d'un rapport annuel de performances discuté au Parlement. Reste que sans faire injure à la bonne foi de ceux qui veulent vraiment réformer l'État, il est nécessaire de montrer sur pièces aux citoyens ce qu'ils pourraient économiser et ce qu'ils auraient pu économiser si l'Administration avait su simplement gérer rationnellement leur argent.

Ce que nous allons ici leur proposer, c'est une visite guidée à l'intérieur de ce qu'un célèbre ministre a appelé « le mammouth ». Un mammouth qu'il est urgent de dégraisser pour mieux assurer l'avenir, protéger davantage les plus faibles, encourager l'initiative des plus entreprenants. Point par point, il s'agira d'évaluer les gaspillages pour atteindre l'objectif des 100 milliards d'euros que nous nous sommes fixés. 100 milliards, ce chiffre peut paraître énorme à ceux qui ne connaissent pas la somme des dépenses publiques. En fait, 100 milliards ne représentent *qu'un peu plus de 10 % des*

880 milliards d'euros qu'ont consommés en 2004 l'État central, les collectivités territoriales et la Sécurité sociale. Or 10 % c'est l'estimation moyenne du gaspillage à laquelle sont parvenus tous les organismes de contrôle de la dépense publique. 10 %, c'est trois fois moins que la somme que la France aurait pu « économiser » en réduisant, comme la Suède depuis dix ans, le montant de sa dépense publique.

Quand la rénovation du Théâtre national de Strasbourg a coûté 133,2 millions de francs alors que le coût d'objectif était de l'ordre de 55 millions, quand le Centre national de la photographie achetait pour 102 419 francs des ouvrages qu'il aurait pu obtenir pour 76 815 francs, quand les contribuables de Gonfaron, une commune du Var, ont dû verser 1 995 000 francs de surcoût pour une école maternelle mal réalisée qui leur a coûté 5 014 527 francs, quand l'investissement global pour réaliser ÉOLE et MÉTÉOR a avoisiné les 15 milliards de francs alors que les études préparatoires avaient fixé comme objectif 5 milliards de francs, quand les dépenses médicales sont supérieures d'environ 23 milliards d'euros à celles de la moyenne des pays de l'OCDE, on mesure, sans excès, à quel point une réduction de 10 % des dépenses publiques n'est pas une utopie.

Autant dire que notre intention n'a rien d'iconoclaste. Il ne s'agira pas ici seulement de pointer les subventions détournées, de relever les malversations ou de dénoncer les montages anticoncurrentiels. Nous entendons démontrer qu'un service peut souvent être mieux rendu pour moins cher et qu'une détermination politique forte pour supprimer les dépenses inutiles ou nuisibles permettrait d'améliorer la qualité des services publics tout en restituant aux contribuables près du double des sommes qu'ils versent au titre de l'impôt sur le revenu.

1

Les gaspillages de l'État culturel

« Le ministre d'État... a pour mission de rendre accessibles les œuvres capitales de l'humanité, et d'abord de la France, au plus grand nombre possible de Français, d'assurer la plus vaste audience à notre patrimoine culturel et de favoriser la création des œuvres d'art et de l'esprit qui l'enrichissent. » Énonçant ces beaux principes, André Malraux n'imaginait sans doute pas que ses successeurs en feraient un slogan tristement comptable : le fameux 1 % culturel ! Comme si un pourcentage pouvait constituer l'horizon d'un projet politique, les ministres successifs ont chacun pris part à la quête de cette frontière mythique. Et, preuve que la volonté politique peut parfois triompher, l'orgasme statistique a été atteint avec le projet de loi de finances de 2002 : *1 % du budget de l'État alloué à la culture !* Avec *16,88 milliards de francs (2,57 milliards d'euros)*, la rue de Valois allait permettre aux Français assoiffés de culture de se prosterner devant les « œuvres capitales de l'humanité et d'abord de la France ».

1 %, ce pourcentage peut paraître dérisoire à tous ceux qui pensent que l'État a pour mission de favoriser l'accès de tous à la culture et de peupler le « désert français » en orchestres symphoniques et en festivals d'été.

Comment ne pas souscrire à ces autres paroles d'André Malraux qui voulait que chaque Français puisse accéder à la culture, c'est-à-dire « à l'ensemble des réponses mystérieuses que peut se faire un homme lorsqu'il regarde dans une glace ce que sera son visage de mort » ? Comment ne pas vouloir « qu'en face du cinéma et de la télévision les plus détestables, il y ait quelque chose qui compte » ?

Les Français ont beau dénoncer le coût des grands travaux et bouder les retransmissions lyriques d'Arte, ils semblent juger parfaitement légitime l'action que l'État mène dans le domaine culturel. C'est même l'un des domaines où l'action publique paraît la moins contestée. Le savoir-fête de Jack Lang n'y est pas étranger. De la fête de la Musique au défilé Goude sur les Champs-Élysées, le 14 juillet 1989, l'État ne semble pas avoir mesuré ses efforts : « Qui dans ces gouvernements n'a pas voulu un jour " changer la vie " ? déclarait Jack Lang à un journaliste de *Globe* en avril 1991. Et si d'aventure quelques-uns ne lisent pas Rimbaud, ils vont le lire, je m'en charge. »

13 321 organismes subventionnés

Il faudrait vraiment avoir un cœur de pierre pour vouloir donc rogner ces quelques milliards qui permettent à tous les Français de lire *Les Illuminations*. Il faut rappeler toutefois que le budget du ministère ne couvre qu'une assez faible partie de l'ensemble des dépenses publiques consacrées à la culture. Aux 16 milliards de francs de la rue de Valois, il fallait ajouter les 23 milliards de francs que les autres ministères octroyaient à la culture et, surtout, les 37 milliards de francs que consacrent à l'action culturelle les collectivités territoriales. 76 milliards de francs, pour le moins, mais, selon

Stéphane Martin, président de l'Établissement public du musée du quai Branly, 150 milliards peut-être. *150 milliards de francs, près de 23 milliards d'euros, soit un peu moins que la moitié de l'impôt sur le revenu, près de 1 000 euros pour chacun des 25 millions de ménages que compte la France, alors que ces mêmes ménages dépensent d'eux-mêmes chaque année en moyenne un peu plus de 1 000 euros pour leur budget culturel !*

De 11,5 à 23 milliards d'euros. Pour quelle efficacité ? Dans son rapport public 1999, la Cour des comptes, qui avait enquêté sur les relations entre l'État et les associations dans le secteur culturel, pointait le fait que « la fréquence, parfois la gravité, des pratiques constatées témoignent de la nécessité d'une remise en ordre dans ce qui constitue l'un des secteurs principaux de l'action culturelle publique ». Tout d'abord, elle soulignait, comme nous l'avons déjà fait pour les services votés, que *moins de 10 % des crédits du ministère sont chaque année disponibles pour aider de nouveaux projets*, le reste correspondant à la reconduction de subventions accordées antérieurement, soit à des organismes financés en permanence, soit au titre d'engagements contractuels pluriannuels. Insuffisance du réexamen systématique pour les 13 321 organismes subventionnés par le ministère, pression des « droits acquis » d'autant plus forte que 70 % des subventions versées couvrent en fait des dépenses de personnel, souci ministériel oblige de maintenir le niveau de l'emploi dans le secteur culturel.

Autre dérive que nous retrouverons à tous les niveaux de la dépense publique, la décentralisation s'est davantage traduite par l'empilement que par la simplification des réglementations. La rue de Valois subventionne ainsi plus de 2 000 organismes pour un montant inférieur à 150 000 euros. Parmi ces subventions, qui se traduisent par plus de 2 000 arrêtés chaque année, la Cour en a relevé 113 inférieures ou égales à 3 000 euros. *C'est ainsi que, à Paris, on subventionne l'amicale du personnel et des élèves de l'école des beaux-arts de Cherbourg, l'association des amis de la bibliothèque d'Étalondes, le centre d'animation de Cernay, le club d'accordéon champenois, le club théâtre du Conquet, l'école d'accordéon chanteloupvaise, la fédération des associations rochelaises...* Autant de dossiers qui surchargent inutilement les services centraux du ministère et expliquent en partie l'embauche de 2 480 fonctionnaires supplémentaires depuis dix ans. *2 480 fonctionnaires, c'est 75 millions d'euros de frais de personnel en plus chaque année.* Rappelons pour comparaison que les fameux fonds spéciaux (56 millions d'euros) qui avaient défrayé la chronique au printemps 2001, choquant nos concitoyens et donnant lieu à une violente passe d'armes entre les deux têtes de l'exécutif, ne permettaient pas de couvrir le coût de ces embauches au ministère de la Culture !

Pire, la fragmentation des structures administratives aboutit fréquemment à l'attribution de subventions par plusieurs directions à un même organisme. Ainsi, en 1997, le Centre d'information et de ressources pour les musiques actuelles a reçu des subventions de trois directions différentes, tout comme l'agence Rhône-Alpes de services aux entreprises culturelles. L'association « Paris quartiers d'été » est financée par six directions centrales du ministère et par la direction régionale des affaires culturelles d'Ile-de-France, tandis que les « Francophonies du Limousin » sont subventionnées par cinq directions centrales du ministère, la direction des affaires culturelles du Limousin et trois autres organismes spécialisés dépendant du ministère, financements auxquels s'ajoutent ceux de cinq autres ministères et de cinq collectivités territoriales. Autant de circuits qui multiplient les doubles emplois et ne permettent pas de mesurer l'efficacité des sommes allouées.

Certes, le dispositif réglementaire applicable au versement des subventions est particulièrement développé et tend même à se renforcer d'année en année ; il énumère avec précision les documents comptables que doivent produire les associations subventionnées par l'État, organise le suivi de leur emploi et prévoit des sanctions en cas de violation de la réglementation. Reste que, dans la plupart des cas, le degré de généralité ou d'imprécision est tel que les possibilités d'évaluation ou de vérification sont très réduites.

La cathédrale pour unité de compte

Ainsi, la SARL Deschamps et Deschamps a reçu 8 940 000 francs de l'État entre 1992 et 1996 alors que sa situation financière n'avait fait l'objet que d'un seul rapport d'analyse effectué en 1992. Or, dans le même temps, les bénéficices de la SARL avaient fortement progressé, lui permettant de porter ses valeurs mobilières de placement de 9 450 euros à 520 000 euros en trois ans.

Certes, Jérôme Deschamps a raison de souligner que les excédents de trésorerie relevés par la Cour étaient liés à son propre développement plutôt qu'aux subventions qui n'ont jamais couvert guère plus de 15 % de son budget. Certes, il a raison de rappeler qu'il vaut mieux consacrer la subvention publique au développement de la création qu'au comblement de déficits récurrents. Reste que le citoyen peut légitimement se demander si l'Administration a fait ici bon usage de l'argent public en le distribuant à une structure qui, apparemment, n'en a pas besoin pour développer son talent. *Les Deschamps valaient-ils bien 50 cathédrales ?*

Je m'explique. Prisonniers des « avantages acquis », le ministère peut en effet difficilement assurer l'entretien des 20 000 bâtiments protégés qui sont à sa charge. C'est ainsi que le nombre de monuments historiques « en péril » ou en « état défectueux » est passé de 470 à 3 690. Or, dans ce budget qui atteignait le seuil mythique de 1 % des dépenses totales de l'État, les dépenses d'entretien pour les monuments historiques appartenant à l'État et notamment les 87 cathédrales et les 100 monuments ouverts au public représentaient un peu plus de 30 000 euros par bâtiment, un cinquantième du soutien que les contribuables ont apporté à la SARL Deschamps et Deschamps.

Trois ans après, la misère des Monuments historiques reste la même. C'est sans doute parce que les pierres crient moins fort que les intermittents. Malgré les dénégations du ministère qui se félicite d'avoir ajouté, en 2005, 25 millions d'euros pour la sauvegarde du patrimoine, on compte aujourd'hui 2 064 monuments « partiellement en péril » et 703 « globalement en péril ». Pour les premières mesures d'urgence, mise hors d'eau, toitures, maçonneries, les experts estiment qu'il faut 2 milliards d'euros. Mais, dans le même temps, en quatre ans, la Chaîne parlementaire télévisée, créée par la loi du 30 décembre 1999, a coûté au budget de l'État 50 millions d'euros. Selon les « experts » qui s'étaient penchés sur le berceau de cette chaîne, l'audience potentielle devait atteindre plus de 9 millions de téléspectateurs. L'hebdomadaire *Le Point*, s'appuyant sur une enquête de l'institut Médiamétrie qui n'a pas été publiée, en a dénombré 678... 678 téléspectateurs valent-ils mieux que 2 800 monuments historiques promis à la ruine ?

Malheureusement pour eux, le Rapport public de la Cour des comptes déjà cité pointait d'autres dérives inquiétantes. La présence de représentants du ministère au sein des instances dirigeantes des organismes subventionnés n'apporte le plus souvent qu'une garantie illusoire quant au suivi de leur activité. Ainsi, alors que la Direction du théâtre et des spectacles était présente dans le conseil d'administration de l'Association Nationale des Arts du Cirque (ANDAC), le *directeur de cette structure a pu obtenir une augmentation progressive des subventions sans que la tutelle n'exerce aucun contrôle ni sur leur montant ni sur leur justification, et détourner à son profit plus de 3 millions d'euros (100 cathédrales).*

A l'Association Régionale de Développement, d'Information et d'Action Musicale (ARDIAM), association placée sous la tutelle de la DRAC de Franche-Comté, qui percevait 120 000 euros de subventions annuelles (4 cathédrales), des détournements avaient été effectués par le biais d'avances et de remboursements de frais non justifiés, la fonction de président de l'association était restée vacante pendant plusieurs années et le conseil d'administration ne s'était jamais réuni. Tutelle de l'association, la DRAC de Franche-Comté n'a jamais réagi alors qu'elle assurait de fait la gestion directe de l'association, dissoute en 1997.

Dans la plupart des cas, ces associations, qui sont financées à hauteur de plus de 75 % par le ministère, n'ont pas de réelle vie associative, ce qui compromet le bon fonctionnement de leurs organes délibérants tel qu'il est prévu par la loi. Budgets prévisionnels irréalistes ou faux, situations financières structurellement déséquilibrées, charges de fonctionnement excessives, autant de dérives qui détournent ces subventions de leur objet initial : l'aide à la création artistique.

Caractéristique à cet égard, le Centre National de la Bande Dessinée et de l'Image (CNBDI), créé en 1985 à Angoulême pour « favoriser le développement culturel et économique dans le domaine de l'image ». En 1991, alors même que le Centre avait connu un résultat lourdement déficitaire, les salaires de certains cadres avaient augmenté de 7 à 11 %. Deux directeurs successifs avaient quitté leurs fonctions sans que le conseil d'administration composé de onze représentants de l'État et de onze représentants des collectivités territoriales n'ait dénoncé les conditions financières de leur départ. Dans le premier cas, le président de l'association, après avoir annoncé en conseil d'administration que le directeur quittait le centre pour rejoindre le cabinet du ministre de la Culture, et qu'il serait donc rémunéré par ce ministère, concluait dès le lendemain un accord avec ledit directeur : ce dernier était d'une part licencié pour faute grave, ce qui lui permettait de percevoir une indemnité de départ de 15 000 euros (une demi-cathédrale), et il voyait d'autre part sa période de préavis étendue de six mois, « pour faciliter sa recherche d'emploi », avec un salaire brut mensuel de 4 260 euros. Dans le second cas, le conseil avait expressément délégué à son président, mais sans fixer le moindre cadre, le soin de régler les conditions de départ du directeur, parti en 1994 après moins d'un an de présence. *L'intéressé, auquel le Centre ne devait en droit aucun dédommagement, avait néanmoins obtenu le paiement d'une indemnité de 40 000 euros (une grosse cathédrale).*

Ce manque de rigueur, pour ne pas dire plus, est souvent aggravé par un égal laxisme dans la définition des effectifs. Au Centre national des arts du cirque, la convention triennale signée en 1994 limitait les effectifs de l'association à 24 agents. *En 1996 pourtant, le CNAC en employait 44, c'est-à-dire 20 de plus que prévu pour un coût moyen annuel de 730 000 euros : 24 cathédrales.*

Manque de rigueur aussi dans les frais de représentation et autres frais généraux. Au CNAC toujours, qui savait décidément ce que cirque voulait dire, le chauffeur du directeur de l'association coûtait au contribuable 51 000 euros par an. *A ce coût s'ajoutaient des honoraires importants, pour 150 000 euros par an en moyenne sur la période 1992-1996, et des frais de déplace-*

ment et de réception également très élevés puisque avoisinant chaque année 115 000 euros. Soit par an, chauffeur compris, 316 000 euros, c'est-à-dire l'entretien de 10 cathédrales ou 26 années de travail d'un smicard. Pour former entre 29 et 32 étudiants par an !

Lorsqu'on apprend que sur les 13 321 structures subventionnées par le seul ministère de la Culture, la Cour n'a pu vérifier les comptes et la gestion que de 23 associations et de 4 SARL, on mesure à quel point la réduction de 10 % des dépenses publiques que nous avons fixée comme barre est loin d'être utopique. Quitte à passer pour un trouble-fête, la France ne perdrait rien à voir le budget de la culture descendre en dessous du seuil ridicule de 1 % des dépenses de l'État, ce qui a été fait en 2003.

La dilapidation du patrimoine artistique

D'autant plus que la gestion des autres organismes à vocation culturelle révèle également bien des gaspillages. A l'exception de la Comédie-Française, exemplaire à cet égard, aucun des grands établissements culturels ne dispose encore d'une comptabilité analytique lui permettant de connaître le coût complet de ses opérations. La Direction des Musées de France (DMF) ne dispose toujours pas, malgré les efforts importants consentis depuis 1991, de données exhaustives et fiables sur la gestion des établissements placés sous son autorité. Bien que quatre musées conservent des œuvres ou des collections d'art moderne, la DMF n'exerce aucune responsabilité en ce qui concerne l'enrichissement des collections d'art du XXe siècle. Ce sont essentiellement deux organismes, le Musée National d'Art Moderne (MNAM) et le Fonds National d'Art Contemporain (FNAC) qui sont chargés, dans des conditions mal définies, de faire les acquisitions, sans que leurs actions fassent l'objet d'une quelconque coordination. La Cour des comptes, dans son rapport de 1999, a ainsi relevé que, pendant les deux années au cours desquelles il a fonctionné auprès du directeur des Musées de France, le conseil scientifique du patrimoine du XXe siècle n'a, à aucun moment, examiné la mise en cohérence des politiques d'achat et de soutien au développement des musées d'art moderne et contemporain.

Si, selon les recensements de la police judiciaire, les vols ou les disparitions douteuses dans les musées nationaux sont peu fréquents, c'est en grande partie parce que, jusqu'en 1990, pour ne pas leur donner une publicité jugée inopportune, ils n'étaient pas systématiquement déclarés à la police. Or les vérifications effectuées sur environ 5 000 œuvres placées en dépôt à l'extérieur des musées ont appelé un terrible constat : environ 950 œuvres, c'est-à-dire 1 sur 5, inscrites sur les inventaires et donc supposées localisées, étaient introuvables. *La Cour des comptes donne également l'exemple du musée Gustave-Moreau où, entre 1962 et 1980, le nombre de vols survenus s'est véritablement apparenté à un pillage organisé.*

Il en va de même de la gestion du Mobilier national qui veille à la conservation de plus de 200 000 objets, dont 36 000 en réserve. État des inventaires et des réserves alarmant, magasins dispersés en sept sites, nombreux objets endommagés et hétéroclites, absence de moyens informatiques et d'appareils de manutention adaptés, sous-encadrement du personnel, autant de facteurs qui risquent d'entraîner une véritable dilapidation du patrimoine artistique national.

En contradiction avec les dispositions du décret de 1980 qui prévoit que les dépôts sont limités aux pièces de réception officielles, aux bureaux personnels des membres du gouvernement et de leurs directeurs de cabinet, le Mobilier national a meublé ou équipé près de 250 logements de fonction d'autorités non ministérielles, et même de personnes ne relevant pas de l'État ! Les états annuels que les dépositaires sont tenus d'établir ne sont envoyés que dans 40 % des cas, ce qui signifie que le Mobilier national n'est pas informé des déplacements d'objets et ne les constate que lors de ses inspections ! *Ainsi, en l'espace de dix ans, les disparitions s'élèvent à près d'un million d'euros, mais les affaires en cours de règlement font apparaître un risque de préjudice bien plus élevé.* Ajoutons que, même lors de vols avérés, les administrations tardent ou se refusent même à porter plainte.

En ce qui concerne le FNAC, le suivi des dépôts est aussi peu sûr que celui du Mobilier national. Le fichier des dépositaires n'est pas à jour et comporte de multiples incohérences tandis que s'allonge la liste des institutions, sans rapport direct avec l'État, qui ont reçu des œuvres. En outre il n'est pas rare qu'un dépositaire renvoie des œuvres endommagées ; faute de pouvoir s'appuyer sur une quelconque obligation légale, le FNAC rencontre alors les pires difficultés pour obtenir le paiement des frais de réparation. Ici encore, le contrôle des œuvres déposées est défaillant pour ne pas dire inexistant : *pour s'assurer de la présence et du bon état des quelque 43 700 œuvres réparties auprès de 2 535 dépositaires, dispersés dans toute la France et même à l'étranger, le FNAC disposait en 1997 d'un seul agent contractuel, dont ce n'était pas la seule mission !* Sans compter qu'il est difficile d'assurer l'autorité de l'État quand il s'avère que le ministère de la Culture est sans doute celui qui, entre tous, est le moins respectueux des réglementations !

Plus de moyens pour moins de « clients »

En fait, les ventilations du 1 % culturel offrent un champ d'investigation sans limites à tous ceux qui veulent « demander compte » à l'Administration. *Mal conçue, la Bibliothèque nationale de France, de très loin le plus coûteux des grands travaux mitterrandiens, nécessite une enveloppe annuelle de 150 millions d'euros pour couvrir ses frais de fonctionnement (6 % du budget total du ministère de la Culture).* Là où 15 personnes sont affectées à la Bibliothèque publique d'information du centre Pompidou pour 1 800 places de lecture, soit un ratio d'un agent pour 120 lecteurs, il en faut un pour 80 à Tolbiac.

A la Cité des sciences et de l'industrie, alors que le nombre d'entrées payantes stagne autour de 1,6 million depuis 1991, les dépenses de personnel ont crû de 23 % dans la même période. Dans ces conditions, l'équilibre global a été assuré par la réduction des dépenses de renouvellement des expositions permanentes, l'espacement des expositions temporaires et la compression des dépenses d'entretien du bâtiment. En bref, le confort du personnel a prévalu sur l'offre culturelle et scientifique, pourtant au cœur de la mission de service public de cet établissement.

La rénovation du Théâtre national de Strasbourg qui s'est déroulée entre 1990 et 1997 aura coûté deux fois et demie ce qui était prévu, 20 millions d'euros alors que le devis était estimé à 8 millions d'euros.

Quant à l'Institut de France, alors qu'un contrôle de ses comptes réalisé en 1990 avait révélé de graves insuffisances, une nouvelle inspection, effectuée par la Cour des comptes en 1999, a permis de constater que, pour l'essentiel, les problèmes de fond n'avaient pas été réglés. Montant élevé des déficits d'exploitation, sous-évaluation des loyers concédés (8 euros le mètre carré dans les beaux quartiers de la capitale, c'est-à-dire à peine la moitié des prix normalement pratiqués !), non-tenue d'inventaires, absence de contrôle sur les recettes des droits d'entrée, état déplorable des œuvres conservées, rémunération excessive de l'administrateur, autant de défaillances qui n'auraient guère trouvé grâce auprès de Richelieu ou de Colbert, les sourcilleux mécènes de la monarchie absolue.

Quant à la politique du livre menée par le ministère de la Culture, la répartition des compétences entre une Direction du Livre et de la Lecture (DLL), et un Centre National du Livre (CNL) n'assure pas une cohérence évidente. Un seul exemple suffira à nous en convaincre : les aides à la traduction sont gérées par la DLL quand il s'agit de favoriser la traduction d'œuvres françaises en langue étrangère, mais par le CNL quand on veut encourager la traduction d'ouvrages étrangers en langue française. Gérant une vingtaine de procédures d'aides différentes, pouvant chacune être instruite par une quinzaine de commissions distinctes, le CNL n'exerce qu'un contrôle limité sur les sommes qu'il alloue. Ainsi, le suivi des prêts à l'édition, principale de ses modalités d'intervention, est pour le moins défaillant. *Les créances irrécouvrables s'accumulent : plus de 1,5 million d'euros entre 1988 et 1994 (l'entretien de 50 cathédrales)*. Dans certains cas, il est même apparu que la subvention versée à l'éditeur excédait le coût d'édition, sans qu'aucune restitution de fonds ait été exigée. Là comme ailleurs, le CNL s'est engagé dans une coûteuse politique d'acquisition de meubles de collection dont certains ont disparu et d'autres, jugés inadaptés aux locaux pour lesquels ils avaient été conçus, ont été démontés et remisés en garde-meubles.

Une pratique culturelle en sommeil

Autant d'exemples qui amènent à douter des performances de la gestion de l'État. Surtout si on la mesure à l'aune d'un critère qui en vaut bien un autre, la pratique culturelle de ceux qui étaient sommés de lire *Les Illuminations*.

De 1990 à 1998, tandis que les sommes affectées en subventions aux musées nationaux passaient de 11,6 millions d'euros à 17,2 millions d'euros, leur fréquentation chutait de 16 millions d'entrées à 14 millions. Certes, ces chiffres doivent être nuancés. Le Louvre a légèrement progressé de 5 338 000 entrées à 5 729 000 en 1998, mais Versailles est passé de 4,3 millions à 2,6 millions. Orsay, de 3 millions de visiteurs à 2,7 millions, le musée d'Art moderne de Paris, de 485 000 à 322 000, le Centre national d'art et de culture Georges-Pompidou de 7,3 millions à 5,8 millions en 1996, dernière année pleine avant sa fermeture. Pour leur part, les entrées dans les musées de la Ville de Paris ont chuté de 1 367 700 entrées en 1985 à 1 164 300 en 1997. Quant aux expositions ayant enregistré plus de 4 000 entrées payantes par jour en moyenne, de 1963 à 1998, hormis l'exposition *De Cézanne à Matisse*, en 1993, qui détient le record avec 11 480 entrées payantes, on ne trouve que deux expositions postérieures à 1990 dans les 18 premières.

Alors qu'en 1981 35 % des Français âgés de plus de quinze ans avaient visité un musée au cours des douze derniers mois, ils n'étaient plus que 33 % en 1997. Alors qu'ils étaient 32 % à avoir visité un monument historique en 1981, ils n'étaient plus que 30 % en 1997.

En dehors de la Comédie-Française, qui a vu le nombre de spectateurs passer de 295 000 en 1990-1991 à 325 000 en 1997-1998, les Centres dramatiques nationaux n'attirent plus que 1 851 000 spectateurs au lieu de 2 086 000 il y a dix ans.

Si l'État culturel a tout fait pour accroître l'emploi dans ses administrations et dans les associations qu'il subventionne, il n'a guère fait recette auprès des « consommateurs » de produits culturels.

Des consommateurs dont le budget reste par ailleurs constitué aux deux tiers par les achats de télévisions, de magnétoscopes et les abonnements audiovisuels. De l'enquête réalisée en 2001 par le CREDOC (Centre de recherche pour l'étude et l'observation des conditions de vie), il ressort que *les dépenses moyennes annuelles des familles consacrées aux livres (toutes catégories confondues) étaient de 105 euros, aux pratiques associatives de 61 euros, au cinéma de 33 euros et aux musées de 11 euros*. Sans surprise, on constate aussi que les dépenses culturelles augmentent avec le diplôme et le revenu. Autant dire que la volonté de faire lire *Les Illuminations* à tous les Français s'est surtout traduite par une appropriation à leur profit par les élites de l'argent et du savoir des dépenses publiques consacrées à la culture.

L'Opéra national de Paris en est sans doute le meilleur exemple.

Même si la gestion de l'Opéra a enregistré de réels progrès depuis 1990, le financement public contribue pour près des deux tiers à l'équilibre financier de l'établissement. C'est ainsi que l'aide publique par spectateur était de 108 euros en 1997. Qui sont ces 774 000 spectateurs qui ont ainsi bénéficié d'une telle manne en 1998 ? Sont-ils représentatifs de l'ensemble de la société française ? Ne pourrait-on pas envisager une participation plus substantielle du mécénat privé ? Ne pourrait-on pas réduire le nombre des billets octroyés gratuitement qui s'élève à plus de 1,5 million d'euros ? Est-il raisonnable de voir les effectifs moyens de l'établissement croître de 17 % entre 1995 et 1997 ? Autant d'interrogations qui amènent à se poser la question de savoir qui sont les « obligés » de l'État culturel ?

Reste surtout à mesurer si le ministre d'État a pu « favoriser la création des œuvres d'art et de l'esprit qui enrichissent notre patrimoine culturel ? », selon les belles intentions d'André Malraux. Quels ont été les artistes et les créateurs formés et découverts par la « machinerie » culturelle ? Pour reprendre les formules assassines de Marc Fumaroli, « on voit Auguste et Mécène, mais où est Virgile ? On voit Jules II, mais où est Michel-Ange ?... Maintenant, les équipements appropriés aux différents arts ont été multipliés : mais où sont les Mozart, les Rimbaud, les Van Gogh qui devraient sortir à la chaîne de notre ingénierie culturelle ? Nous avons des théâtres et des metteurs en scène nombreux, des spectacles subventionnés luxueux, mais où sont les dramaturges ? Les derniers qui ont illustré notre théâtre ont été révélés par de minuscules théâtres privés de la rive gauche, avant l'essor de la décentralisation culturelle... Ionesco, Beckett, Dubillard... Nous avons beaucoup plus de musées qu'autrefois, mais où sont les peintres qui devaient rendre à Paris son " rang " de capitale de la peinture ?... Cette machine dont l'organisation et le budget n'ont cessé de croître depuis trente ans serait-elle moins fertile que le système artisanal et bancal qui prévalait avant la guerre, et où foisonnaient les talents, sinon le génie [1] ? »

L'État, en somme, est-il vraiment le meilleur mécène de l'esprit français et le meilleur agent de la démocratisation de la culture ? On peut sérieusement en douter. En fait, les milliards prélevés par l'État culturel ont surtout servi l'égoïsme, la vanité et le cynisme de groupes d'intérêts et fait réapparaître le régime des pensions et

1. Marc Fumaroli, *L'État culturel*, Éditions de Fallois, 1992.

des sinécures de l'Ancien Régime. Boudé par Paris, le festival celtique de Lorient est devenu, sans aide significative de l'État, une manifestation mondialement reconnue, alors qu'on a vu, en 1994, la ville de Marseille engloutir plusieurs millions de francs dans l'unique édition d'un festival aux contours pour le moins incertains.

Plutôt que d'imposer aux citoyens des prélèvements qui ne profitent vraiment qu'à une infime minorité d'entre eux, sans doute vaudrait-il mieux distribuer équitablement à chaque ménage un chèque-culture à utiliser comme bon lui semble pour visiter un musée de son choix, se rendre à un spectacle de son choix, acheter un livre de son choix, soutenir une association culturelle de son choix. Le citoyen ne serait-il pas aussi bon juge que les jeunes énarques de la rue de Valois ou les grands féodaux de la politique locale ?

Imaginons. L'État consacrerait, selon les estimations, près de 12 milliards d'euros par an à la dépense culturelle. Laissons-lui la moitié, 6 milliards, pour mieux entretenir le patrimoine architectural, ouvrir dans des conditions acceptables les musées nationaux, assurer l'enseignement artistique, et veiller à la protection et à la restitution des œuvres et du Mobilier national. Et distribuons le reste à l'ensemble des Français âgés de plus de quinze ans (ils sont environ 47 millions). *Chacun recevrait un peu plus de 120 euros par an. Un couple avec deux enfants de plus de quinze ans recevrait un peu plus de 540 euros par an, alors qu'en 1998, chacun des 24 millions de ménages français n'a pas dépensé plus de 340 euros pour les achats de livres, de disques et de cassettes, le cinéma, les spectacles, les musées et monuments.* Ne serait-ce pas là la véritable démocratie culturelle qui permettrait aux citoyens de quasiment doubler leur budget culturel moyen ?

Qui veut gagner 116,5 euros ?

Quitte à faire faire des économies aux contribuables, ne pourrait-on pas aussi supprimer la redevance télévision dont la fonction supposée est d'assurer un service public de qualité, capable d'informer, d'éduquer et de distraire sans avoir les yeux rivés sur l'Audimat ? Redoutable question à 116,5 euros. Le montant de la redevance télé en 2004, dont la suppression avait été envisagée à l'été 2000 et dont le mode de perception a été réformé en 2004, en partie grâce aux débats suscités par la publication en 2002 de cet ouvrage.

Pourquoi, en effet, faire payer au citoyen l'entretien de chaînes publiques qu'il regarde de moins en moins ? Surtout, pourquoi fallait-il continuer à défendre les « avantages acquis » des 1 500 fonctionnaires qui coûtaient en frais de perception environ 150 millions d'euros par an alors que la redevance rapporte un peu plus de 2 milliards d'euros ?

Pour mieux comprendre l'enjeu de cette contribution, il suffit d'en rappeler les principes. Créée au moment où l'équipement des foyers en télévisions était encore faible, la redevance faisait l'objet d'un avis d'imposition adressé aux ménages qui avaient fait l'acquisition d'un appareil, déclarée par celui qui leur avait vendu. Le taux de fraude était ainsi estimé à 8 %, soit plus de 1,5 million de foyer. Par ailleurs, près de 4 millions de ménages étaient exonérés, un record en Europe. *Entre fraude et exonérations, c'étaient 600 millions d'euros qui échappaient ainsi à l'État, soit presque autant que le budget de l'environnement*.

Pour améliorer le rendement du prélèvement, il suffisait tout simplement d'inverser la charge de la preuve. A une époque où 92 % des ménages possèdent un ou plusieurs téléviseurs couleur, tout foyer devrait payer la redevance, sauf s'il relève d'un cas d'exonération dont la liste devrait par ailleurs être révisée à la baisse. Ainsi, au lieu d'envoyer des dizaines de millions de courriers par an, l'avis d'imposition pouvait être par exemple joint à la taxe d'habitation. S'il est exonéré, l'intéressé n'avait qu'à cocher, sur l'honneur, la ligne correspondant à sa situation. En cas de fraude manifeste, le montant des sanctions serait très élevé.

1 500 fonctionnaires en moins (soit l'équivalent de 1 500 cathédrales à entretenir !), 20 millions environ de courriers en moins. De 400 à 600 millions d'euros, tel est l'avantage d'une réforme modeste que seuls des intérêts électoraux (les fonctionnaires de la redevance votent dans un bastion socialiste) ont fait trop longtemps échouer.

Reste la seule question qui mérite en fait d'être posée. Faut-il encore financer l'audiovisuel public alors que les recettes publicitaires assurent près de la moitié du chiffre d'affaires de France 2 et un petit tiers de celui de France 3 ?

La réponse est clairement oui si le service public assure un certain nombre de valeurs qui marquent clairement sa différence avec le secteur privé. Priorité à la création et aux talents qui témoignent du « génie » français, ouverture à toutes les sensibilités politiques et culturelles, vigilance à l'égard des programmes où s'étale une violence gratuite susceptible de troubler les enfants ou des catégories de public vulnérables, valorisation de tout ce qui peut assurer l'information et l'éducation des citoyens, autant de missions qui supposent de recourir le moins possible à la publicité, voire même de la supprimer. Autant de priorités en même temps brocardées par ceux qui pensent que connaissance rime fatalement avec ennui et que goût du peuple rime avec médiocrité, donc avec *business*.

Pourtant, écrit avec raison Bernard Spitz, « à peine à un tunnel d'ici, une vieille dame a su faire preuve de dynamisme créatif, de déontologie journalistique, d'enthousiasme sportif. Elle a ignoré superbement la publicité, défié les règles supposées de l'Audimat avec des émissions politiques ou des documentaires animaliers et néanmoins gagné de l'argent — qu'elle réinvestit dans le développement de la production — en exportant ses programmes et en gérant ses recettes commerciales : c'est la BBC, la télévision publique britannique [1] ». Avec une redevance qui s'élève à un peu plus de 150 euros par an.

Les yeux rivés sur l'Audimat

Que France 2 ait pu signer des contrats avec des animaliers-producteurs contenant des clauses retirant à la chaîne tout contrôle sur le contenu des émissions montre à quel point le service public à la française ne mérite pas la redevance que lui verse encore le contribuable.

L'histoire est connue, elle mérite d'être rappelée tant elle illustre les dérives d'une télévision qui a cessé de s'interroger sur le sens de sa mission. En juillet 1994, Jean-Pierre Elkabbach, alors président de France Télévision, signait avec Case productions, la société d'Arthur, un contrat de 19 millions de francs assorti d'une avance sans intérêt de 12,5 % de son montant, puis, en mai 1995, un second contrat portant sur trois ans pour un total de commandes de 396,2 millions assorti d'une avance représentant 15,7 % des paiements à opérer la première année.

Ces avances assuraient ainsi, au moyen de ressources prélevées sur les fonds publics, un véritable préfinancement d'émissions produites par une société privée, dispensée ainsi de recourir à l'emprunt.

De la même manière, la société Réservoir Prod., de

1. Dans *Notre État, op. cit.*

Jean-Luc Delarue, passait en mai 1994 avec France 2 un contrat dont les avances, de 40 millions de francs, lui assuraient, plusieurs mois avant la fourniture de la première prestation, les moyens de financer ses premiers équipements, comme si elle avait été un service de la chaîne au contrôle de laquelle elle échappait toutefois totalement.

L'ensemble de ces contrats représentait 17,5 % du coût de la grille en 1995. Au paiement de ces émissions s'ajoutaient pour faire bonne mesure des salaires s'élevant respectivement, pour trois animateurs, à 9,2 millions, 3,2 millions et 3,1 millions de francs pour 1995.

Les résultats de cette politique qui n'avait pour seule ambition que de flatter l'Audimat furent impitoyables. La part de l'audience de France 2 qui, de 1991 à 1994, était passée de 21,3 % à 25 % du marché, n'atteignait plus que 23,8 % à la fin du premier semestre 1996, tandis que, dans le même temps, la part de marché publicitaire de France 2 diminuait de 18 % à 17,4 %. On pouvait aussi observer qu'aucune émission de ces animateurs-producteurs n'avait pu être intégralement financée au moyen des recettes publicitaires qui lui étaient imputables. *En résumé : coût exorbitant et échec commercial.*

Alors que la BBC a consacré 1 200 heures à la diffusion de fictions nationales inédites sur les chaînes à couverture nationale en 1997, et que la télévision publique allemande en diffusait 1 700 heures, le secteur public français n'en assurait que 440 heures. Non pas vraiment faute de moyens, mais par obsession de l'Audimat surtout.

Erreurs de gestion, dépenses de personnel inconsidérées, absence de vision stratégique, telles sont les dérives récurrentes qui montrent à quel point le confort de la redevance anesthésie les facultés de ceux qui devraient défendre l'éthique du service public et respecter l'argent du « peuple ».

Frais de mission et de représentation de la direction de l'information de France 2 en hausse de 73 % de 1990 à 1996, indemnités transactionnelles avantageuses en cas de licenciement (7,6 millions d'euros versés par France 2 et France 3 alors que les deux chaînes n'étaient contractuellement tenues de ne verser que 5,2 millions), absence de plafond de dépenses par personne et par repas offert, autant de « petits » gaspillages qui détournent ces dizaines de millions qui font défaut à l'entretien du patrimoine et échappent à l'examen des « représentants du peuple ». A France 3, en juin 1995, on aura même vu un agent subalterne placer plus de 6,8 millions d'euros à la banque Pallas Stern, quelques jours seulement avant la cessation de paiement de cet établissement ! *6,8 millions d'euros de pertes pour France 3, l'équivalent de 60 000 redevances télé.*

De 1989 à 1997, Radio Monte-Carlo, une société anonyme de droit monégasque mais dont le capital était détenu pour 83,30 % par la SOFIRAD, elle-même détenue majoritairement par l'État français, a cumulé 63 millions d'euros de pertes. Mais, dans le même temps, RMC versait aux directeurs généraux qui se sont succédé au cours de la période des rémunérations en progression forte, complétées par des avantages annexes injustifiés. Ainsi, le directeur de la régie publicitaire percevait 33 500 euros bruts mensuels, soit 2,5 fois plus que la rémunération versée pour des fonctions analogues à la régie publicitaire de France Télévision pour un montant de recettes cinq fois supérieur.

Un directeur d'antenne bénéficiait d'un traitement annuel de 370 000 euros auquel s'ajoutait une indemnité forfaitaire de résidence de 53 000 euros. Son contrat précisait par ailleurs qu'il n'était pas « tenu à un nombre d'heures minimal et ce notamment afin de faire face aux impératifs de [ses] autres activités ».

En 1995, RMC avait encore un effectif supérieur de 60 personnes à celui d'Europe 1, qui avait trois fois plus d'auditeurs.

Au total, quand la privatisation a été faite à un prix faible, les pertes de l'entreprise avaient absorbé non seulement le produit de la vente du siège, pour 48 millions d'euros, une dotation en capital de 30 millions versée par la SOFIRAD et... 12 millions du Trésor public. *12 millions d'euros, soit l'équivalent du salaire annuel net de plus de 1 000 smicards.*

Des smicards qui mériteraient bien d'économiser 116,5 euros, le montant de la redevance pour un poste de télévision couleur.

Trois ans après

En septembre 2002, quelques mois après l'élection présidentielle et la mise en place du gouvernement de Jean-Pierre Raffarin, on apprenait que le nouveau budget du ministère de la Culture, en diminution de 4,3 % par rapport à 2002, repassait au-dessous de la barre symbolique des 1 % du budget de l'État. Pour se défendre d'un tel « crime », Jean-Jacques Aillagon justifiait ce repli par la non-consommation des crédits d'investissement destinés à la restauration de monuments historiques. En bonne comptabilité budgétaire, on distingue, en effet, les autorisations de programmes qui servent à engager des projets et les crédits de paiement destinés à payer les factures au fur et à mesure de la réalisation effective des travaux. Or les lignes de crédit ne sont pas toutes consommées. Une sous-consommation qui s'était aggravée depuis 1997 et avait permis à Catherine Tasca de parvenir pour la première fois à l'« orgasme » statistique du 1 % en 2002. A cette date, c'étaient 633 millions d'euros, plus de deux fois le budget de l'Aménagement du territoire, qui n'avaient pas été utilisés. De quoi justifier que l'on serre un peu la ceinture.

D'un cran seulement car il faut désormais financer la nouvelle adresse parisienne du ministère, 182, rue Saint-Honoré, à deux pas de l'historique rue de Valois. Une « résille métallique » pour façade, un jardin expérimental imitant une forêt australe faite d'essences néo-zélandaises et tasmaniennes, des espaces de convivialité appelés « tisaneries » à chaque étage, un restaurant de 440 places, 450 bureaux, environ 80 millions d'euros pour abriter un millier de fonctionnaires.

Un monument d'incompétence de l'État en matière de gestion immobilière. Jusqu'en 1991, cet immeuble des Bons Enfants — dit « îlot C » — était affecté au ministère des Finances. Des travaux d'un montant de 25 millions d'euros sont engagés afin de reloger des fonctionnaires chassés du Louvre après le déménagement du ministère des Finances à Bercy. Pour rien. Dans une volte-face épinglée une nouvelle fois par la Cour des comptes, le gouvernement décide au final de céder l'actif en vue de financer une partie de la construction du Centre international du quai Branly, un projet abandonné deux ans plus tard ! Fin 1992, des enchères sont organisées. Mise à prix : 80 millions d'euros... sans succès. Les experts estiment le prix trop élevé à l'époque où le marché de l'immobilier parisien plonge à la baisse. Une aubaine pour Jack Lang qui, dans une lettre du 7 octobre 1992, sollicite « avec la plus grande insistance » auprès de son collègue du Budget l'acquisition de cet immeuble « exactement adapté aux effectifs de l'administration centrale du ministère de la Culture ». En gage, il propose « la remise aux domaines, pour des cessions, elles réalisables », des petits immeubles occupés rue du Renard, rue de Richelieu, rue d'Aboukir, rue du Louvre... Malgré les recommandations du Domaine qui conseillent de vendre l'« îlot C » de gré à gré dans la mesure où « il est un des seuls immeubles inoccupés de l'État à présenter une réelle valeur économique », Jack Lang l'emporte. Mais comme il n'a pas les moindres fonds pour lancer la rénovation, les locaux, vides depuis quatre ans, demeureront vacants six ans de plus. Compte tenu de la valeur locative du bloc, le manque à gagner dépasse 80 millions d'euros.

En décembre 2004, la Culture peut enfin déménager. Et les sept immeubles que Jack Lang s'était engagé à céder ? Promesse oubliée. Au final, l'« îlot C » aura coûté plus de 260 millions d'euros mais à la Culture, c'est bien connu, on ne compte pas.

De même qu'on ne comptait guère les 800 millions d'euros de déficit du régime des intermittents du spectacle qui représentent — excusez du peu — le quart du déficit général de l'assurance-chômage qui indemnisait en 2002 un peu plus de 2,1 millions de chômeurs alors que le nombre d'« artistes » indemnisés s'élevait à un peu plus de 130 000 !

Le quart du déficit pour des « artistes » dont le nombre a doublé depuis 1991, si bien que chaque année, près de 15 000 nouveaux intermittents demandent à profiter de ce régime dont tous ceux qui ont le courage de s'exprimer dénoncent les formidables abus. « Le dispositif juridique offre d'autant plus de points de contournement qu'il est constitué d'une accumulation de règles complexes, aux effets parfois mal maîtrisés, qui vont de la dissimulation d'activités à l'achat de cotisations sociales jusqu'au prêt de main-d'œuvre dans le cas de contrats de coproduction, en passant par l'utilisation abusive, voire dévoyée, des règles relatives aux cachets et par des falsifications quant aux qualifications mises en œuvre », notait le rapport de l'Inspection générale des Affaires sociales et de l'Inspection générale des Affaires culturelles. On comprend mieux les « vocations » de ces 15 000 nouveaux « artistes », soit vingt à trente fois plus que les promotions sortantes des conservatoires de danse, de musique, de théâtre ou des écoles de formation aux métiers du cinéma. Des abus que permet l'absence de recoupement entre les fichiers des différents organismes (Assedic, Unedic, organismes de protection sociale). Des abus dont profitent largement les sociétés de l'audiovisuel... public. Parmi les quarante principaux employeurs d'intermittents du spectacle, on compte en effet au premier rang France 3, au deuxième Radio France et au troisième France 2 financées par ailleurs par la... redevance.

Aux Français qui dépriment, une seule recommandation : devenez tous des « artistes » !

2

Le grand gaspillage de l'emploi

Un jour qu'on demandait à John Maynard Keynes comment éradiquer le chômage, ce fléau qui dévastait les pays industrialisés dans les années 1930, il répondit : « Si le ministère des Finances remplissait de vieilles bouteilles avec des billets de banque, les enterrait à une profondeur convenable dans des mines de charbon désaffectées qu'on remplirait ensuite d'ordures ménagères, et s'il laissait aux entreprises privées le soin, selon les principes bien établis du laissez-faire, de retrouver ces billets... il n'y aurait plus de chômage et les répercussions seraient telles que le revenu réel de la communauté serait sans doute plus élevé qu'il ne l'est actuellement. »

Les gouvernements français, qui ont découvert tardivement les « hérésies » du célèbre économiste britannique, en ont été toutefois des disciples modèles. Confrontés depuis les années 1970 à la marée noire du chômage, ils n'ont eu de cesse de remplir de vieilles bouteilles avec des milliards de billets en espérant que les entreprises se donneraient la peine de les retrouver.

Ainsi, la France fait aujourd'hui partie des pays qui dépensent le plus pour l'emploi et qui, en même temps, *à cause ou en dépit de cela* (on en discutera), supporte l'un des taux de chômage les plus élevés. La France est en outre le pays qui a le plus fort degré de législation protectrice de l'emploi, mais, dans le même temps, celui où le taux de chômage de longue durée est le plus élevé.

30 000 euros par an et par chômeur

Avec plus de 70 milliards d'euros, les dépenses pour l'emploi sont devenues le deuxième poste des dépenses publiques derrière celles consacrées à l'Éducation. Tout se passe comme si, après avoir mal formé ses jeunes citoyens, l'État payait ensuite pour leur trouver un emploi avant de financer, trente ans plus tard, leur inactivité forcée.

70 milliards d'euros, près de 5 % du PIB, plus de 30 000 euros par an et par chômeur, soit 2 550 euros par mois, un salaire largement supérieur au salaire moyen des Français, tel est le coût des politiques de l'emploi qui se sont construites depuis le milieu des années 1970 sur un mode cumulatif, de nouvelles mesures s'ajoutant ou se substituant chaque année aux anciennes.

Ainsi, de 1997 à 2001, alors même que refluait sensiblement le nombre de chômeurs, de plus de 3,1 millions en 1994 à un peu plus de 2,3 millions en 2001, les dépenses pour l'emploi sont passées pour la même

Comment lire le tableau ci-contre :
— Moins on travaille dans une année ou dans une vie,
— Plus la réglementation du travail est rigide,
— Plus les dépenses collectives pèsent sur la richesse nationale,
— Plus les prélèvement obligatoires sont lourds,
➡ ***Plus le chômage est élevé.***

Comparaisons internationales
Chômage, emploi, activité, prélèvements obligatoires...

	Taux de chômage *(% popul. active)* 2000	**Durée annuelle effective du travail** *(heures)* 2000	**Age de la retraite* au 1.1.2001** *H*	*F*	**Temps partiel** *(% de l'emploi total)* 2000	**Taux d'activité des 15-24 ans** 2000	**Taux d'activité des 55-64 ans** 2000	**Prélèvements obligatoires** *(% du PIB)* 1999	*dont* cotisations sociales *employeur/salarié (% du PIB)*	**Dépenses administr. publiques** *(% du PIB)* 2000	**Emplois administr. publiqucs** *(% de l'emploi total)*
Etats-Unis	4,0	1877[1]	65	65	12,8	65,9	59,2	28,9[2]	6,9[2]	29,4[2]	15,0
Japon	4,7	1840	60	60	23,1	47,0	66,5	27,7	11,0	45,3	8,2
Allemagne	7,9	1480	65	65	17,6	52,5	44,7	37,7	14,8	42,9	12,0
Royaume-Uni	5,5	1708	65	60	23,0	69,7	52,8	36,6	6,3	39,2	13,2
Italie	10,5	1634[1]	65	60	12,2	38,1	28,6	43,0	12,7	44,4	16,2
France	**9,5**	**1562**[1]	**60**	**60**	**14,2**	**29,5**	**37,2**	**46,0**	**16,6**	**51,4**	**24,0**
Moyenne OCDE	**6,4**				**15,3**	**51,9**	**51,0**	**37,0**[2]	**9,4**[2]	**37,9**	
Moyenne UE	**8,2**				**16,3**	**48,3**	**41,8**	**41,3**[2]	**11,4**[2]	**44,2**	

1. *1999.* 2. *1998.*

Source OCDE

* **Age de la retraite : États-Unis :** l'âge est progressivement relevé à partir de 2000 pour atteindre 67 ans en 2027 ; **Japon :** relèvement progressif de l'âge de la retraite de 60 à 65 ans entre 2013 et 2025 pour les hommes et 2030 pour les femmes ; **Royaume-Uni :** l'âge sera progressivement égalisé (H et F) entre 2010 et 2020.

A noter que, en Norvège et au Danemark, il est depuis longtemps à 67 ans (H et F).

période d'un peu plus de 47 milliards d'euros en 1994 à plus de 67 milliards en 2001. *25 % de chômeurs en moins, 40 % de dépenses en plus !*

Dans ces 70 milliards, il faut distinguer, d'une part, ce qu'on appelle les « dépenses passives » qui recouvrent l'indemnisation du chômage proprement dit et les incitations au retrait d'activité (25 milliards d'euros) et, d'autre part, les « dépenses actives » qui recouvrent surtout la formation professionnelle et la promotion de l'emploi (27 milliards). Il faut aussi y ajouter les effets des lois Aubry pour plus de 9 milliards d'euros, soit près de deux fois le budget du ministère de la Justice. Autant de milliards qui font pourtant de la France l'un des plus mauvais élèves de l'OCDE, notamment en termes de création d'emplois.

Ainsi, sur la décennie 1980, alors que la part des « dépenses actives » dans le total des dépenses pour l'emploi était du même ordre aux États-Unis (40 %) qu'en France (42 %), *là où les États-Unis créaient 56 emplois pour 1 000 personnes en âge de travailler, la France en détruisait 36 !*

Les statistiques établies par l'OCDE confirment aussi que les pays qui font peser sur les employeurs les taux de cotisations sociales les plus lourds sont également ceux où le chômage est le plus élevé.

C'est que, en fait, comme le démontrent toutes les études et le pressent le bon sens, les créations d'emplois dépendent moins de la dépense publique que de l'évolution de la conjoncture et des perspectives du marché. Pire, la majorité des entreprises dénonce l'inutilité de ces aides et souhaite qu'elles soient remplacées par une réduction des prélèvements. Comme le faisait observer le jeudi 27 mai 1999 Jean Lardin, président de la commission des relations du travail de l'Union professionnelle artisanale, auditionné par la Mission d'évaluation et de contrôle de l'Assemblée nationale, « *les aides ciblées sont contestables. Elles ont des effets pervers sur les entreprises. Elles peuvent créer des effets d'aubaine et troubler le jeu de ce que doit être une véritable embauche* ». Pour sa part, Arnaud Leenhart, représentant du Medef, ajoutait : « Je n'ai jamais tellement pris de décisions en pensant qu'il fallait attendre que telle ou telle personne soit dans le cadre d'un contrat d'initiative emploi pour pouvoir tirer un bénéfice fiscal de son embauche. Je n'ai jamais embauché que les gens que j'avais envie d'embaucher, rarement avec l'idée d'avoir telle ou telle prime. »

Tout se passe comme si les entreprises les plus créatrices d'emploi ne recouraient que faiblement à l'« aubaine » de la dépense publique alors qu'en profitent le plus les entreprises qui les utilisent à la couverture de plans sociaux et à de réels licenciements. Comme les entreprises du secteur automobile qui, de 1990 à 1994, ont utilisé les Allocations Spéciales du Fonds National pour l'Emploi (ASFNE) pour liquider leurs sureffectifs. *De la dépense publique comme aide à la création de chômeurs et mode de gestion des plans sociaux*, tel est le paradoxe qu'évoquait en termes prudents Christian Lhote, directeur départemental du travail, de l'emploi et de la formation professionnelle de l'Orne, lors de la même audition : « Les aides ciblées ont pour objectif de corriger les files d'attente du chômage. Les files d'attente du chômage sont éminemment fluctuantes. Quand on aide plus particulièrement la création d'emploi ou l'emploi des jeunes, on voit les chômeurs de longue durée monter en flèche. Quand on donne une aide plus ciblée à des chômeurs de longue durée, c'est le chômage des jeunes qui s'accroît. »

Mieux encore, selon M. Liêm Hoang Ngoc, qui a coordonné l'étude réalisée pour l'Office parlementaire d'évaluation des politiques publiques, ce seraient les entreprises qui en auraient le moins besoin qui utiliseraient le plus les aides à l'emploi. « Je suis de ceux, avouait-il, qui pensent que la dépense publique a un rôle important dans l'économie, mais il s'agit tout de même de la rationaliser et je ne suis pas pour gaspiller les deniers publics quand on peut les économiser. »

Voulez-vous gagner 40 milliards d'euros ?

Questions de bon sens : comment la dépense publique participe-t-elle de l'encouragement à la création d'entreprises ? Quelle politique conduire pour qu'elle soit incitative à l'embauche ? Questions auxquelles personne ne trouve en fait de réponse depuis trente ans. *Il est même fort à parier que les « dépenses actives » pour l'emploi, qui représentent, soulignons-le, plus de 40 milliards d'euros (en y comprenant les effets des lois Aubry), alors que l'impôt sur les sociétés est de 45 milliards, ne servent à rien.*

Autrement dit, l'État prend d'une main ce qu'il redistribue à l'aveugle de l'autre. Ainsi, de 1995 à 2001, alors que la croissance repartait à la hausse et que le nombre de chômeurs baissait, l'État prélevait plus sur les sociétés pour multiplier des aides à l'embauche à des entreprises qui n'en avaient nul besoin !

Ce fut, en 1999, le constat de la commission des finances, de l'économie générale et du plan, en conclusion des travaux de la Mission d'évaluation et de contrôle de l'Assemblée nationale. Nous les traduirons en français « vulgaire », tant les fioritures qui les entourent sont de nature à « noyer le poisson », bien que le sens général de l'enquête soit explicite : « *Peut-on trouver meilleur terrain qu'une enveloppe globale d'aides ou d'exonérations de l'ordre de 350 milliards de francs dans une conception large de la dépense pour l'emploi, recouvrant des dispositifs complexes longtemps marqués par une instabilité certaine et le sentiment, non totalement faux, d'un " maquis " d'aides maîtrisé par les seuls initiés ? Bref, une présomption forte de perte d'efficacité.* »

A cette interrogation d'envergure, la Mission, présidée par Didier Migaud, rapporteur général socialiste, répondait en des termes qui méritent d'être intégralement reproduits tant les milliards qui sont ici en jeu relèvent du grand gaspillage.

« Le bon sens parlementaire et le bon sens gestionnaire voudraient que l'on disposât de données stables, exhaustives, permettant les comparaisons dans le temps et entre les différents types de politiques de l'emploi. Sans même parler des contraintes propres aux comparaisons internationales, dont on peut penser qu'elles iront en s'amplifiant au sein de l'Union européenne, il apparaît, par exemple, que la connaissance de l'action des collectivités locales pour aider l'emploi demeure lacunaire. Paradoxalement, ce manque presque complet d'information porte sur des aspects qui correspondent aux démarches d'individualisation des mesures et de rapprochement de la prise de décision des bassins d'emploi qui sont désormais mises en avant par l'État, dans l'attribution de ses aides visant les publics les plus éloignés du marché du travail. Ce constat avait été celui de la Commission d'enquête sur les aides à l'emploi de 1996. Il est apparu à la Mission que ni les suites données à cette dernières, ni, plus récemment, les travaux de l'Office parlementaire d'évaluation des politiques publiques n'avaient permis de progresser en ce domaine. La Mission a pensé que la Cour des comptes et les chambres régionales des comptes pourraient apporter d'utiles éclaircissements sur ce point. »

Traduction :

— Le bon sens exigerait de savoir à quoi servent les milliards consacrés par la France à l'emploi. Or, globalement, aucune étude ne permet d'en connaître l'efficacité.

— Pire, le flou est plus important encore pour ce qui est

des personnes les plus vulnérables et des zones les plus atteintes par le chômage, c'est-à-dire où cette action devrait être la plus efficace.

— Ce constat est fait depuis 1996 mais rien de sérieux n'a été entrepris depuis.

— Il faudrait demander à la Cour des comptes qu'elle examine de près cette trappe à milliards.

« N'y a-t-il pas matière à perplexité lorsque des enquêtes auprès d'employeurs sur l'utilisation d'un même dispositif d'aide font apparaître des réponses contradictoires du même employeur, à la même question, dans deux enquêtes successives, sur les mêmes embauches aidées ? Et encore lorsqu'il apparaît que l'appréciation faite de la réponse doit varier selon que c'est l'employeur qui a ou non répondu lui-même au questionnaire ?

« La Mission a donc considéré qu'il fallait généraliser et perfectionner les évaluations. Il est clair pour elle que c'est d'abord par le suivi des trajectoires de retour à l'emploi des bénéficiaires après qu'ils sont sortis des dispositifs aidés qu'il faut tendre à apprécier l'efficacité des dispositifs et les aménagements et redéploiements qu'ils nécessitent. »

Traduction :

— La maquis des aides est tellement dense que les employeurs qui les reçoivent sont incapables de dire de manière claire à quoi elles ont servi.

— Il serait utile de savoir si les personnes qui ont bénéficié de ces aides ont pu retrouver du travail.

« Pour la Mission, dès lors qu'on s'est donné les moyens de rétablir les " fondamentaux " en termes de croissance et d'abaissement du coût du travail, il demeure un exigeant devoir de vérifier les conditions réelles de mise en œuvre de dispositifs ciblés visant les personnes les plus éloignées du marché du travail, sans qu'il s'agisse de se limiter à vouloir garder la maîtrise du coût global d'un volant de dispositifs " parking ". Bien au contraire, il s'agit de se doter de moyens permettant de ne pas se résigner à ce que certains demeurent durablement exclus du marché du travail. »

Traduction :

— Les économistes embauchés par le ministère de l'Emploi et de la Solidarité ne ne sont jamais donné la peine d'aller vérifier leurs hypothèses sur le terrain.

— Il serait pourtant utile de savoir pour quelles raisons certains Français sont durablement privés de travail alors que s'accroît de manière sensible la dépense publique.

« La dernière tâche de la Mission a été d'oser " mettre sur la sellette " un certain nombre de dispositifs et de montrer, dès son avènement, qu'elle était disposée à y procéder sans tabou... »

Traduction :

— Excédés par l'amateurisme du ministère de l'Emploi et de la Solidarité, les parlementaires de la Mission de contrôle sont bien décidés à « mettre les pieds dans le plat ».

« Elle l'a fait de deux façons :

« — en suggérant de diminuer des aides dont elle a raisonnablement présumé, au vu des résultats de ses travaux sur les mécanismes des décisions de création d'emploi et d'embauche, qu'elles offraient de forts effets d'aubaine. C'est le cas pour l'exonération de cotisations sociales patronales pour l'embauche d'un premier salarié ou la réduction d'impôt pour création d'emploi des entreprises soumises à l'impôt sur les sociétés. »

Traduction :

— La Mission propose de supprimer les aides qui ne servent à rien et sont utilisées comme une véritable aubaine par des entreprises qui, de toute façon, avaient décidé d'embaucher.

— En fait, les entreprises qui s'arrangent pour bénéficier de ces aides sont essentiellement celles qui sont les

mieux informées et pas nécessairement celles qui rencontrent des problèmes de compétitivité ou de coût salarial.

— Ainsi, une enquête sur l'exonération pour l'embauche d'un premier salarié réalisée, à un an d'intervalle, auprès des mêmes entreprises a montré que 40 % des entreprises bénéficiaires de la prime auraient de toute façon recruté la même personne sans cette aide !

« — en fixant un clair principe d'action en matière de ce qu'il est convenu d'appeler les " mesures d'âge ". Pour la Mission, ces mesures constituent un non-sens économique et social puisqu'elles facilitent, grâce à l'argent public, l'adoption par les entreprises d'un management imprévoyant ou sans imagination de leurs effectifs et de leur pyramide des âges. La Mission a donc estimé qu'il convenait, dans ce domaine, d'émettre un " message fort " en demandant la quasi-suppression des actuelles préretraites totales du FNE. Son raisonnement a consisté à marquer les insuffisances de ce dispositif, en raison de l'absence d'obligation de remplacement des salariés bénéficiaires. »

Traduction :

— L'argent public a surtout servi aux entreprises pour licencier les salariés âgés.

— Les parlementaires, jugeant tout cela proprement scandaleux, exigent que cela cesse.

Rien de cela n'a été retenu dans les projets de loi de finances qui ont suivi cette enquête. Dans le rapport qu'il faisait au nom de la commission des finances, de l'économie générale et du plan sur le projet de loi de finances pour 2000, le même Didier Migaud, qui s'était indigné avec les autres, écrivait même sans sourciller : « Pris dans son ensemble, le budget de l'emploi et de la solidarité atteint 253,6 milliards, à structure constante, soit une progression de 4,3 % par rapport à 1999... L'action de l'État en faveur des populations qui ont des difficultés pour intégrer ou réintégrer le marché du travail [*celle qui était si vivement critiquée par la Mission*] est fixée à 52,8 milliards dans le présent projet de loi de finances, soit une augmentation de 7,6 % par rapport à 1999...

« Les autres dispositifs d'insertion des publics en difficulté (contrats emplois-solidarité, contrats initiative emploi, programme de chômeurs de longue durée, soutien à l'insertion par l'économique) sont consolidés [*nous venons de voir que la Mission avait émis un « message fort » pour qu'ils soient reconsidérés*]. L'ensemble de ces actions d'insertion en faveur des adultes en difficulté est crédité à hauteur de 25,38 milliards. »

N'est-il pas temps, pour les élus, de « demander des comptes » à l'Administration ? Comment économiser ces 40 milliards d'euros de dépenses « actives » pour l'emploi dont toutes les études s'attachent à souligner qu'ils ne servent pratiquement à rien ? 40 milliards, soit 1 900 euros par an pour les 21 millions de salariés que compte la France, ou un treizième et une moitié de quatorzième mois pour la moitié d'entre eux qui gagnent moins de 1 400 euros mensuels. On peut toujours rêver...

15 milliards d'euros pour les 35 heures ou un mois de salaire en moins pour les smicards

« Les 35 heures, ça marche », affirmait devant l'Assemblée nationale Élisabeth Guigou, le 16 mai 2001. Près de 11 milliards d'euros de dépenses publiques en 2000 au lieu des 9,8 milliards prévus, plus de 15 milliards en 2001, pour une prévision de 13 milliards, « ça marche », effectivement. Cette mesure généreuse qui veut « changer la vie » de millions de salariés leur coûte en fait le tiers de l'impôt sur le revenu. Quatre heures de travail en moins par semaine, 33 % de prélèvements directs en plus. Répartis sur les seuls salariés du secteur concurrentiel — ils sont plus de 15 millions —, le coût fiscal est de près de 1 000 euros par an. Un mois de salaire en moins pour tous ceux qui sont payés un peu moins du SMIC ! Mieux, si l'on peut dire : selon les estimations du ministère de l'Emploi, cette mesure aurait permis de créer environ 200 000 emplois. *Près de 11 milliards d'euros de dépenses publiques en 2000 pour 200 000 emplois créés. Soit près de 55 000 euros par emploi ! Chaque poste créé aura ainsi coûté au citoyen-contribuable 4 500 euros par mois. Difficile d'imaginer une dépense plus coûteuse.*

Les 35 heures, cette mesure qui fleure bon le Front populaire, traduit en fait le fossé qui s'est creusé entre l'évolution de l'économie et la façon dont la pensent ceux qui nous gouvernent. Des hommes et surtout une femme, qui pensent encore comme en 1936 que, pour créer des emplois, il suffit de réduire la durée hebdomadaire du travail et de le partager comme un gâteau. Une vision statique qui continue d'envisager l'organisation du travail comme à l'époque des chaînes sur lesquelles peinaient les ouvriers de Renault. Alors que nous sommes entrés massivement depuis le début des années 1970 dans une société de services, fonctionnant avec des emplois plus mouvants et une organisation du travail qui doit être moins rigide.

Certes, les Français, qui ont le sentiment de travailler beaucoup, ont estimé avec raison que les 35 heures pouvaient contribuer à « changer leur vie » mais, à l'usage, une enquête menée entre novembre 2000 et janvier 2001 par la Direction de l'Animation et de la Recherche et des Études Statistiques (DARES) du ministère de l'Emploi et de la Solidarité révèle que, pour 48 % des salariés, les 35 heures se sont d'abord traduites par « une exigence de polyvalence accrue » et que, pour 32 % d'entre eux, elle a provoqué « davantage de stress au travail ». Enfin, un quart des salariés « fait état d'une durée de travail effective supérieure à celle prévue dans l'accord sur la réduction du travail ».

En fait, on ne peut imaginer mesure plus artisanale, plus contre-productive et plus révélatrice du mépris de l'Administration à l'égard des représentants du peuple que ce pavé de bonnes intentions. Comme l'a reconnu un haut fonctionnaire du ministère des Finances au cours de son audition devant la commission du Sénat, *prévoir le coût des 35 heures revenait « à lire dans une boule de cristal »*.

A l'heure où l'évaluation des politiques publiques devient une exigence, il faut d'abord observer qu'à la question essentielle de savoir combien d'emplois les 35 heures ont créés, aucune réponse sérieuse n'a été formulée. En 2000, selon le ministère de l'Emploi, elles seraient à l'origine de « plus de 150 000 emplois créés dans les secteurs concurrentiels non agricoles » sur les 506 000 emplois créés en 2000. Soit moins de 30 % des emplois créés au total sur l'année. Pour 2001 et 2002, Élisabeth Guigou a déclaré qu'avec le passage des petites entreprises aux 35 heures, l'effet sur l'emploi devrait être « très significatif ». Toutefois, les services statistiques de son ministère avouaient en même temps qu'ils n'étaient pas capables de distinguer clairement les emplois créés d'une part, et les emplois préservés de l'autre. « Dans la mesure où certains emplois auraient de toute façon été créés ou maintenus, peut-on lire dans une note émanant de ces services, les effets nets de la réduction du temps de travail sur l'emploi sont moins importants. »

Une appréciation pessimiste que partageait le ministre de l'Économie et des Finances devant la commission des finances du Sénat : « D'après les premiers éléments de bilan dressé pour les entreprises qui ont réduit leur durée du travail en 1999 et 2000, le passage aux 35 heures se traduirait par des taux de création d'emplois, nets des effets d'aubaine et de l'effet d'éviction sur le développement du travail à temps partiel, de 6,5 % pour les entreprises bénéficiant du dispositif incitatif et de 3 % pour les autres. En tenant compte du ralentissement des embauches à temps partiel, les créations nettes d'emplois seraient proches de 280 000 en cumulé sur la période 1999-2002, dont près de 200 000 emplois déjà créés fin 2000.

Traduction :

— Une partie des emplois créés l'a été par des entreprises qui, de toute façon, les auraient créés.

— Profitant de l'« aubaine », elles ont au passage encaissé les aides liées aux 35 heures.

— En 2001 et 2002, on peut espérer 80 000 créations d'emplois supplémentaires.

Il suffit en regard de rappeler le coût des aides : près de 11 milliards en 2000, 15 milliards en 2001 et 14 milliards en 2002. Au total 40 milliards sur trois ans. *Plus de 140 000 euros par emploi créé, l'équivalent de huit années de salaire d'un Français moyen...*

C'est que, en fait, le gouvernement a élaboré ses projets de loi avant même d'assurer le financement du dispositif qu'il proposait. Initialement, la Direction de la prévision du ministère de l'Économie, des Finances et de l'Industrie avait même prévu un scénario qui conduisait « à un gain pour les finances publiques ». Non seulement, estimait-elle, la réduction du temps de travail ne devait rien coûter ; mieux, elle était même susceptible de dégager un solde positif pour les finances publiques de 2,4 milliards d'euros pour la période 1998-2002. Ce gain pour l'État, estimé dans une note du 27 janvier 1999, résultait « du surcroît de cotisations sociales engendré par l'évolution plus dynamique de la masse salariale et par les gains d'indemnisation du chômage réalisés grâce aux créations d'emplois ».

Toutefois, dans une autre note publiée quatre mois après, le 10 mai 1999, la Direction de la prévision tempérait déjà son optimisme en considérant que son raisonnement renvoyait « à une vision statique de la réduction du temps de travail », précisait que, « dans les faits, l'analyse des créations d'emplois consécutives à la réduction du temps de travail est plus complexe car beaucoup d'entreprises auraient créé des emplois en l'absence de la mesure », et notait que « l'ordre de grandeur des retours fiscaux liés à la réduction du temps de travail est très incertain [*sic*] ».

Traduction :

— *On s'est largement « planté » par rapport à ce qu'on écrivait quatre mois plus tôt.*

— *On a largement sous-estimé l'effet d'aubaine.*

— *Le solde positif de 2,4 milliards d'euros pour le budget de l'État, c'est largement du « vent ».*

Dans une troisième note du 18 février 2000, cette même Direction de la prévision estimait que « le bilan financier de la RTT pour les administrations publiques serait légèrement négatif à l'horizon fin 2001 ». *Un an après la première note de janvier 1999, le gain de 2,4 milliards se transformait en déficit de 820 millions.*

Autant d'à-peu-près qui montrent comment l'Administration a oscillé au fil des semaines entre des gains affichés et des déficits masqués. Concluons pour faire bonne mesure que, dans une dernière note datée du 16 mars 2000, la Direction de la prévision estimait que « l'incertitude sur les montants financiers en jeu demeure importante, les hypothèses qui sous-tendent le scénario de réduction du temps de travail étant soumises à un fort aléa. Cet aléa concerne aussi bien la chronique des flux de passage que les délais de mise en œuvre de la réduction du temps de travail ou le nombre de salariés concernés par l'extension de la ristourne ».

Ne pourrait-on pas faire l'économie d'une Direction de la « *prévision* »... ?

Les parasites de l'emploi

« *Vous dites que le budget de la formation professionnelle est de 120 ou 130 milliards de francs. En réalité, on n'en sait rien.* Car avec ce qu'il y a dans le budget de l'État, dans les compagnies consulaires et les collectivités locales, on ne peut pas définir clairement ce montant. *En revanche, ce que l'on sait, c'est que les gaspillages sont considérables et les fraudes énormes !* »

« Gaspillages énormes », le mot est de Pierre Joxe, premier président de la Cour des comptes, quand il évoquait les milliards dépensés par l'État pour la formation professionnelle. Des gaspillages liés à l'inflation des textes et à la multiplicité des acteurs. « Moi qui suis à l'origine de la loi sur la formation professionnelle [de 1971], avouait pour sa part Jacques Delors, je n'arrive pas à me faire une idée sur où on en est de la formation professionnelle permanente entre ce que font l'État, les budgets publics décentralisés et les acteurs non publics. »

Là, particulièrement, l'ampleur des moyens mis en œuvre contraste avec la faiblesse des résultats et, souvent, l'abus de bien public. A la différence de plusieurs États membres de l'Union européenne, l'éclatement des services se conjugue avec la complexité de l'organisation. Au sein de l'AFPA (Association pour la Formation Professionnelle des Adultes), relevait en 1997 la Cour des comptes, on comptabilisait 5 445 ordinateurs pour 2 872 agents, et les frais de représentation augmentaient en moyenne de 7 % par an alors que le nombre de stagiaires n'avait augmenté que de 10 % de 1990 à 1996. Particulièrement bien rémunérés, avec des écarts parfois considérables par rapport aux salaires de la fonction publique, les agents de l'AFPA étaient par ailleurs largement utilisés pour pourvoir gratuitement en personnel le ministère chargé du travail et de l'emploi. Dans de nombreux cas, notait aussi la Cour, des personnes avaient même été recrutées dans le seul but d'être mises immédiatement à la disposition des cabinets ministériels...

Sur un total de 2 081 marchés répertoriés entre 1986 et 1995, moins de 10 % avaient fait l'objet d'une procédure d'appel d'offres concurrentiel. C'est seulement en 1991 que l'État, dans un contrat d'objectif, a tenté de définir, en termes particulièrement vagues, la mission confiée à l'AFPA, renvoyant à la mise au point d'indicateurs d'efficacité qui n'ont jamais vu le jour. Ainsi, toujours, le ministère de « tutelle » n'était pas en mesure de s'assurer que les bénéficiaires des formations de l'AFPA étaient réellement ceux qui appelaient une action prioritaire, et qu'ils étaient formés grâce à des actions correspondant véritablement à leurs besoins. En 1997 encore, sur cent stagiaires inscrits à l'AFPA, quinze s'étaient évaporés en cours de formation, et on ne savait pas où se trouvait un tiers d'entre eux...

Nouveau directeur de l'AFPA, Gilbert Hyvernat osa même parler en 1999 de « gabegie » pour l'organisme que son prédécesseur contrôlait et avoua que parmi les comptables qu'il employait, certains étaient « de bien mièvres professionnels » ! Un aveu qui aurait mérité une plus large publicité auprès des citoyens-contribuables.

Une fonction de contrôle négligée, un système d'information déficient, des organes de coordination en large part inactifs ou frappés de dépérissement, telles sont aussi les insuffisances de l'action de l'État dans le domaine de la formation professionnelle pointées par la Cour des comptes dans son rapport pour l'année 2000. Chef du groupe national de contrôle de la formation professionnelle au ministère de l'Emploi et de la Solidarité, Jean Lambert rappelait qu'il n'avait que 140 agents à sa disposition pour contrôler les 59 000 organismes de formation déclarés. Dès lors, l'occurrence moyenne d'un contrôle reste faible : de l'ordre de trente ans pour une entreprise, cinquante ans pour un organisme de formation, trente-six ans pour un organisme d'accueil. Ce qui est fort dommage à la lecture de certains redressements. Ainsi le Fonds d'Assurance Formation de l'Industrie Hôtelière (FAFIH) a fait l'objet en 1997 d'une décision de redressement de plus de 13,7 millions d'euros en grande partie motivée par l'absence d'utilisation des fonds collectés.

Autant dire que l'argent public destiné à la formation est largement utilisé à d'autres fins, en particulier à financer le fonctionnement du monde syndical ou patronal. C'est cette dérive qu'évoquait le même Jean Lambert au cours de son audition devant la Mission d'évaluation et de contrôle de l'Assemblée nationale. Comme plus haut, nous nous permettrons de traduire ses propos en français « ordinaire ».

A la question brutale de savoir si les OPCA (Organismes Paritaires Collecteurs Agréés) bénéficiaient de postes prétendument rattachés à la formation professionnelle alors qu'ils servaient au fonctionnement des syndicats, il répondait : « En ce qui concerne les dérives possibles de l'emploi des fonds, notamment de la collecte des OPCA, des indices permettaient, par le passé, de conclure dans le sens de votre propos. Toutefois, prévalaient une tolérance, une ambiguïté, parce qu'il est incontestable que le fonctionnement paritaire d'un organisme a un coût. Or le droit de la formation professionnelle ne prévoyait pas la possibilité de prendre en compte un tel coût. Entre l'emploi nécessaire d'une personne et la dérive de ce même emploi s'immisce un élément de subjectivité difficilement contrôlable, ce que l'on note dans toutes les affaires dites d'" emplois fictifs " qui appellent des instructions longues difficiles et délicates...

« En raison de ces difficultés, des règles précises ont été édictées. Elles prévoient l'affectation à la couverture des frais de fonctionnement du paritarisme de 1,5 % des sommes collectées par les OPCA au titre de la formation professionnelle à la couverture des frais de fonctionnement du paritarisme, pourcentage lui-même fractionné en deux parts de 0,75 % chacune... La réglementation prévoit que ces sommes sont données pour solde de tout compte et que leur emploi fait l'objet d'un compte rendu annuel. Compte tenu de la date d'entrée en vigueur du dispositif, les premiers comptes rendus ont été établis au titre des années 1996 et 1997... On a commencé à exploiter le compte rendu pour s'assurer que les motifs de dépenses présentent une vraisemblance certaine et correspondent à une stricte réalité. Mais, cela revient à contrôler les organisations professionnelles ou syndicales, d'où une dimension politique... »

Traduction :

— Je suis en train d'expliquer avec beaucoup de pudeur que les milliards collectés pour la formation professionnelle servent largement à financer les organisations syndicales.

— Je vous donne même un pourcentage tiré d'un décret que personne n'a lu.

— En l'absence d'effectifs suffisants, il n'y a aucun contrôle possible.

— Et s'il y avait contrôle, la question est tellement politique que...

Entre 18 ou 20 milliards d'euros, faut-il rappeler l'importance des sommes en jeu ? 4 fois le budget de la Justice. 2 fois le budget de la Sécurité. Le tiers de l'impôt sur le revenu. Pourquoi ne pas imaginer comme pour le budget de la Culture de verser aux 21 millions de salariés français un chèque-formation à utiliser à leur gré ? En ne répartissant que 12 milliards d'euros, une économie de 6 à 8 milliards pour les citoyens-contribuables, chacun d'entre eux recevrait un chèque annuel de plus de 600 euros. Au prix moyen d'une heure de formation de qualité pour les ouvriers qualifiés (23 euros selon Jean Michelin, directeur de la formation au sein de la Fédération française du bâtiment), chaque salarié pourrait s'offrir annuellement un peu moins de 30 heures de formation, quasiment une semaine. Concilier liberté individuelle, économie publique et morale politique, n'est-ce pas la plus vertueuse des solutions ? Une solution qui priverait, certes, d'emplois réels ou... fictifs tous les parasites de l'emploi.

Au nombre desquels on compte aussi l'Agence nationale pour l'emploi qui emploie près de 20 000 agents dont la mobilisation, aux yeux de la Cour des comptes, n'est pas « encore optimale », ce qui veut dire, en français ordinaire, « franchement mauvaise ».

Tout d'abord, le budget de l'Agence manque singulièrement de rigueur. Décalage énorme, de près de 50 %, entre budget voté et budget exécuté, croissance non maîtrisée des dépenses de fonctionnement, aucun suivi rigoureux des flux financiers, retard à solder les aides à l'embauche, aucun outil de prévision de la trésorerie qui est pourtant substantielle, attention inégale portée aux règles du code des marchés publics, telles sont les pratiques non « optimales » d'une Agence qui, par ailleurs, ne voit pas son image s'améliorer auprès de ses utilisateurs. Au premier rang en 1995, avec 22,9 % des entreprises la déclarant comme le moyen le plus efficace de recrutement, elle tombe en 1999 au troisième rang avec 17,7 % derrière les petites annonces, la presse, le Minitel (21,3 %) et les réseaux de connaissance (20,3 %)...

Dans le même temps, les effectifs de l'Agence ont augmenté de 10,3 %, et les dépenses de personnel qui s'établissaient à 65,5 % des dépenses courantes en 1993 s'élèvent aujourd'hui à 72 %. Un personnel dont, en outre, le taux d'absentéisme paraît élevé (7,68 % en 1998)... sans compter le nombre de jours consacrés au paritarisme (14 684) ou aux activités syndicales (22 888). Ce qui représente 200 emplois équivalents annuels. Un taux certes inférieur à celui des agents de l'EDF mais qui semble important aux experts de la Cour des comptes.

Enfin, pourrait-on dire, l'Agence ne dispose pas d'indicateurs permettant d'évaluer l'efficacité des prestations de services dont elle fait bénéficier les demandeurs d'emploi... Autant de lacunes qui amènent la Cour « à s'interroger sur la vocation de cet important établissement public et sur la nature des relations qu'il doit désormais entretenir avec les autres composantes du service public de l'emploi pour parvenir au meilleur usage des deniers publics mis à sa disposition ». Un langage courtois pour dénoncer le grand gaspillage de la dépense publique.

Dépense publique et fracture sociale

Ces milliards de l'emploi sont en fait l'exemple le plus spectaculaire de la manière dont l'action publique peut aller à l'encontre du but affiché. Il faut sans cesse le rappeler, le seul et unique facteur qui détermine une entreprise à embaucher est la perspective que le travail du nouveau salarié rapportera plus, à moyen terme, qu'il n'a coûté. Or, parmi les coûts liés à l'embauche, le coût social et fiscal est plus considérable en France que dans tous les autres pays. Dans ce contexte, la majorité des entreprises souhaite que les aides à l'embauche, largement inutiles, soient remplacées par une réduction des prélèvements. La question est bien de savoir pourquoi les gouvernements successifs ont écarté une telle réforme. Pour éviter d'avoir à réexaminer les effectifs en charge de la gestion de ces aides ?

Ou, plus certainement, parce que dans notre pays la dépense publique est souvent présentée comme garante, par principe, de la cohésion sociale, qu'elle est créditée, en tant que telle, de vertus que l'examen auquel nous venons de nous livrer est loin de confirmer.

Pire sans doute, loin de renforcer la cohésion sociale, la dépense publique a peut-être contribué à élargir la fracture qui sépare les deux sociétés françaises.

Fracture tout d'abord entre ceux qui travaillent et ceux qui sont exclus du marché du travail. Réduction de la durée hebdomadaire du travail à 35 heures, allongement de la durée de scolarité pour les jeunes, multiplication des conventions de conversion qui ont eu pour principal effet de faciliter les plans sociaux des entreprises, développement des aides à la cessation partielle d'activités, autant de mesures qui ont réduit le nombre d'actifs et fait de la France l'un des pays occidentaux où la durée effective du travail est la plus basse et le taux d'emploi en proportion de la population totale d'âge actif la plus faible. Ainsi, le taux d'activité était-il en France de 55 % en 2000 contre 65 % en Allemagne, 70 % aux Pays-Bas, 72 % au Royaume-Uni et 75 % aux États-Unis. Surtout, la réduction massive de l'activité après l'âge de 50 ans (seuls 37 % des hommes de 55 à 64 ans ou plus travaillent), combinée avec le formidable allongement de l'espérance de vie (elle est de plus de vingt ans à 60 ans pour les hommes), prépare la véritable bombe à retardement que sera le problème du paiement des retraites. Comment imaginer que des départs massifs en retraite à l'âge de 60 ans avec le maintien d'une retraite élevée seront possibles ?

Sans doute ceux qui nous gouvernent ont-ils aussi repris le bon mot de Keynes qui répliquait à ceux qui critiquaient les effets à long terme des mesures qu'il proposait : « A long terme, nous serons tous morts. » La préférence française pour le présent, largement confortée par la dérive de la dépense publique, se traduit en fait par l'effondrement des solidarités et la mise à l'écart des plus faibles. Quand la dépense publique augmente sans fin, il est en effet inévitable que ce soient les intérêts les mieux organisés et les populations les plus averties qui en profitent en priorité.

Fracture aussi entre les plus riches et les plus pauvres qui, comme le constate l'Observatoire national de la pauvreté et de l'exclusion sociale, avouent avoir beaucoup de peine à identifier les organismes auxquels ils doivent s'adresser pour bénéficier d'une aide et, plus encore, à constituer le dossier de demande destiné à l'obtenir. Renvoyés d'un organisme à un autre, incapables de comprendre l'information obtenue, quand ils réussissent à l'obtenir, renonçant par découragement à obtenir la prestation qui leur était due, les personnes en difficulté sont, en fait, les premières victimes de la dépense publique, les moins découragés étant les titulaires... d'un diplôme de l'enseignement secondaire ou supérieur ! Inspecteur général des affaires sociales au ministère de l'Emploi et de la Solidarité, Jean-Luc Vieillebière en vient même à écrire : « En contradiction avec l'un des principes fondateurs mêmes de la Sécurité sociale — l'universalité des prestations accessibles à l'ensemble de la population —, l'existence de difficultés aux droits à prestation reste malheureusement d'actualité. Les " cas significatifs ", relevés chaque année dans les rapports d'activité du Médiateur de la République, sans prétendre à un caractère représentatif, illustrent certaines des principales difficultés. Il peut s'agir de lacunes de la réglementation, d'incertitudes juridiques liées à l'émiettement du système de protection sociale national, d'une information insuffisante sur des règles qui n'ont rien d'évident pour les citoyens, surtout lors de périodes de leur vie particulièrement difficiles. »

Ainsi, sept mois après le décès du mari, 42 % des veuves n'ont pas recours aux prestations qui leur sont dues ! Ainsi encore, une enquête effectuée sur l'Allocation de soutien familial confirme un taux de non-recours à la prestation due de l'ordre de 50 %. Ainsi, toujours, une enquête menée par le CREDOC en 1995 révélait que 23 % des personnes ne percevaient pas le RMI alors qu'elles y avaient droit. « De tels faits, écrit l'inspecteur général des affaires sociales, soulèvent brutalement la question de l'efficacité des politiques sociales, dès lors qu'une partie des publics a priori les plus en nécessité de prestations n'est pas atteinte par les dispositifs censés les couvrir. »

Efficacité, un mot qui ne fait pas partie du vocabulaire de ceux qui savent seulement verser les milliards destinés à remplir des bouteilles vides.

Trois ans après

Inauguré en juin 2005, le plan Villepin peut-il vaincre le chômage ? Dans le numéro du *Point* daté du 16 juin 2005, je répondais : « Le simple fait de poser cette question devrait être passible d'une double sanction : insulte au bon sens, mauvais coup porté à la démocratie. » Comme on vient de le voir en effet, comment peut-on faire croire à l'opinion qu'il est possible de résoudre en vingt-deux mois une « exception française » qui dure depuis près de trente ans ? Comment faire croire qu'il est possible de vaincre le cancer du chômage sans s'attaquer au poids des dépenses publiques supposées l'indemniser ou le prévenir ?

Au Royaume-Uni, il a fallu plus de dix ans pour passer de 10,3 % de chômeurs dans la population active (en

1993) à 4,5 % aujourd'hui. En Irlande, dix ans également pour passer de 15,7 % (en 1993) à 4,2 %. Dix ans aussi en Espagne pour passer de 23,8 % (en 1994) à moins de 10 %. Plus de dix ans en Nouvelle-Zélande pour passer de 10,3 % (en 1992) à 4,3 %. Dix ans au Danemark pour passer de 10,7 % (en 1993) à 4,9 % aujourd'hui.

Sauf à penser que la France est un pays infiniment plus doué que les autres et au sein duquel les gouvernements sont infiniment plus courageux, le pari des cent jours, voire des vingt-deux mois, est vraiment une gageure.

Surtout, et c'est la « leçon » majeure de ce *Grand Gaspillage*, c'est en réduisant massivement le poids de la dépense publique et en allongeant la durée du travail que ces pays ont su réduire de manière forte le nombre de chômeurs. Le moins qu'on puisse dire est que la « feuille de route » imposée par Jacques Chirac à Dominique de Villepin — la défense du « modèle social français » — n'autorise guère d'espoirs.

A cet égard, comme le montre à l'envi l'excellentissime rapport d'information de l'Assemblée nationale sur la France des 35 heures, publié en avril 2004 sous la direction de Patrick Ollier et de Hervé Novelli, la baisse du nombre d'heures travaillées par personne employée a eu une incidence directe sur le niveau de la productivité par tête, dont la progression, sur la période 1996-2002, a été moindre que par le passé (1,06 % par an contre 1,54 % en moyenne pour les pays de l'OCDE, 4,01 % pour l'Irlande, 2,07 % pour la Finlande, 1,93 % pour les États-Unis, 1,83 % pour la Suède, 1,57 % pour le Royaume-Uni).

Comme le constate aussi le groupe de travail présidé par Michel Camdessus, « l'essentiel des différences avec les performances de nos partenaires s'explique par la moindre quantité de travail que nous mobilisons et qui reflète certains choix volontaires tels que l'évolution des taux d'activité et de la durée hebdomadaire du travail et, hélas, la médiocre efficacité de nos efforts de réduction du chômage structurel ».

En bref, si nous croissons moins vite, et toutes évolutions confondues, c'est parce que nous mobilisons insuffisamment nos ressources de travail. Ainsi, depuis vingt ans, la totalité de notre écart de croissance par rapport aux États-Unis et au Royaume-Uni correspond à la différence d'évolution du total d'heures travaillées. De fait, la France est avant-dernière au sein de l'OCDE pour le nombre d'heures travaillées par an et par personne en âge de travailler.

Surtout, comme nous l'avions déjà largement souligné, la profusion de dispositifs et les multiples doublons exigeraient la création d'un guichet unique pour l'emploi destiné à simplifier les usines à gaz dont plus personne ne comprend le fonctionnement. Est-il normal que le budget de l'ANPE ait augmenté de 22,9 % entre 2000 et 2002 alors que son efficacité dans l'insertion des chômeurs reste à démontrer ? Est-il normal qu'un couple inactif avec deux enfants qui parvient à cumuler les aides nationales et locales auxquelles il peut légalement prétendre perde de l'argent à voir un de ses membres occuper un emploi à plein temps payé au Smic ?

Au lieu de multiplier les dépenses publiques pour l'emploi, on pourrait simplement méditer cette statistique : si les Français acceptaient aujourd'hui de travailler autant que les Américains, leur PIB par habitant serait le plus élevé du monde (33 263 dollars contre 32 613 dollars aux États-Unis et 24 400 dollars pour la France de 2003). Encore faudrait-il les convaincre que notre « modèle social » n'est plus capable d'assurer le plein-emploi, les loisirs et le revenu. Le débat des futurs vingt mois...

3

Les gaspillages de l'État-médecin

Le mercredi 7 novembre 2001, la Fédération de l'Hospitalisation Privée (FHP) et celle des cliniques à but non lucratif (FEHAP) ayant approuvé l'aide supplémentaire de 260 millions d'euros proposée par le gouvernement afin de réduire les inégalités de salaire avec le secteur public, le mot d'ordre de grève déclenché le 5 novembre a été immédiatement levé. Lorsqu'on sait qu'en 1996 l'Assemblée nationale a été incapable d'imposer au gouvernement un amendement réduisant de 300 millions d'euros le déficit du budget, on mesure à quel point la grève hospitalière est une méthode d'ajustement des dépenses à l'efficacité sans pareille... surtout quand se profilent les échéances électorales.

C'est que, comme dirait la concierge, la santé, ça n'a vraiment pas de prix. Quand Marc Blondel, secrétaire général de Force ouvrière, déclare : « 56 milliards de déficit sur 1 084 milliards pour l'ensemble du régime des salariés, c'est de l'évaporation sociale. Et pour la santé d'un pays, ce n'est pas cher payé », il est sûr d'être approuvé par l'immense majorité des Français. Quand Jacques Chirac affirme à la veille de l'élection présidentielle de 1995 qu'il est « le garant de la Sécurité sociale » et justifie cette promesse en ajoutant : « Tout concourt à l'augmentation des dépenses de santé : l'allongement de la vie, le progrès médical, la volonté de nos concitoyens de prendre davantage souci de leur santé, l'apparition de nouveaux fléaux comme la toxicomanie et le Sida », il ne risque pas d'être démenti par le corps électoral.

Les Français, en effet, sont moins sensibles au fameux « trou de la Sécu » qu'aux libertés « intangibles » qui ont pour noms liberté de choix du médecin et remboursements « à l'aveugle » des caisses d'assurance maladie. Même s'ils admettent parfois, quand s'alourdit le poids des cotisations sociales ou de la CSG, qu'il serait bon de stabiliser les dépenses de santé, tous souhaitent simultanément disposer d'une médecine efficace intégrant les derniers progrès scientifiques, de la rapidité des soins, sans liste d'attente interminable comme en Angleterre, de l'égalité de l'accès aux soins, sans discrimination en fonction des revenus ou de l'âge, du remboursement total des soins lourds pour les maladies graves ou invalidantes et du remboursement le plus large possible les soins dits de confort.

Autant dire qu'il ne sera pas ici question de remettre en cause ces droits « inaliénables » du citoyen qui font tomber en disgrâce tous ceux qui tentent d'en « modérer » le coût, mais seulement de savoir s'il n'est pas possible de faire mieux en dépensant moins et, surtout, de mesurer si chaque Français « en a pour son argent ».

Plus de dépenses pour des résultats moyens

Avec environ 160 milliards d'euros, la France est, mis à part les États-Unis, pays atypique sur lequel il serait fort imprudent de prendre modèle, le pays qui dépense le plus pour sa santé. Près de 10 % de son PIB contre 8 % en moyenne pour les pays de l'Union européenne. *Si la France respectait cette moyenne elle économiserait environ*

30 milliards d'euros, plus de la moitié de l'impôt sur le revenu des personnes physiques. 30 milliards d'euros, le montant du gaspillage chiffré par tous ceux qui se sont penchés sans malveillance sur les comptes de la « Sécu », du rapport Béraud, commandé par la Caisse Nationale de l'Assurance Maladie des Travailleurs-Salariés (CNAMTS), aux estimations de Gilles Johannet, directeur général de la Caisse de 1998 à 2002.

C'est que la France est aussi l'un des pays qui maîtrisent le moins bien l'évolution de sa dépense.

Certes, en même temps, la France était aussi souvent citée, avant la canicule de l'été 2003, comme un pays d'excellence où viennent se faire opérer chaque année des milliers d'Italiens, d'Espagnols et de Britanniques. Reste qu'il faut se demander si les dépenses supplémentaires auxquelles elle consent d'année en année se traduisent par une meilleure santé de l'ensemble de la population et par une meilleure protection de sa partie la plus fragile.

Pour prendre la mesure de l'état de santé d'une population, le meilleur indicateur est sans doute l'espérance de vie à la naissance. La France se classe honorablement à ce tableau des chances de survie. Mais le Japon, en tête de ce palmarès, ne consacre à ses dépenses de santé que 7,2 % de son PIB, soit 45 milliards d'euros de moins que la France, l'équivalent de l'impôt sur les sociétés.

La France est surtout le pays européen où la différence d'espérance de vie entre les hommes et les femmes est la plus élevée. Alcool, tabac, accidents sont les principales causes de cette surmortalité masculine. Tumeurs de la trachée, des bronches et du poumon, tumeurs des voie aéro-digestives supérieures et traumatismes liés aux accidents, autant de soins coûteux qui pèsent sur nos dépenses de santé et mettent en cause la solidarité entre ceux qui paient et ceux qui font payer leur irresponsabilité à la société.

PRINCIPALES CAUSES DE DÉCÈS EN 1997 (EN %)
(hors accidents cardio-vasculaires)

	Hommes	Femmes
Tumeurs de la trachée, des bronches et du poumon	7,6	1,5
Tumeurs des voies aéro-digestives supérieures	3,6	0,6
Accidents de la circulation	2,1	0,8
Suicides	3,0	1,2
Alcoolisme	2,9	1,2

Mais fumer, rouler vite et se droguer ne sont-ils pas des libertés individuelles garanties par la Déclaration des droits de l'homme et du citoyen ? Que les cotisations demandées aux assurés ne dépendent que des revenus des assurés et ne soient en aucune façon influencées par les risques qu'ils présentent ne semble en fait poser aucun problème à des Français insensibles au fait que si l'assurance maladie coûte beaucoup plus qu'elle ne vaut, c'est aussi parce qu'elle indemnise sans retenue des maladies ou des accidents qui auraient pu être évités par des comportements plus responsables et des actions de prévention plus efficaces, donc, aussi, plus solidaires. Combien d'alcooliques seraient demandeurs d'une transplantation du foie s'ils devaient en supporter le coût ? Combien de services hospitaliers de pneumologie ne doivent leur survie qu'au tabagisme ? En ce cas, en quelque sorte, les pollueurs ne sont pas les payeurs.

Une étude fine menée sur la « performance qualitative du système de santé français » contredit aussi la croyance commune qui tend à confondre souvent les moyens (« toujours plus ») et les résultats et attribue principalement les états de santé aux milliards mobilisés.

Professeur à l'université de Paris-XII, Béatrice Majnoni d'Intigano a comparé la France à quatre pays européens (Allemagne, Danemark, Suède et Royaume-Uni), proches et comparables en termes de niveau de vie et de comportements, de 1970 à 1995. Elle a, pour ce faire, établi un échantillon de pathologies fréquentes et révélatrices de la santé publique. Dans de nombreux cas (rougeole, oreillons, tétanos, tuberculose), la France accuse un retard important par rapport aux autres pays. Elle est aussi le pays où le taux de mortalité lié aux « effets adverses des agents thérapeutiques » est le plus élevé (0,5 % d'un échantillon de 100 000 personnes de moins de 65 ans contre moins de 0,1 % dans les trois autres pays). Ce piètre résultat est lié à *la surconsommation de médicaments* (antibiotiques et antidépresseurs en particulier) *et du nombre élevé d'actes chirurgicaux* (appendicite par exemple). Les chirurgiens français opèrent beaucoup plus de l'appendicite que les Anglais ou les Allemands. *Plus de dépenses d'un côté, plus de maladies et de mortalité de l'autre*.

La comparaison internationale est certainement le meilleur moyen de s'interroger sur l'efficacité des cotisations et impôts liés à la santé pour lesquels, il faut le rappeler, un ménage payé au SMIC devra consacrer plus de dix années de travail au cours de son existence.

On peut en fait dessiner les contours d'un cercle particulièrement « vicieux ». *Pour financer la croissance des dépenses que ne justifient pas les performances comparées en termes d'état de santé de la population, l'État est amené à accroître les charges sociales qui pèsent sur le coût salarial, provoquer par la même occasion le chômage des travailleurs peu qualifiés et redistribuer 25 milliards d'euros d'aides à l'emploi pour tenter sans grand effet de le résoudre.*

Un système de santé injuste...

... sans aider vraiment les populations fragiles et les chômeurs qui sont les grands perdants de ce système dépensier. Les inégalités sont en effet profondes entre les classes sociales.

ESPÉRANCE DE VIE DES HOMMES À 35 ANS (EN ANNÉES) SUR LA PÉRIODE 1982-1996

Cadres de la fonction publique	46,0
Contremaîtres, agents de maîtrise	42,5
Artisans	41,5
Ouvriers qualifiés	38,5
Ouvriers non qualifiés	37,0

Entre un manœuvre et un cadre de la fonction publique, la différence d'espérance de vie à l'âge de 35 ans est de 9 ans et s'accroît encore avec l'âge. Pour la période 1990-1995, les ouvriers qualifiés avaient à chaque âge une probabilité de mourir 100 % plus forte que les cadres du même âge, alors qu'elle n'était que de 90 % pour la période 1975-1980 ! En 1990, la surmortalité des chômeurs était le triple des actifs occupés. Avec un cancer identique et à risque médical égal, la probabilité d'un décès d'un ouvrier ou d'un chômeur est multipliée respectivement par 1,7 et par 2 par rapport à celle des autres catégories socioprofessionnelles. Dans la mesure où les dépenses de santé sont essentiellement concentrées dans les six derniers mois de la vie, tout se passe comme si le manœuvre payait en partie pour financer la couverture maladie du cadre supérieur. Quand, en 1910, la CGT se battait contre la loi sur les retraites ouvrières à 65 ans avec comme mot d'ordre « non à la retraite pour les morts », elle n'avait pas tout à fait tort. *Dans les faits, depuis les années 1980, les disparités selon le milieu social se sont fortement accrues,* alors que, dans le même temps, les dépenses de santé s'envolaient et que les dépenses à la charge des ménages devenaient plus lourdes.

TAUX DE REMBOURSEMENT
(en % de facturation)

	Soins et biens médicaux	Soins hospitaliers	Produits pharmaceutiques
États-Unis	61	55	25
Canada	76	90	45
France	**74**	**92**	**54**
Allemagne	91	98	48
Italie	75	85	65
Japon	88	93	85
Royaume-Uni	93	99	90
Suède	86	98	71

Source : Éco-Santé, OCDE, 1999.

La France, où le poids des dépenses de santé dans le PIB est le plus élevé, est aussi le pays où le taux de remboursement est le plus bas, exception faite des États-Unis et du Canada.

On a pu aussi calculer que le coût moyen de l'assurance maladie pour un travailleur qualifié était en 1999 de plus de 4 000 euros par an alors que le bénéfice qu'il pouvait en escompter n'était que de 2 700 euros. Une différence de près de 33 % entre le montant des prélèvements opérés sur ses revenus et les remboursements prévus du risque-santé au cours de son existence. *Une différence de 1 300 euros, l'équivalent ou presque d'un mois de salaire, liée au gaspillage mesuré par le poids des dépenses prises en charge dont l'efficacité, en termes thérapeutiques, est nulle ou négligeable*, liée aussi au mode de fonctionnement de la Sécurité sociale qui ne prend pas en compte les coûts que font courir à la collectivité les assurés à risque et l'incertitude, pour l'ouvrier qualifié, de « récupérer » en fin de vie les sommes qu'il a pour ainsi dire prépayées tout au long de ses années de travail.

1300 euros par an, un petit mois de salaire pendant toutes les années de travail, c'est en fait la mesure de la contribution qu'impose la « Sécu » à tous ceux qui paieront plus qu'ils ne recevront. Une contribution forcée qui, paradoxalement, devrait amener les milieux les plus modestes à se poser la question de savoir s'ils n'auraient pas intérêt à gérer eux-mêmes, dans le cadre de l'assurance privée concurrentielle, leur risque maladie...

RECOURS AUX SOINS EN FONCTION DE LA PROFESSION
(indice par rapport à la moyenne de l'ensemble
de la population = 100)

	Généraliste	Spécialiste	Dentiste	Pharmacie	% renonçant Soins
Cadre sup.	112	167	128	113	11
Ouvriers	86	46	85	80	18

Le tableau doit se lire ainsi : par rapport à la dépense moyenne, âge et sexe comparables, les ouvriers ont quatre fois moins recours que les cadres supérieurs aux spécialistes.

Fascinés par les progrès spectaculaires de l'art médical, nous avons en fait fini par oublier qu'un système citoyen de santé n'a pas pour objectif premier de satisfaire la demande de plus en plus exigeante de ceux qui sont les mieux informés et les plus aisés, ni d'assurer les risques que font peser sur la collectivité les assurés « irresponsables », mais d'assurer le meilleur état de santé possible de l'ensemble de la population et, surtout, de multiplier les efforts pour diminuer les inégalités sociales face à la maladie et la mort. Si l'on veut améliorer la santé des Français, mieux vaut prévenir les dents cariées chez les enfants, accélérer la politique de prévention des cancers du sein et de l'utérus, lutter contre le tabagisme et investir dans l'aménagement des quartiers difficiles plutôt que d'engloutir trois cents millions d'euros pour construire la véritable usine à gaz qu'est l'hôpital européen Georges-Pompidou dont l'une des principales missions a été de satisfaire l'ego de son directeur qui annonçait avant son ouverture : « Nous avons fait le pari d'un hôpital fondé sur l'informatique, la robotique et la logique industrielle. » Grâce à quoi, quinze mois après son ouverture, l'hôpital « européen » fonctionnait au rythme d'un hôpital départemental de taille moyenne. Grâce à quoi la retransmission des images dans l'hôpital ne fonctionnait pas, faute d'écrans, faute de câblage et faute d'un système réseau adéquat.

Résultat, écrit le Pr Philippe Even : « Dès aujourd'hui, des pans entiers du bâtiment et des fonctions entières dépendant du câblage, prises de rendez-vous, transmission des résultats et des images, sont quasi inutilisables aux heures de pointe et la nuit, tant le réseau est d'ores et déjà saturé avec 400 patients (soit 50 % de l'objectif). Le système fonctionne lorsque personne ne s'en sert et s'arrête quand on en a besoin. Parfois, en cours même de transmission. Et tant pis aussi pour les malades qui souhaiteraient conserver leur dossier, leur propriété, ou pour leurs médecins, qui souhaiteraient le consulter. Il restera comprimé, réduit et emprisonné dans les ordinateurs de l'hôpital Pompidou, sans pouvoir en sortir. Comme d'ailleurs les dossiers " papier et film " classiques, perdus corps et biens une fois sur trois...

« Voulue pour alléger les tâches des personnels soignants et en réduire les effectifs, l'informatique en a doublé ou triplé les charges, éloignant des patients infirmières et médecins, agglutinés des heures derrière de rares écrans, trop lents ou muets. »

Autant dire qu'il serait particulièrement facile de dépenser moins sans affecter l'état de santé des Français et sans accroître les inégalités.

Dépenser sans compter

Contrôle de conformité aux recommandations médicales des radiographies du crâne en urgence effectuées dans les 5 hôpitaux de la circonscription de Sélestat en 1992 : 326 cas, 244 radiographies, *80 % injustifiées*. Incidence financière annuelle : 100 000 euros.

Prescription médicamenteuse pour les personnes âgées de plus de soixante-cinq ans dans les Hauts-de-Seine en 1991 et exonérées du ticket modérateur : 1 978 cas. 61 % des ordonnances comportent une association médicamenteuse déconseillée. 54 % présentent une redondance. *Pour 77 % des patients (1 512 cas), il y a au moins un médicament superflu.*

Contrôle systématique des arrêts de travail de moins de huit jours dans la région de Caen en 1994 : *50 % des arrêts de travail non justifiés*. Aucune contestation sur le plan médical des avis du service médical.

168 appendicectomies de 5 établissements publics et privés d'Haguenau en 1994. *50 % non justifiées*. Coût moyen : 900 euros.

Ostéodensitométrie (mesure de la masse osseuse) à Nantes en 1994 : 311 mis illégalement à la charge de l'assurance-maladie pour tout ou partie. Fraude : 122 000 euros.

Cotation de 48 chirurgiens exerçant dans 14 cliniques privées de Seine-et-Marne en 1994 : 3 356 dossiers examinés. *37 % comportent 3 942 anomalies*. Fraude : 380 000 euros.

Ce florilège d'abus et de fraudes tirés du livre de Gilles Johannet, *Dépenser sans compter*, publié en 1995, suffit à montrer à quel point l'attachement des Français à la « Sécu » repose sur une mauvaise évaluation de ses coûts. Longtemps objet de fierté pour avoir concilié droits illimités au remboursement et médecine libérale, le système de santé français aboutit, nous venons de le mesurer, au fait que nous dépensons plus que nos partenaires européens pour des performances sanitaires moyennes. Coûteux sans pouvoir rester généreux, centralisé à l'excès mais incapable de mettre chacun devant ses responsabilités, créé en principe par et pour les assurés mais victime d'une tutelle de l'État étouffante, il désenchante les professions de santé et trompe une population sous-informée. Faute d'avoir su choisir entre contrôle et liberté, il a créé une sorte de *Gosplan* qui prétend régenter la santé nationale mais laisse une totale liberté aux médecins et aux malades. *Bureaucratie et gaspillage sont devenus les deux mamelles de l'État-médecin*. Subissant un « plan de redressement d'urgence » tous les dix-huit mois en moyenne depuis 1970, ce système soviético-libéral semble en fait incapable de se réformer, les hommes politiques considérant désormais, après la désastreuse expérience Juppé, qu'il s'agit d'un domaine à haut risque électoral et qu'il vaut mieux pratiquer le *statu quo*, quitte à lâcher « en urgence » 260 millions d'euros aux cliniques privées...

Système libéral, il conduit aux abus, excès et fraudes qui reposent, dans la quasi-totalité des cas, sur des intérêts financiers et sont responsables de la plus grande partie d'un gaspillage que tous les experts chiffrent à 20 % de la dépense globale de santé.

Les constats d'excès concernent le plus souvent les prescriptions en médicaments : pour quelques centaines de principes actifs médicamenteux, le marché français offre aux prescripteurs près de 10 000 dénominations et prix différents. C'est organiser l'ignorance et le désarroi des médecins pour les soumettre à la pression des laboratoires pharmaceutiques. En 1992, le rapport Béraud démontrait déjà comment les médecins prescrivaient mal des médicaments aussi courants et coûteux que les antibiotiques ou les antiulcéreux. Autre exemple, ils persistent aujourd'hui à prescrire aux femmes des pilules de troisième génération malgré leur prix élevé et le risque d'accidents thrombo-emboliques veineux. Des pilules mises au point dans les années 1980 et dont la consommation doit beaucoup au marketing agressif des firmes : trois fois plus chères que les pilules de la deuxième génération, elles multiplient aussi par rapport à ces dernières le risque d'accident par 1,5 à 2,2. Mais alors qu'en Grande-Bretagne les pouvoirs publics ont demandé avec succès aux médecins de ne plus prescrire ces contraceptifs, rien de tel en France où l'Agence française de sécurité sanitaire a simplement écrit à tous les prescripteurs « de prendre en compte ces nouvelles données pour la prescription d'un œtroprogestatif, notamment la première fois ».

Dans un rapport remis le 20 novembre 2001 à Bernard Kouchner, les Drs Anne-Claude Crémieux, Benoît Schlemmer et Olivier Reveillaud dressaient aussi le constat que des millions d'affectations bénignes — angines virales, grippes, rhino-pharyngites, bronchites — donnent lieu chaque année en France à des prescriptions d'antibiotiques injustifiées. Ainsi sur 10 millions d'angines annuelles (dont 90 % sont traitées par antibiotiques), seules 2 millions sont à streptocoques A et justifient le traitement prescrit. Dans ce domaine, avec 100 millions de prescriptions par an, la France se situe au 1er rang européen pour la consommation d'antibiotiques par habitant en ville et au 2e rang pour l'hôpital, alors que près de la moitié de ces prescriptions ne sont pas justifiées.

Parallèlement, et il s'agit évidemment d'un lien de cause à effet, la France est dans une situation préoccupante en matière de résistance bactérienne. « Pour les otites des enfants, nous assistons à des échecs thérapeutiques qui n'existaient pas il y a dix ans », souligne le Dr Anne-Claude Crémieux qui ajoute : « Dans les années 1980, de nouveaux antibiotiques arrivaient régulièrement. Face à cette opulence, nous avons gaspillé ces médicaments. » Des gaspillages qui, évidemment, devront nourrir de nouvelles dépenses...

A cet égard, dans son rapport préliminaire 2001 sur la Sécurité sociale, la Cour des comptes se montre très sévère envers la politique de médicaments suivie par le gouvernement depuis 1998. Rappelant que « la France est le pays au monde qui dépense la plus grande partie de son produit intérieur pour le médicament », elle montre aussi que, dans ce marché, l'offre de l'industrie pharmaceutique (dont les ventes ont augmenté de près de 80 % depuis 1990) prime la demande, « l'industrie maîtrisant l'information à l'origine et tout au long du cycle de vie du médicament ».

Résultat : « Les médicaments anciens, amortis, continuent à être payés au prix fort : d'où la faible percée des génériques en France. Les médicaments innovants, plus chers, se diffusent rapidement et largement au sein de la population. »

La Cour a ainsi étudié le cas des statines, médicaments anticholestérol, et des antiulcéreux, classes auxquelles appartiennent quatre des cinq médicaments les plus vendus au monde. Elle souligne le fait que, malgré un service médical rendu « mineur », l'un de ces statines a bénéficié, pour la fixation de son prix, début 1998, d'un « alignement pur et simple sur la position du laboratoire » de la part du Comité économique des produits de santé, alors même que le rapporteur proposait un prix inférieur. Au passage, la Cour administre une volée de bois vert à l'Agence Française de Sécurité Sanitaire des Produits de Santé (AFSSAPS), coupable, selon elle, d'un désintérêt « manifeste » à l'égard de la commission de transparence et rappelle (c'est malheureusement le constat que nous pouvons faire pour chacune de ses recommandations) que les insuffisances qu'elle avait déjà relevées en 1998 n'ont pas été prises en compte.

Tous les maillons de la chaîne de santé ont leur faiblesse. L'autorisation de mise sur le marché « repose entièrement sur les informations des laboratoires » puisque, « sauf exception, la commission ne demande jamais d'essai complémentaire ». La commission de la transparence « ne remplit pas l'ensemble de ses missions ». Le comité économique des produits de santé est « contraint par les étapes précédentes et par le système conventionnel ». L'objectif de maintenir les laboratoires dans le système conventionnel « conduit parfois à de vastes marchandages entre différents produits d'un même laboratoire » et parfois « joue des arguments de politique industrielle », « présents bien qu'ils soient sans base légale ». Enfin la Cour précise que, sur les « vingt-cinq mesures annoncées par le gouvernement en 1998-1999, quatre ont été réalisées, neuf n'ont pas fait l'objet d'un début de réalisation et onze sont dans des catégories intermédiaires »...

Comment, en outre, ne pas jeter le trouble parmi les patients comme parmi les prescripteurs en publiant, le 7 juin 2001, une liste de 835 médicaments qui rendaient un service médical « insuffisant », tout en reconnaissant, dans l'entourage d'Élisabeth Guigou, qu'« une décision de déremboursement pouvait perturber le marché mais aussi entraîner un effet de report des prescriptions important ».

C'est pourtant ce qu'a fait le gouvernement en publiant une liste de médicaments à l'efficacité incertaine mais qui correspondent à 20 % des ventes annuelles et à 1,3 milliard d'euros par an, soit 9 % des remboursements. Cette liste sans précédent, dressée par un groupe d'experts après deux années d'études scientifiques approfondies, établit qu'ils sont largement « inefficaces » alors qu'ils sont remboursés à 65 % pour 230 d'entre eux. Cette notion d'« insuffisance » répond à quatre critères : il s'agit de médicaments destinés à une pathologie ou à un symptôme mineur sans caractère de gravité ; cette spécialité n'a pas démontré une efficacité très importante ; il y a souvent d'autres possibilités ; le médicament n'offre pas d'intérêt majeur en termes de santé publique. « *Dérembourser ces médicaments n'entraînerait pas d'injustice sociale, car il n'y a pas de perte de chance à ne pas les consommer* », assure le Dr Florette qui a piloté le travail d'évaluation des produits. Brandissant à quelques mois des élections présidentielle et législatives « les conséquences en termes d'emploi » que pourrait avoir la décision de ne pas les rembourser, les industries pharmaceutiques ont toutefois obtenu gain de cause. Dans un pays qui est le champion de la consommation de médicaments, le gouvernement a préféré jouer la prudence pour éviter l'impopularité. « D'ici les élections, on est tranquille, avoue une pharmacienne, il n'y aura pas de déremboursement. » Autant de concessions et de reculades qui manifestent une incapacité à définir de nouvelles stratégies thérapeutiques et à conduire une véritable politique de la santé publique.

Autre exemple, la France est la lanterne rouge dans le recours aux médicaments génériques, des médicaments qui sont la copie conforme des médicaments de marque mais sont moins chers de 20 à 30 %. En France, le montant des ventes de génériques ne représentait en 2000 que 3,1 % du total des ventes de médicaments remboursés alors qu'il représente près de 40 % en Allemagne et au Danemark. C'est une économie de 350 millions d'euros que représenterait un recours plus important aux génériques. Encore faudrait-il vaincre la résistance des personnes les plus aisées qui exigent le médicament « avec une marque », faisant valoir qu'ils cotisent suffisamment « pour se payer le traitement le plus cher », et ceux aux revenus les plus modestes qui veulent être « traités comme les autres » et exigent le « vrai médicament ». *Aux sources des gaspillages de l'État-médecin, on trouve surtout la volonté ou plutôt la crainte de ne pas informer les citoyens sur les performances respectives de notre système et de ceux des pays proches.*

Multiplicité de prescriptions qui ont pour seule utilité de satisfaire le malade pour ne pas perdre le « client », notamment chez les médecins spécialistes libéraux, incroyable pourcentage d'examens préopératoires inutiles, maquillage d'actes non remboursables en actes remboursables, actes ou prescriptions pris en charge par l'Assurance maladie et dont le prix est fixé par l'État à un niveau très supérieur à celui constaté dans les autres pays développés, non-observation des ordonnances par les patients, autant de milliards gaspillés qui pourraient être mieux utilisés, ne serait-ce que pour améliorer le revenu des infirmières et des personnels de santé. Encore faudrait-il, pour ce faire, vaincre le poids des tabous et la redoutable coalition de l'*establishment* médical qui n'a jamais trop d'occasions de rappeler que la liberté de prescription est un principe absolu qui ne souffre aucune discussion, celle de Robert Hue qui proclame que « la protection sociale en général et l'Assurance maladie en particulier ne souffrent pas d'un excès de dépenses mais d'une insuffisance de recettes »... et celle de l'épiscopat français qui, sous la plume de Mgr Rouet, écrit que « tout système qui veut diminuer les dépenses ne peut que générer des injustices... » ! Au final, le contribuable paye moins pour sa santé que pour financer l'emploi dans les hôpitaux, la liberté des honoraires et les profits des laboratoires et des cliniques privées.

Un principe d'égalité mis à mal

Système libéral par héritage, notre système de santé est aussi devenu au fil des années un système soviétique. Un système qui, comme à l'époque des plans quinquennaux, cumule gaspillages d'un côté et manques cruels de matériel et de personnel de l'autre. *Exemple caricatural : destinée à mieux répartir les établissements de santé sur le territoire national, la carte sanitaire a renforcé des inégalités considérables qui mettent à mal le principe d'égalité des citoyens devant le service public.* Ainsi, des régions comme la Picardie manquent de 20 % de moyens par rapport à leurs besoins objectifs alors que d'autres, comme Provence-Alpes-Côte d'Azur, en reçoivent 40 % de trop. Le nombre de lits pour 1 000 habitants en médecine-chirurgie obstétrique variait en 1992 de 3,75 en Poitou-Charente à 6,23 en Alsace. Les dotations financières versées aux CHU, exprimées en euros par habitant, allaient de 85 en Poitou-Charentes à 336 en Ile-de-France.

Les dotations versées à l'ensemble des hôpitaux publics connaissent aussi des disparités importantes : elles varient de 205 euros par habitant en Bourgogne à 440 euros en Ile-de-France. Des inégalités du même ordre se retrouvent à propos de la répartition régionale des équipements lourds et coûteux que sont les scanners, les IRM, la médecine nucléaire et les spécialistes : 117 obstétriciens pour 10 000 naissances en Ile-de-France et 52 en Champagne-Ardenne, 62 radiologues par million d'habitants dans le Limousin et 173 en Ile-de-France.

A cette inégalité de moyens s'ajoutent de fortes différences dans les pratiques médicales. Ainsi observe-t-on des écarts de 1 à 3,38 entre le Limousin et le Nord-Pas-de-Calais pour les taux d'adénoïdectomies-amydalectomies pour 10 000 habitants ; de 1 à 7 pour le taux d'endoscopies digestives entre l'Alsace et l'Ile-de-France.

De même, observe le rapport du Conseil d'analyse économique créé en 1997 par Lionel Jospin pour se doter d'une structure de réflexion permettant au gouvernement d'éclairer ses choix dans le domaine économique, le pourcentage d'accouchements réalisés par césarienne varie de 5 à 36 % selon les maternités. « Ces données conduisent à s'interroger sur les normes de la pratique médicale, peut-on lire. L'état de santé des Franciliens est-il meilleur que celui des Alsaciens qui consomment sept fois moins d'endoscopies ? Quels sont les déterminants des prescriptions ? Quelle est l'influence de l'offre, de l'induction de la demande, des règles de rémunération ou du partage du marché entre public et privé ? » Autant de questions qui montrent les limites d'une planification très centralisée alors que les décisions de production sont décentralisées. Autant d'incohérences qui multiplient les gabegies d'un système qui ne sait pas choisir entre liberté et contrainte.

Si l'on s'attache au prix des actes hospitaliers, les disparités entre les régions sont une nouvelle fois considérables. Un accouchement normal sans complication coûte en moyenne à l'assurance maladie 1 960 euros en Auvergne et 2 730 euros à Paris. Pour des établissements éloignés de quelques kilomètres, le prix moyen de l'accouchement peut aller de 1 500 à 3 000 euros. *Pourquoi la Bourgogne et les Pays de la Loire obtiennent-ils à bas prix des taux très bas de mortalité infantile alors que la même performance est réalisée à prix élevé en PACA ou en Basse-Normandie ?* Pourquoi les régions de loin les mieux dotées financièrement obtiennent-elles des résultats moyens comme l'Ile-de-France, ou franchement mauvais, comme la Corse ? Pourquoi des actes *a priori* identiques sont-ils facturés à des prix variant de 1 à 3 ? Autres questions à plusieurs milliards qui montrent à quel point l'accroissement des coûts ne s'accompagne pas d'une meilleure efficacité des soins ; alors qu'une simple mise en concurrence pourrait réduire considérablement les dépenses de santé. Encore faudrait-il que le patient-citoyen-contribuable soit informé...

Mis au banc des accusés par les responsables de l'assurance maladie qui se disent « payeurs aveugles » d'un système qui encourage les praticiens complaisants et les malades irresponsables, les « mandarins », ces grands professeurs qui dirigent les facultés de médecine, répliquent en dénonçant l'immense « gâchis » d'une administration composée d'« énarques ou de para-énarques le plus souvent radicalement incompétents », « les gaspillages abyssaux d'une administration orgueilleuse, inconsciente et désinvolte, qui a perdu, en admettant qu'elle l'ait jamais eue, toute conscience des réalités et des souffrances qu'elle a pour mission de soulager, et qui a, depuis longtemps, oublié quels efforts quotidiens des travailleurs sous-tendent le financement à coups de milliards de ses folies ordinaires, ses incohérences irresponsables, ses contradictions, ses illusions grandiloquentes, sa course au prestige des apparences, son manque de compétence et son incapacité à discerner l'essentiel, pour évoluer, se restructurer, se réformer [1] ».

La charge est du Pr Philippe Even, doyen de la faculté de médecine Necker-Enfants-Malades de 1988 à 2000, professeur émérite à l'université Paris-V, représentant de la France à Bruxelles et chargé de missions scientifiques et de santé publique aux États-Unis, un « ponte » qui, sortant de sa réserve au lendemain de la retraite, dénonce pour le grand public ce que les multiples rapports de la Cour des comptes ou de l'Inspection générale des Affaires sociales avaient déjà dénoncé pour les

1. Philippe Even, *Les Scandales des hôpitaux de Paris et de l'hôpital Pompidou*, Le Cherche Midi, 2001.

quelques initiés qui avaient pris la peine de les lire. Au cœur d'une accusation particulièrement féroce, l'administration de l'Assistance Publique-Hôpitaux de Paris (AP-HP), l'un des plus gros employeurs de France avec ses quarante hôpitaux, ses 90 000 salariés et son budget de plus de 5 milliards d'euros. Un budget supérieur d'un tiers à celui de tous les autres grands hôpitaux français et qui accumule pour ceux qui en sont les « bénéficiaires » délabrements, insécurité, désorganisation, constructions inutiles, équipements contestables, trop lourds ici, trop légers là, accueil inexistant, manque d'infirmières, de médecins et d'agents hospitaliers. Mais une administration pléthorique, qui, comme l'URSS autrefois, a ses plans quinquennaux que personne ne connaît, qui est chargé de mesurer et de contrôler les coûts, et qui coûte beaucoup plus qu'elle n'épargne.

Mille deux cents personnes à l'administration centrale alors que les directeurs généraux de l'Assistance publique considèrent que 400 suffiraient largement. « Gestion peu rigoureuse sans clarté comptable, marchés publics illégaux, budget d'exploitation gonflé artificiellement de plusieurs milliards, gestion stratégique absente, fragilité périlleuse », c'est la Cour des comptes qui parle. Dans chacun des vingt-trois grands hôpitaux de malades aigus, il y a plus d'administratifs, en moyenne, que de médecins ! Près de 10 000 pour l'ensemble de l'administration hospitalière, un pour deux infirmières, deux fois plus que de médecins à plein temps. Une densité stupéfiante de 56 administratifs pour cent lits dans les hôpitaux aigus de l'AP-HP contre 29 dans les hôpitaux universitaires de province, 20 ans le secteur privé et 17 dans les petits hôpitaux publics.

Cette administration dont la seule fonction est de transmettre chaque jour à « la Centrale » (le *Gosplan*) les milliers d'informations, calculs, états, comparaisons, prévisions, estimations, évaluations, rapports sollicités pour justifier son existence et... sans doute, éviter les gaspillages de l'État-médecin. Une administration dévoreuse d'informatique qui engage par an pour nourrir Big Brother 25 % de son budget d'investissement, 2 à 3 % de son budget d'exploitation, l'équivalent d'un hôpital neuf tous les trois ans. Des directeurs qui se logent, au large, dans l'hôtel de Miramion, un ravissant hôtel particulier au bord de la Seine, et dont ils occupent les appartements plusieurs années après avoir quitté l'Assistance publique... Mais des internes qui fournissent 60 heures de présence par semaine pour un salaire de 1 500 euros, inférieur de moitié à ceux des internes anglais et des *fellows* américains, tel est l'immense gâchis d'une administration en expansion galopante dont le coût est estimé à cent fois le coût réel de la recherche à l'AP-HP.

Gâchis et absurdités, inefficacité et inéquité, telles sont les dérives d'un système de santé dont la croissance révèle seulement l'incapacité de l'État à gérer ce qui doit devenir dans les prochaines années, avec le vieillissement de la population, le premier poste de la dépense publique. On chiffre à environ 50 000 sur 600 000 (toujours nos 10 à 15 % de gaspillages) le nombre de lits de court séjour excédentaires. En moyenne deux interventions par jour d'ouverture et par salle d'opération sont pratiquées en France. Seulement 7 % d'entre elles ont une activité moyenne supérieure ou égale à quatre interventions par jour, mais près d'une centaine de salles d'opération réalisent moins d'une demi-intervention par jour. En Ile-de-France, alors que 70 % des femmes accouchent en clinique privée, l'Assistance publique maintient 19 services de 40 à 110 lits dans 16 de ses 24 hôpitaux. L'excès de lits est ici manifeste avec seulement 27 accouchements par lit et par an, un tous les quinze jours, et une durée d'hospitalisation de 5 à 6 jours. Des séjours qui s'allongent par une sorte de relâchement général et pour justifier l'excès de lits. *20 % de lits en trop égale 30 millions d'euros*. Pire, au grand hôpital Bicêtre, aux portes de Paris, qui dessert un bassin de 300 000 habitants représentant 4 000 naissances annuelles, aucune maternité. En revanche on en compte quatre à Cochin-Saint-Vincent-de-Paul. Mais quand on annonce un transfert d'une maternité vers Bicêtre, les résistances se lèvent... On est mieux dans le quartier de l'Observatoire, aux portes du jardin du Luxembourg, qu'à Bicêtre...

Autre absurdité, alors que le progrès des techniques médicales et la mise au point de médicaments particulièrement efficaces ont bouleversé la chirurgie cardiaque et devraient réduire les opérations chirurgicales très chères (plus de 1 500 euros par jour) des trois quarts, les chirurgiens se battent pour maintenir leur activité et continuer à opérer. Avec 75 lits de trop dans ce secteur, c'est l'équivalent de 300 de moins dans d'autres secteurs chirurgicaux.

Mais au lieu de revoir ses installations à la baisse, à l'instant où les « recrutements » faiblissent, que les pathologies coronaires diminuent et que le privé s'étend, on multiplie à grands frais des bâtiments nouveaux aussi grandioses qu'inutiles, à La Pitié et à l'hôpital Pompidou, quitte à importer des étrangers pour remplir les lits. En revanche, alors que l'Assistance publique-Paris reçoit 80 % des cancers parisiens hospitalisés, on compte moins de 200 lits au total pour 50 000 habitants en Ile-de-France. Une manière d'encourager les activités extérieures interdites exercées en clinique privée, hors du territoire et hors de la portée des agents du fisc, de certains chefs de service, marchands-courtiers d'une industrie pharmaceutique qui utilise leurs voix pour lancer les plus chers de ses produits, quand bien même ils ne montrent aucune supériorité réelle sur les médicaments antérieurs.

Autant dire qu'il n'existe aucune contradiction entre la volonté de diminuer les gaspillages et celle d'assurer la santé et la solidarité des Français. Mais, dans ce système à guichet ouvert qu'est devenue « la Sécu », trop d'intérêts poussent à l'augmentation de la dépense : les présidents des conseils d'administration des hôpitaux, qui sont les maires de leurs communes, soucieux, à ce titre, de maintenir l'emploi et de satisfaire leurs électeurs ; les directeurs d'hôpitaux qui s'opposent à la fermeture des établissements vétustes ou inutiles (le dixième d'entre eux) qu'ils dirigent ; le patronat, soucieux du devenir des cliniques privées et de l'avenir des industries pharmaceutiques ; les médecins qui confondent trop souvent contrôle des dépenses et atteinte à l'éthique médicale ; les syndicats de salariés, majoritaires aux conseils d'administration de la CNAMTS et qui y placent leurs permanents, multipliant les stages de formation dont nous avons vu au chapitre précédent à quoi ils servaient réellement. « Médecine à deux vitesses », « rationnement », « tiers payant inflationniste », « défense des personnels de santé », autant de formules creuses et incantatoires qui masquent l'alliance contre nature des syndicats de salariés et des médecins libéraux pour s'opposer à un réel débat démocratique, celui qui porterait sur la nécessité de garantir le droit aux soins tout en contrôlant l'usage des prélèvements qui pèsent sur les assurés et les contribuables. *Mais qui a intérêt à économiser 30 milliards d'euros ?* Sans doute faudrait-il un jour poser la question, non aux « représentants du peuple », qui sont pour la plupart tous maires, mais au peuple lui-même qui contribue toujours plus pour se voir de moins en moins bien remboursé.

Dépenser plus pour dépenser moins

Un peu plus de deux milliards d'euros seulement, moins de 2 % des dépenses de santé, sont consacrés à la prévention alors qu'il suffirait de dépenser un peu plus pour améliorer des résultats sanitaires largement perfectibles. Mais prévenir, c'est investir pour l'avenir alors que l'urgence est toujours d'arbitrer entre les intérêts du présent.

Mise en avant par la Cour des comptes dans son rapport sur la Sécurité sociale publié en septembre 2000, l'exemple de la lutte contre le cancer est particulièrement éclairant. Constituant la deuxième cause de mortalité en France et la première des décès prématurés (avant soixante-cinq ans), leur incidence estimée a augmenté de 40 % en vingt ans. Le nombre de nouveaux cas diagnostiqués dans l'année est passé de 171 232 en 1975 à 239 787 en 1995, et la probabilité d'avoir un cancer dans la vie s'élève aujourd'hui à près de 47 % pour les hommes et à près de 37 % pour les femmes. La probabilité la plus forte pour les hommes concerne le cancer de la prostate et celui du poumon et, pour les femmes, le cancer du sein et le cancer colorectal. Une probabilité qui va s'accroître dans les années à venir avec le vieillissement de la population.

Pourtant, alors que plusieurs sources sont susceptibles de fournir des informations sur l'ampleur du fléau — dans certains départements, l'indice de mortalité par cancer est de moitié supérieur à d'autres, pourquoi ? —, elles ne sont pas coordonnées, rarement recoupées entre elles et restent incomplètes... notamment en ce qui concerne les modalités de prise en charge des personnes atteintes d'un cancer, alors que dans certains pays étrangers, la politique de lutte contre la maladie fait davantage de place à l'information du public. Au Danemark et en Finlande, des registres de cancer ont été créés pour couvrir 100 % d'une population certes beaucoup moins nombreuse. Aux États-Unis, un programme fédéral a permis de constituer un échantillon représentatif de la population nationale. En Grande-Bretagne, le National Health Service finance un registre par région. Dans ces pays, l'information mise à la disposition des décideurs, des professionnels de santé, des médias et du public est beaucoup plus abondante qu'en France. Au Canada, l'Institut national du cancer publie chaque année une étude portant soit sur un cancer en particulier, soit sur des thèmes peu traités en France comme l'incidence du cancer selon le revenu, les répercussions économiques du cancer ou des conséquences du vieillissement sur l'incidence du cancer. Mais, en France, les subventions versées par la direction générale de la santé et l'INSERM ne représentent que le tiers des moyens nécessaires à l'élaboration de ces registres et de ces enquêtes.

Pire, il n'est même pas possible de connaître le nombre des patients accueillis dans les établissements publics et privés et leur parcours à l'intérieur du système hospitalier. En outre, hormis pour les centres de lutte contre le cancer, spécialisés dans le traitement de ces pathologies, et les équipements spécifiques de radiothérapie, il est impossible d'identifier les moyens consacrés par les établissements de santé à la lutte contre la maladie. Toujours mieux : en l'absence de codage des actes et des pathologies, il n'est pas davantage possible de connaître la part de l'activité de médecine de ville consacrée à la cancérologie, qu'il s'agisse de prévention, de dépistage, de prise en charge diagnostique ou de thérapeutique. Il faut dire que si la France participe à de nombreux projets pilotés par d'autres pays, elle en est rarement à l'origine, en raison du rôle très limité de la... Direction générale de la santé.

Aucune mesure, non plus, des coûts totaux relatifs au traitement du cancer, même si le chiffre de 6,5 milliards d'euros a été avancé, soit environ 15 % de la dépense hospitalière totale.

Enfin, alors qu'on sait que 40 % au moins des cas de cancer pourraient faire l'objet d'une prévention, la politique de dépistage se révèle fort timide. Pour le dépistage du cancer du sein, la France se distingue des autres pays européens par le choix de faire effectuer les examens par des centres de radiologie non spécialisés. La Suède et le Royaume-Uni, qui ont les premiers mis en place un programme de dépistage systématique, ont choisi d'équiper des camions en mammographies pour couvrir l'ensemble du territoire, les clichés suspects étant adressés à des centres de référence qui poursuivent les examens jusqu'au diagnostic et assurent le suivi des femmes jusqu'au traitement. C'est le système retenu par les Pays-Bas, le Danemark, l'Espagne, l'Italie et la Grèce. D'autres pays se sont inspirés du modèle américain, dans lequel les mammographies de dépistage sont réalisées par des centres habilités qui orientent ensuite les femmes dont l'image est suspecte vers des centres de soins.

En France, 84 % des actes de dépistage sont des actes spontanés et ne font l'objet d'aucun contrôle. La réserve des professionnels de santé tiendrait largement, selon la Cour des comptes, au fait que *les mammographies spontanées sont rémunérées 70 euros environ alors que les mammographies de dépistage réalisées dans un cadre organisé ne sont rémunérées que moins de 40 euros...*

Mais qui a réellement autorité pour imposer une véritable politique de la santé publique ?

Trois ans après

Nul besoin de détailler ici le mécanisme fort complexe de la réforme Douste-Blazy. Faute d'un remède de choc, il est fort probable que cette « réforme » aura autant d'effets que celles, fort nombreuses, qui l'ont précédée. Selon les dernières évaluations de la Commission des comptes de la Sécurité sociale, le déficit du régime général pourrait encore ressortir à 11,6 milliards d'euros en décembre 2005, après un déficit de 11,9 milliards en 2004. A quoi il faudra ajouter, pour cette année, les « trous » de 1,9 milliard du Fonds de solidarité vieillesse et de 1,5 milliard du Fonds de financement des prestations sociales agricoles.

C'est qu'en la matière, au lieu d'allumer des cierges en disant aux Français « soyez raisonnables », il faut avoir le courage de trancher. Comment, en effet, imaginer un retour à l'équilibre des dépenses de santé alors que plus de 2,1 millions de personnes ont aujourd'hui plus de 80 ans et qu'elles seront près de 8 millions en 2050. Dans son rapport consacré à l'application de la loi de financement de la Sécurité sociale, publié en septembre 2003, le... sixième du genre, la Cour des comptes soulignait cette évidence : les 65 ans et plus représentent 16 % de la population mais 36,5 % des dépenses remboursées par l'assurance-maladie et 39 % de la consommation de médicaments. Dans cette tranche d'âge, la dépense annuelle de produits pharmaceutiques est de 850 euros, contre 230 euros pour les moins de 65 ans, alors que ces personnes âgées surconsomment des médicaments à l'effet incertain et s'exposent ainsi à de sérieux risques d'interactions !

Ainsi, avec l'hypothèse d'une croissance des dépenses supérieure de 1,5 point à l'évolution du PIB, le déficit annuel, en euros constants, devrait passer à 29 milliards d'euros en 2010 et à 66 milliards en 2020, plus que le montant de l'impôt sur le revenu. Un poids tel qu'il risque de rendre impossible tout autre investissement collectif. De quoi accroître la consommation d'antidépresseurs des assurés français qui en consomment déjà quatre fois plus que les assurés des pays voisins !

Autant dire qu'il est urgent d'entreprendre une action énergique pour réorganiser le système de santé autour d'un meilleur rapport qualité/prix. Comme l'a écrit en 2004 le Haut Conseil pour l'avenir de l'assurance-maladie, dans un rapport de 500 pages qui mesure l'étendue des dégâts : « Les gisements de qualité et de productivité dans l'organisation des soins représentent des marges qui permettraient de desserrer très substantiellement la contrainte financière à laquelle il faut faire face, à court et moyen terme. »

Certes, et ce ne sont pas les premiers lecteurs du *Grand Gaspillage* qui s'étonneront de ce constat. Ainsi, un audit des 128 caisses primaires d'assurance maladie réalisé au début de l'année 2005 révèle que si à Montpellier, la « vertueuse », les dépenses de gestion par assuré s'élèvent à 43,38 euros, elles grimpent à 74,02 euros à Rouen et à 88,59 euros à Paris. Ainsi, un agent suit les dossiers de plus de 1 050 bénéficiaires par an dans l'Hérault, contre 577 dans le Puy-de-Dôme. Plus préoccupant, alors que les caisses ont aussi pour mission capitale de traquer les arrêts de travail intempestifs, les abus d'antibiotiques, la faible utilisation des médicaments génériques, bref de contrôler toute la chaîne, des patients aux médecins et des médecins aux pharmaciens, plus de la moitié d'entre elles sont jugées peu, voire pas du tout « efficaces ».

C'est que le maillage des caisses réparties sur le territoire n'a quasiment pas bougé depuis 1945. Certaines petites caisses comme celles de Mende, d'Elbœuf ou de Guéret n'ont plus la taille nécessaire pour fournir leurs services à moindre coût. Pas question cependant de procéder à des regroupements pour réaliser des économies d'échelle et des gains de productivité. Les 100 000 employés de la « Sécu » ont beau être des salariés de droit privé, ils ont toutefois une convention collective qui leur garantit un emploi à vie, un avancement à l'ancienneté, sans incitation à davantage de performances. A Paris, au moment de la négociation sur les 35 heures, 80 % du personnel ont fait grève pour dire non à un élargissement des horaires et à la création d'une « nocturne » par semaine jusqu'à 19 heures...

Un autre audit réalisé sur les hôpitaux publics démontre que « le monde médical n'est pas spontanément réceptif à des questions d'organisation ». La productivité par personne varie du simple au triple. Le pourcentage des patients passant au scanner, dans le cas du cancer du sein, est de 0 à 100 %. Plus grave, les délais moyens entre la première consultation et le début du traitement pour un cancer du sein (sans chimiothérapie) varient de 13 à 36 jours, et de 14 à 49 jours pour un cancer de la prostate. Ici on garde 3 % des malades après un passage aux urgences, là 40 %. Là, on paie 500 mg d'Augmentin (antibiotique) 40 % plus cher qu'ailleurs. Quand plus de mille hôpitaux de toutes tailles et sans coordination assurent des urgences mettant chaque nuit au minimum dix personnes de garde par institution, alors que l'on recense globalement moins de 400 interventions chirurgicales par nuit en France, on mesure le gâchis en personnels qui pourraient être employés autrement avec une plus grande efficacité. Quand deux villes de 25 000 habitants, séparées d'à peine 30 kilomètres par un réseau autoroutier d'accès facile, s'acharnent à obtenir la totalité des moyens ultra-sophistiqués de diagnostic et de traitement pour leur propre hôpital, on mesure le gaspillage financier d'une telle incohérence.

Solution proposée par Guy Vallancien, urologue : proposer aux habitants de ces villes d'avoir accès à ces soins en les payant sur leurs impôts locaux !

Ce n'est pas un euro par acte à la charge de l'assuré qui réformera notre système de santé, mais le courage politique d'affronter nos médiocres corporatismes.

4

Les gaspillages de l'État-enseignant

En 2004, les dépenses pour la jeunesse, l'enseignement scolaire et l'enseignement supérieur ont atteint plus de 65 milliards d'euros, une hausse de plus de 25 % par rapport à 1997 pour une population scolaire en baisse. Autant de milliards destinés à renforcer l'égalité des chances à l'école et à l'université, à améliorer les conditions de travail des enseignants et des personnels et à valoriser la recherche universitaire.

Toujours plus pour plus d'efficacité et plus d'équité. En un sens, la dépense publique pour l'éducation s'inscrit dans la même logique que celle de la santé. Le système le plus coûteux est supposé être le plus performant et le plus généreux. Pourtant, comme nous avons pu le mesurer à plusieurs occasions, « toujours plus » est loin de vouloir dire « toujours mieux » et « toujours plus juste ».

Toujours plus...

Avec 65 milliards d'euros en 2004 contre 61 milliards d'euros en 2002, le budget de l'Éducation nationale (y compris l'enseignement supérieur) est devenu, de loin, le premier poste de dépenses de l'administration centrale, devant la Défense (42,4 milliards). A elles seules, les dépenses pour l'éducation sont supérieures à l'impôt sur le revenu des personnes physiques (53,4 milliards). En pourcentage du seul budget de l'État, elles sont passées de 12,4 % en 1960 à 23,5 % aujourd'hui, alors que, dans le même temps, les effectifs scolarisés du premier degré au supérieur passaient de 10,2 millions à 14,9 millions.

Ces 65 milliards ne représentent toutefois qu'une partie de l'effort consacré à former nos jeunes. Il faut en effet y ajouter les dépenses réalisées par les collectivités locales et celles réalisées par le ministère de l'Agriculture et de la Pêche pour l'enseignement technique agricole. Au total, plus de 100 milliards d'euros, le double de l'impôt sur le revenu. A prix constants, la dépense par habitant est passée de 960 euros en 1975 à près de 1 700 euros aujourd'hui, avec une très forte envolée depuis la fin des années 1980. *Par élève, toujours aux prix actuels, la dépense est passée de 3 300 euros en 1975 à plus de 6 000 euros aujourd'hui.*

Avec une particularité qui nous distingue fortement des autres pays : si la part de la richesse nationale française consacrée à l'éducation (6,2 % du PIB) reste inférieure aux proportions relevées dans l'Europe du Nord (8,4 % au Danemark, 7,8 % en Suède ou 7,3 % en Finlande) mais supérieure à celles du Japon (4,9 %) ou du Royaume-Uni (5,5 %), la France est, en dehors de l'Italie et de l'Espagne, le pays qui fait le moins d'efforts pour l'enseignement supérieur.

Alors que, toutes formations comprises, il regroupe plus de 2 millions d'étudiants contre à peine 1 million vingt ans plus tôt, *la dépense moyenne par étudiant n'a augmenté que de 12 % en vingt ans alors qu'elle augmentait de plus de 80 % pour l'enseignement secondaire et l'enseignement primaire.*

Ainsi, le coût moyen de l'étudiant s'élève aujourd'hui à 7 000 euros par an alors que le coût moyen d'un lycéen est de plus de 7 600 euros... La France est un des rares pays du monde où un étudiant coûte moins cher qu'un lycéen. C'est ce constat inquiétant que faisaient les membres de la commission de réflexion sur l'École présidée par Roger Fauroux. « Il est des " économies " qui préparent la ruine, pouvait-on lire dans son rapport publié en 1996... La Commission a eu l'occasion de visiter plusieurs universités françaises et étrangères et de constater, sans forcer le trait, l'indigence des bibliothèques universitaires de notre pays... » Tous les critères internationaux de comparaison des bibliothèques universitaires mettent en effet la France au ban des nations comparables. Elles disposent, au total (on en compte un peu moins de 100), d'un budget équivalent à la seule bibliothèque du Congrès aux États-Unis. En dépit d'efforts récents, souvent pris en charge par les collectivités territoriales, leur capacité d'accueil est faible : une place pour 18 étudiants, et 0,5 mètre carré par étudiant. A titre indicatif, en Allemagne ou en Grande-Bretagne, les bibliothèques universitaires proposent toutes, aujourd'hui, une place pour 5 étudiants et environ 1,5 mètre carré par étudiant. Alors que la province accueille 67 % des lecteurs inscrits, près de la moitié des collections et des acquisitions sont en région parisienne. Des collections qui sont 5,3 fois supérieures en Allemagne à celles de la France et 4,5 fois supérieures en Grande-Bretagne. Ce sont aussi les conditions de lecture qui pénalisent lourdement les étudiants des universités françaises. En Allemagne, aux États-Unis ou au Canada, il est possible d'accéder directement aux fonds, gage d'une initiation individuelle à la recherche et à l'autodocumentation, de travailler de 8 heures du matin à 23 heures et revenir le samedi et le dimanche pour lire un livre commandé quelques jours avant dans une autre bibliothèque universitaire éloignée. En France, ce sont en moyenne 50 heures d'ouverture par semaine qui sont offertes aux étudiants.

Autant dire que la croissance globale des moyens consacrés à l'éducation nationale masque des déséquilibres inquiétants. Alors que l'enseignement supérieur, qui doit préparer les cadres qualifiés dont le pays a besoin, est réellement paupérisé, l'enseignement primaire et secondaire est surdoté. Est-ce parce que le poids électoral des enseignants du primaire et du secondaire (ils sont plus de 800 000) est sans aucune commune mesure avec celui du supérieur (un peu plus de 70 000) ? La question mérite d'être posée.

Pour quelle efficacité ?

De 1975 à nos jours, la dépense publique pour l'éducation a donc doublé à prix constants alors que, dans le même temps, les effectifs scolarisés n'augmentaient que de 15 %. Le principal effet de la dépense publique a donc été de diminuer le nombre d'élèves par personne employée. Pour 14,5 millions d'effectifs scolarisés, on compte 1,3 million de personnes payées par l'Éducation nationale, une pour onze élèves, dont 980 000 enseignants, seulement..., puisque la plus grosse entreprise de France compte aussi 320 000 administratifs qui ont en moyenne en charge 40 élèves aujourd'hui contre 60 en 1997. Dans l'enseignement primaire et secondaire, la taille moyenne des classes est inférieure à 14 élèves par classe, avec des disparités qui rendent toutefois cette moyenne contestable. Dans les écoles maternelles, on compte en moyenne 26 élèves par classe au lieu de 37 en 1975 ; dans les écoles élémentaires comme dans les collèges, 23 et dans les lycées 29.

C'en est heureusement fini avec le thème des « classes surchargées » qui alimentait le rituel de chaque rentrée scolaire. La question qu'il faut désormais se poser est celle de savoir si les moyens supplémentaires mis à la disposition de la nation par le contribuable pour éduquer ses enfants ont été « efficaces ». Un mot qui suscite spontanément l'allergie du milieu enseignant mais qui est désormais entré dans le vocabulaire du gouvernement

Constatant, ce qui est bien l'objet de cet ouvrage, que la croissance de la dépense d'éducation a été plus rapide que celle du PIB, que sa principale composante a été l'accroissement de la dépense par élève et « qu'il devient de plus en plus difficile de dépenser plus », le ministère de l'Éducation nationale invite à « réfléchir aux moyens de dépenser mieux ».

Certes, il ne peut être ici question d'imaginer que le doublement de la dépense par élève s'est accompagné d'une hausse équivalente de son « niveau », mais seulement de se demander si les résultats obtenus sont à la mesure des attentes de la société.

En longue durée, tout d'abord, peut-on dire que le « niveau » a monté, selon la fameuse formule qui alimente tous les clichés ?

Même si la mesure est particulièrement délicate à effectuer, on peut effectivement affirmer que « le niveau monte ». Selon une étude comparative menée à partir d'épreuves du certificat d'études primaires, réellement données en 1923, 1924 et 1925, les résultats des élèves d'aujourd'hui seraient meilleurs en rédaction et équivalents dans les questions de dictée portant sur la compréhension du texte et en calcul, sauf en multiplication ; en revanche, ils seraient plus faibles en orthographe et grammaire, et dans la résolution des problèmes posés dans les années 1920. C'est que, au fil du temps, les exigences de la société ont évolué. Ainsi est-on plus attaché aujourd'hui à l'intelligence du texte qu'au respect formel de la langue écrite.

Sur des périodes plus courtes, les comparaisons sont plus faciles à interpréter. Selon les tests de raisonnement, de logique et d'intelligence pratique passés par l'ensemble des conscrits, le niveau moyen des jeunes hommes aurait progressé de 18 % entre 1981 et 1995. Encore faut-il ajouter que cette amélioration est moins due à l'élévation individuelle du niveau qu'à la diminution de ceux qui ont quitté l'école sans aucun diplôme. Ils ne sont plus aujourd'hui que 57 000 à quitter le système éducatif sans avoir obtenu CAP, BEP ou brevet des collèges contre près de 200 000 en 1980. Ce sont aussi plus de 60 % des jeunes qui obtiennent aujourd'hui un baccalauréat au lieu de 25,9 % en 1980. Enfin, les scores réalisés par les élèves en fin de troisième démontreraient qu'entre 1984 et 1995 le niveau moyen s'améliorerait nettement en histoire-géographie et en mathématiques, resterait stable en allemand et en anglais et baisserait en français.

Cette évolution d'ensemble qui incline à l'optimisme doit toutefois être tempérée par le fait qu'on estime aujourd'hui à près de 15 %, certains disent 20 %, le nombre d'élèves entrant en sixième sans savoir vraiment lire et sans avoir acquis les apprentissages fondamentaux leur permettant de pouvoir suivre des enseignements de plus en plus complexes, et à 20 % ceux qui ont tellement de difficultés à lire un texte qu'ils ne peuvent éprouver de plaisir à la lecture. *Ainsi, un bon tiers des élèves sortant de l'école élémentaire pourraient être considérés comme présentant de très grandes difficultés scolaires* alors que, de 1980 à nos jours, le nombre d'élèves par enseignant dans le premier degré est passé de 21,5 à 18,5. C'est que, selon l'avis rendu en mars 2001 par le Haut Conseil de l'évaluation de l'école, la politique menée depuis les années 1960 pour réduire la taille des classes n'a pas été très efficace, aucune étude, dans aucun pays du monde, n'ayant permis d'établir une corrélation significative entre les résultats des élèves et l'effectif de la classe lorsque celui-ci se situe à l'intérieur d'une fourchette large allant d'une quinzaine à une quarantaine d'élèves. A ses yeux, d'autres mesures telles que l'aide individuelle aux élèves ou le renforcement de la formation des enseignants seraient plus efficaces au regard de leur coût. En d'autres termes, les enseignants ne devraient plus se demander quel est le problème de l'enfant mais plutôt s'interroger sur ce qu'il faut faire différemment pour qu'il réussisse la prochaine fois. En effet, ce n'est plus une main-d'œuvre de masse peu qualifiée et peu autonome qu'exigera l'entreprise du XXIe siècle mais une main-d'œuvre à la personnalité marquée.

Autant dire que les « moyens » supplémentaires alloués à l'école auraient eu de très faibles effets sur les résultats des élèves. Axée sur le nombre de places offertes, les diplômes des enseignants, la taille des classes, les charges d'enseignement et la fourniture d'ouvrages et de matériels, la dépense publique ne pouvait répondre à la diversité croissante de nos sociétés. Adaptée à une stratégie taylorienne de masse dont l'objectif de 80 % d'une génération au bac a été le mot d'ordre le plus symbolique, elle n'a pas été assez souple pour faire tomber les obstacles qui empêchent un bon tiers des jeunes d'atteindre des niveaux d'instruction qui leur permettent de trouver place dans la société. Or, s'il y trente ans un « illettré » pouvait trouver sa place dans le système productif, il en est aujourd'hui impitoyablement exclu.

L'efficacité du système éducatif doit surtout s'évaluer en comparaison internationale. En effet, quand certains se réjouissent du fait que la majorité d'une classe d'âge atteigne désormais le niveau du baccalauréat, d'autres peuvent toujours rétorquer que c'est le niveau d'exigence qui a baissé. Mieux vaut alors, pour tenter d'évaluer les performances d'un système éducatif, le comparer à d'autres. C'est ainsi qu'au mois de mai 1995 la France a participé, avec une cinquantaine de pays, à la troisième enquête internationale sur les mathématiques et les sciences, organisée par l'Association internationale pour l'évaluation du rendement scolaire.

Cette enquête avait pour objet l'évaluation des élèves correspondant aux classes de cinquième et de quatrième sur la base d'un corpus d'exercices communs. D'après ses résultats, la France se classerait treizième en mathématiques (pour la classe de quatrième) et vingt-huitième en sciences.

SCORES INTERNATIONAUX POUR LA CLASSE DE QUATRIÈME

	Mathématiques	Sciences
Singapour	643	607
Corée	607	565
Japon	605	571
Hong Kong	588	522
Belgique (flamande)	565	550
République tchèque	564	574
Slovaquie	547	544
Suisse	545	522
Pays-Bas	541	560
Slovénie	541	560
Bulgarie	540	565
Autriche	539	556
France	**538**	**498**
États-Unis	500	534

Cette enquête révèle aussi que, si les professeurs français donnent assez souvent du travail à faire à la maison, le pourcentage d'entre eux qui ramassent, corrigent les devoirs écrits et en rendent compte est plus faible que dans les pays bien classés. On peut donc se demander si la quantité de travail est en soi un élément positif de réussite quand une exploitation adaptée ne suit pas.

Le rapport coût/performance dans les pays de l'OCDE

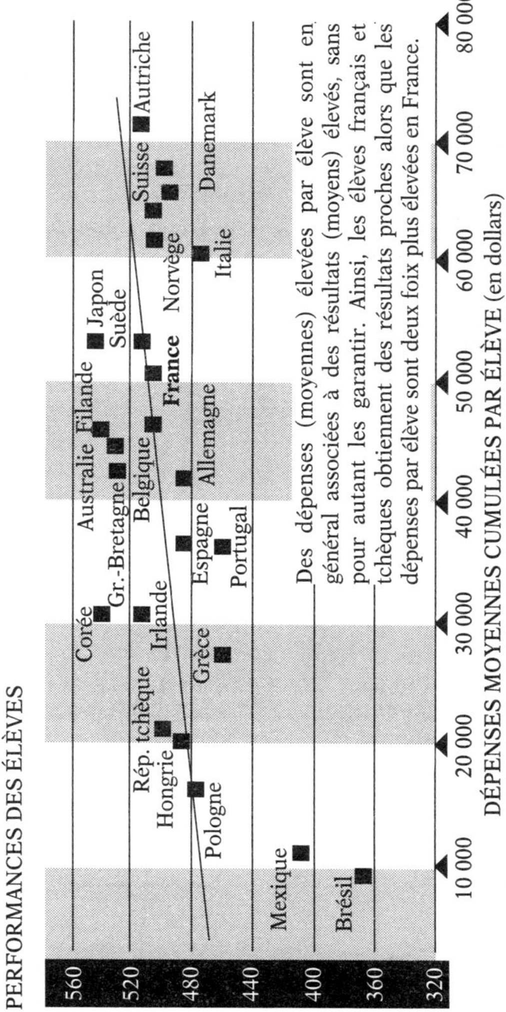

Des dépenses (moyennes) élevées par élève sont en général associées à des résultats (moyens) élevés, sans pour autant les garantir. Ainsi, les élèves français et tchèques obtiennent des résultats proches alors que les dépenses par élève sont deux foix plus élevées en France.

La Finlande et le Japon en tête de palmarès

PREMIERS RÉSULTATS DE L'ÉVALUATION INTERNATIONALE DES ACQUIS DES ÉLÈVES

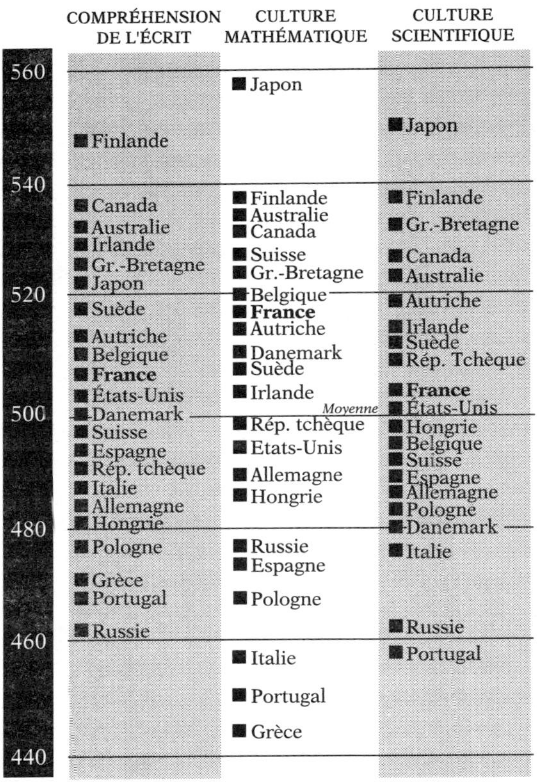

L'échelle de scores permet de classer les pays sur une dimension commune ; elle n'a pas de signification en soi. Pour des questions de lisibilité, certains pays ne figurent pas sur le graphique (Brésil, Corée, Islande, Mexique, etc.).

Source : OCDE

Autre remarque concernant l'organisation du travail, les professeurs se réunissent relativement peu pour discuter et planifier le programme ou les méthodes d'enseignement alors que ce type de rencontre est fréquent dans les pays mieux classés. Mais le plus frappant est sans doute que 20 % des professeurs français, de mathématiques ou de sciences, jugent important que les élèves soient capables de penser de façon créative, alors que parmi les pays qui réussissent le mieux, ce pourcentage dépasse 80 %.

Une autre étude, rendue publique le mardi 4 décembre 2001, dresse un palmarès des résultats obtenus par 265 000 jeunes de 15 ans originaires de 32 pays. Dans les trois domaines couverts par l'étude réalisée par l'OCDE — compréhension de l'écrit, culture mathématique et culture scientifique — la Finlande, le Japon et la Corée figurent en tête. La France, comme dans l'enquête de 1995, se situe tout juste au-dessus de la moyenne, devant les Allemands, les Italiens et les Espagnols. Si les élèves français (4 673 jeunes issus de près de 200 établissements) montrent une réelle capacité à rechercher les informations demandées, ils sont, par contre, plus faibles dès lors qu'il s'agit de livrer une analyse personnelle. Surtout, obsédés par le risque de la faute, ils préfèrent s'abstenir de répondre plutôt que prendre le risque de se tromper. On notera, au passage, que la relation est relativement faible entre dépenses éducatives et performances scolaires. Ainsi, les élèves français et tchèques obtiennent des résultats voisins alors que les dépenses par élève sont deux fois plus élevées chez nous.

En comparaison internationale, il faut surtout noter la très faible performance des États-Unis qui consacrent pourtant à l'éducation des sommes supérieures à la France. Ainsi, une étude comparative concernant la compréhension des textes met en évidence le retard dramatique des États-Unis. 20 à 24 % des Américains seraient incapables de comprendre des textes ou des chiffres simples alors qu'ils ne sont que 9 % en Allemagne, 10 % aux Pays-Bas et 6,2 % en Suède.

Autant dire, une nouvelle fois, que « plus de moyens » ne se traduit pas par des résultats meilleurs. S'il fallait « noter » la France en termes d'efficacité de la dépense publique d'éducation, on serait tenté d'écrire : « Honnête. Peut mieux faire. »

Pour quelle équité ?

Pire que tout sans doute, la formidable croissance de cette dépense publique d'éducation dans les vingt dernières années s'est accompagnée d'une croissance simultanée des inégalités sociales qui écorne singulièrement le mythe de l'école pour tous. Publiée le mardi 23 octobre 2001 par le ministère de l'Éducation nationale, une étude de la direction de la programmation et du développement livre une analyse éclairante sur l'ampleur des disparités entre établissements scolaires et la difficulté, pour l'école, d'y remédier. Des disparités largement connues des milieux « informés » mais que l'institution s'emploie à nier au nom des sacro-saints « principes républicains ».

Premier enseignement de cette étude qui marie catégorie socioprofessionnelle des parents, proportion d'enfants étrangers, pourcentage d'élèves en retard, etc. : 12,6 % de l'ensemble des collèges sont qualifiés de « très difficiles » ou de « difficiles », en clair des établissements que tous les parents « responsables » devraient s'employer à fuir, autant pour des raisons de sécurité physique que de performances scolaires. 14,6 % sont considérés « en retard », du fait de la forte proportion d'élèves ayant redoublé une ou plusieurs fois. En revanche, 10 % des collèges (soit 496) apparaissent

« favorisés ». La proportion d'élèves en retard y est deux fois plus faible qu'en moyenne nationale, et les élèves d'origine sociale dite « très favorisée » y représentent 43,5 % des effectifs contre 15 % en moyenne.

Deuxième enseignement, les académies présentent des situations très contrastées, au-delà des moyennes académiques habituellement présentées. Mieux vaut, qui s'en étonnera, résider dans les arrondissements ouest de la capitale que dans les arrondissements nord. Mieux vaut, aussi, résider dans les Hauts-de-Seine qui ont engagé, pour le fonctionnement de leurs collèges, 573 euros par élève en 1998 que dans l'Eure ou le Bas-Rhin qui y ont consacré seulement 152 euros. En matière d'investissement, les écarts sont plus grands encore. Ainsi, dans le Var et les Hauts-de-Seine, cette dépense dépasse 15 000 euros par élève de 1988 à 1998 mais seulement 2 000 dans les Ardennes, la Haute-Saône et la Manche. Autant dire que les milliards qui irriguent les établissements scolaires sont loin d'être équitablement répartis.

Autre inégalité : dans la mesure où le système d'avancement des enseignants ne prend en compte que l'ancienneté, on retrouve les jeunes enseignants, peu payés, dans le Nord ou en banlieue parisienne, alors que les enseignants plus âgés, mieux rémunérés, se concentrent au soleil. Résultat : les élèves du Sud sont encadrés par des professeurs plus expérimentés.

Un ensemble de dérives qui accroît les disparités de recrutement des collèges et favorise la ségrégation par la résidence, en particulier dans les grandes agglomérations. *Ainsi la carte scolaire qui reposait sur l'idée que les établissements publics présentaient, en tout point du territoire, une certaine homogénéité n'a fait qu'accentuer la ségrégation sociale.*

Concurrence entre école publique et école privée, relation entre culture scolaire et culture extra-scolaire, ambitions nourries par les parents pour l'enfant, autant d'aspects sensibles du système éducatif qui posent de plus en plus la question de l'égalité des chances devant l'école. D'où ce paradoxe qui ne surprendra que les non-initiés : *au sein de l'enseignement public, ce sont aujourd'hui les enseignants qui sont les plus actifs pour soustraire leurs enfants aux orientations définies par leurs collègues*. Un enseignant sur cinq choisit l'école de son enfant et bénéficie du réseau de ce qu'on appelle dans le jargon « les classes Camif », là où sont regroupés les meilleurs élèves et où, comme par hasard, enseignent les professeurs les plus compétents, contre un sur dix chez les parents des autres catégories moyennes et supérieures et un sur vingt dans le monde ouvrier et agricole.

Ainsi, les ZEP, les Zones d'Éducation Prioritaires, créées dans la foulée de l'arrivée de la gauche au pouvoir en 1981 pour répondre au problème de l'échec scolaire, sont devenues au fil du temps des zones de déshérence culturelle qui marquent du sceau de l'infamie les communes ou les quartiers qui refusent de plus en plus une telle « publicité ». Conçues pour lutter contre l'échec scolaire, elles ont été trop absorbées par les problèmes de la violence pour être « efficaces ». En matière de lutte contre l'échec, c'est d'abord ce qui se passe dans la classe qui est important. Par voie de conséquence, tout ce qui concerne l'enseignant et le chef d'établissement doit être en priorité réfléchi.

Conçu à l'époque de l'entreprise taylorisée et fondé sur le respect craintif des hiérarchies, du recteur à l'inspecteur, de l'inspecteur au proviseur, et du proviseur aux enseignants, le système éducatif doit désormais affronter le problème de la concurrence et répondre à la demande des « clients » que sont devenus les parents. Conçu pendant des décennies par les ministres pour « passer la rentrée » sans trop de dommages et augmenter le nombre des bataillons sans prendre le temps de réfléchir au moral de la troupe, ce système devient débordé par une société où les maîtres mots sont devenus transparence, information, évaluation.

Quiconque a assisté à une réunion parents-professeurs dans une salle de classe où les parents, assis sur les petites chaises de leurs bambins, se font durement tancer par le maître qui leur reproche de ne pas assez surveiller leur progéniture et leur explique que la réussite de leurs enfants est avant tout liée au contrôle vigilant qu'ils exerceront *hors de l'école* comprendra à quel point l'Éducation nationale a de plus en plus de mal à se faire entendre d'une population de plus en plus rebelle à l'embrigadement et aux « consignes ». Quand l'Église perd ses fidèles et que le service militaire n'est plus obligatoire, il est difficile à l'école de maintenir les hiérarchies qui lui ont autrefois permis d'unifier la Nation, de fonder la République et de forger l'armée de la revanche. Comme l'écrit Claude Thélot, président du Haut Conseil de l'évaluation de l'école au ministère de l'Éducation nationale, « le point central qu'il faut bien comprendre et qu'on n'a pas toujours compris, c'est qu'on est entré dans une autre ère... Ce n'est plus seulement l'État qui s'occupe du développement du système éducatif comme il le faisait depuis deux cents ans, c'est toute la société ».

Dans un pays où l'envol de la dépense publique pousse à optimiser l'usage des deniers publics, dans un monde où l'individu prend le pas sur le collectif et où l'usager passif se transforme en acteur exigeant, c'est le résultat qui devient l'objectif prioritaire et l'évaluation des établissements qui est nécessaire. Il suffit, pour s'en convaincre, de mesurer l'extraordinaire succès des palmarès publiés depuis une dizaine d'années sur les résultats obtenus par les lycées. A tous ceux qui crient au scandale, dénoncent les forces « obscures » du marché et refusent de répondre aux enquêtes qui leur sont envoyées sous le prétexte que les parents n'ont pas le choix de l'établissement qui doit accueillir leurs enfants, il est malheureusement facile de répondre que « ceux qui savent » ou « ceux qui ont les moyens », les élites du savoir ou de l'argent, n'ont rien à faire de la carte scolaire et qu'ils savent comment la contourner ou l'utiliser à leur profit.

A cet égard, les comparaisons que l'on peut faire sur les « valeurs ajoutées » par chaque établissement sont lourdes d'interrogations. C'est en juin 1994 que la Direction de l'évaluation et de la prospective du ministère de l'Éducation nationale a publié pour la première fois ces indicateurs de performance des lycées. Son objectif était double. Il s'agissait, dans son esprit, d'informer le plus largement possible sur ce maillon essentiel du système éducatif qu'est le lycée et de donner aux responsables des établissements et aux enseignants des outils qui leur permettent d'améliorer l'efficacité de leurs actions.

Étaient ainsi mis en vedette, non pas surtout ceux qui affichaient le taux de réussite le plus élevé au baccalauréat mais plutôt les établissements qui apportaient une réelle « valeur ajoutée » aux élèves en s'efforçant d'éliminer ou de corriger le plus ou moins grand retard scolaire que pouvaient avoir les élèves qu'ils recevaient. Comment apprécier cette « valeur ajoutée » par les lycées ? En s'efforçant d'éliminer l'incidence des facteurs de réussite scolaire extérieurs au lycée pour ne retenir que ce qui est dû à son action propre.

En d'autres termes, recevoir des élèves de milieux très favorisés et les amener à réussir le bac n'est pas une performance exceptionnelle. En revanche, développer chez des élèves, moins bien dotés au départ, des capacités qui leur permettront le succès est une vraie « valeur ajoutée » de nature à saluer le service public.

A partir d'un certain nombre de critères, on peut ainsi établir un taux de réussite attendu qui est le taux qui serait celui de l'établissement si ses élèves connaissaient le même succès à l'examen que l'ensemble des candidats de même âge et de même origine socioprofessionnelle de tous les lycées. Si l'écart entre le taux de réussite au bac et le taux attendu est positif, on peut penser que le lycée a apporté aux élèves qu'il a accueillis un « plus ». Si l'écart est négatif, on peut penser le contraire.

PROPORTION D'ÉLÈVES ENTRÉS EN SIXIÈME EN 1989
QUI ONT OBTENU LE BACCALAURÉAT

	Moyenne	dont Bac S
Ouvriers, contremaîtres, personnels de service	52,5	8,5
Agriculteurs	71,1	18,7
Artisans, commerçants	58,7	12
Employés	60,0	12
Cadres moyens, instituteurs	76,3	23
Cadres supérieurs, professions libérales, chefs d'entreprise, professeurs	85,3	38,6

Comment lire ce tableau : Un lycée qui n'accueillerait que des enfants d'agriculteurs et amènerait au bac 75 % d'entre eux aurait une valeur ajoutée de 3,9 (75-71,1). Un lycée qui n'accueillerait que des enfants de cadres supérieurs et amènerait 80 % d'entre eux au bac serait moins performant que le premier puisqu'il aurait dû enregistrer 85,3 % de reçus pour être à la moyenne nationale.

C'est bien cette mesure qui permet d'apprécier l'efficacité d'un établissement et de répondre à la question de savoir s'il a contribué à atténuer l'inégalité initiale des chances. Pour quelle raison tel lycée public de Meaux affiche des valeurs ajoutées négatives de – 18 alors qu'un lycée privé de la même ville affiche des valeurs positives de + 13 ? Pour quelle raison tel lycée du Raincy, en Seine-Saint-Denis, affiche aujourd'hui en série scientifique une valeur ajoutée négative de 5 points alors que trois ans auparavant il enregistrait une valeur ajoutée positive de 11 points ?

Autant de questions que se posent les « clients » du système éducatif et auxquelles ne peuvent répondre ceux qui pensent que de meilleures performances exigent des « moyens » supplémentaires.

En fait, dans le système éducatif comme dans les entreprises, la performance est surtout liée à la motivation des acteurs. Or l'Éducation nationale est une formidable machine à démotiver les hommes et les femmes qui la servent et à dilapider leur énergie.

L'Union soviétique existe encore...

Fuir les faits, telle est la principale préoccupation de l'administration centrale de l'Éducation nationale, ce « mammouth » qui « restera dans l'histoire administrative des peuples, à l'extérieur de l'Union soviétique, comme le monument le plus achevé de l'anonymat bureaucratique », écrit Roger Fauroux. Obnubilé par le psychodrame annuel qu'est la veille de la rentrée des classes, ce rituel périlleux au cours duquel l'« opinion » interpelle le ministre sur les promesses d'ouverture de classes oubliées, les collèges sans professeurs de mathématiques ou les classes « surchargées », le « système » a finalement oublié de penser.

D'un côté, on y trouve un ministre apparemment omnipotent régnant sur 1,3 million de salariés et 14,9 millions d'élèves et d'étudiants. A l'autre bout de la chaîne, un enseignant isolé dans sa classe qui vit avec le sentiment profond qu'aucune réforme n'aura de prise sur la réalité de son métier. Entre le ministre et l'enseignant, des directions d'administration centrale, des recteurs et des inspecteurs d'académie qui s'acharnent à transmettre des ordres descendant rarement jusqu'au niveau où ils doivent s'appliquer. D'où le sentiment que le système éducatif est un lieu de non-application de circulaires à durée de vie réduite. *Est-ce pour cette raison que l'administration centrale de l'Éducation nationale enregistre un taux d'absentéisme record, 11,4 % en moyenne, ce qui la place juste derrière le ministère des Anciens Combattants ?*

Toujours est-il qu'il est totalement ahurissant d'observer à quel point rien n'a été fait ou presque pour prévoir le remplacement des enseignants dont les départs à la retraite vont s'accélérer en masse dans les prochaines années. Ce n'est qu'en mai 2001 qu'a été inaugurée une campagne sur le thème « Professeur. Et si l'avenir c'était vous ? », alors que la question aurait dû être abordée depuis fort longtemps.

Dans son rapport sur *La Fonction publique et l'État* publié en avril 2001, la Cour des comptes dressait un constat que nous nous permettrons de traduire en « français ordinaire », chaque fois que cela sera nécessaire, pour prendre la mesure de l'indignation toujours contrôlée des magistrats.

Après avoir analysé en 1999 la politique de recrutement des enseignants et constaté « le décalage entre les emplois budgétaires autorisés et les effectifs réels, *conséquence de recrutements supérieurs aux besoins*, elle s'est penchée sur la gestion des effectifs dans cinq académies, Rennes, Nantes, Limoges, Versailles et Nancy-Metz. Voici quelles en sont les principales conclusions :

1. Aucune des académies contrôlées n'est en mesure de fournir à une date donnée le nombre exact des enseignants qu'elle est chargée de gérer et leur répartition en fonction de leur affectation et de leur discipline.

2. La complexité des opérations de conversion des emplois budgétaires autorisés par le Parlement en postes implantés dans les établissements est telle qu'elle ne garantit plus le respect de l'autorisation budgétaire

initiale. Heures supplémentaires, heures libérées par des professeurs à temps partiel, autant d'heures qui « permettent de créer artificiellement des postes disponibles » pour absorber le nombre d'enseignants recrutés « par excès » au niveau central.

3. « Paradoxalement, la souplesse ainsi obtenue ne garantit pas pour autant la satisfaction des besoins d'enseignement. Le nombre des disciplines (350) et leur cloisonnement, la lourdeur des procédures d'affectation, le fait que les enseignants soient de plus en plus " monovalents " et refusent d'enseigner dans des disciplines proches de la leur sont autant de causes qui expliquent que puissent coexister des professeurs sans élèves et des élèves sans professeurs. »

4. La situation des enseignants du secondaire, telle qu'elle résulte des obligations de service fixées par le décret de 1950, est caractérisée par le fait que plus le concours initial est réputé difficile, plus la rémunération est élevée et plus le nombre d'heures d'enseignement à effectuer est faible : un professeur agrégé effectue généralement quinze heures, un professeur certifié dix-huit, un professeur de lycée professionnel entre vingt et vingt-deux jusqu'à une date récente. Cette situation est aggravée par l'attribution, qui n'est jamais contrôlée, de décharges de services de nature diverse qui amputent les obligations statutaires. Pour autant, il est fréquent que des enseignants qui bénéficient d'une heure de décharge effectuent une heure supplémentaire pour compléter leur service !

5. Malgré l'existence de moyens de remplacement croissants (titulaires spécifiquement affectés en zone de remplacement, jeunes enseignants titulaires en surnombre, maîtres auxiliaires...), le remplacement des professeurs absents est loin d'être correctement assuré en raison de la complexité du système d'affectation par zones et du cloisonnement des disciplines. En projetant à

l'échelon national les surnombres observés dans les académies témoins, on peut chiffrer à 4 % les moyens attribués en trop. *4 % de 420 000 enseignants du second degré, soit l'équivalent de 16 800 emplois pleins, soit environ 600 millions d'euros de gaspillés, soit à peu près l'équivalent du budget affecté à prévenir les pollutions, maîtriser les risques naturels, protéger les milieux naturels et assurer une gestion durable de la ressource en eau.*

6. L'évolution des effectifs des élèves (qui doivent baisser de 250 000 d'ici à 2006), l'accélération des départs en retraite (41 % des enseignants d'ici à 2006), la nécessité de revoir la carte des formations et d'assurer une meilleure gestion des compétences des enseignants au regard des missions qui leur sont confiées imposent la mise en place urgente d'une gestion prévisionnelle des moyens et des personnels.

C'est que, confirme la Cour, « la nécessité de réussir la rentrée est une priorité qui, combinée à la volonté de donner satisfaction aux vœux de mutation exprimés par les enseignants, a souvent relégué au second plan la rigueur nécessaire dans la gestion des moyens budgétaires ».

Ainsi, chaque service académique utilise ses propres statistiques reposant sur des définitions qui lui sont spécifiques et ne sont pas connues des autres services. Impossible, dans ces conditions, de disposer d'indicateurs cohérents en matière de gestion de personnels. Mieux, « les services gestionnaires maîtrisent mal les procédures informatisées qu'ils utilisent. L'architecture globale des procédures n'est connue que des seuls informaticiens, et la formation dispensée dans les académies est partout insuffisante. La succession rapide des systèmes informatiques a laissé les agents administratifs désemparés... Dans chaque rectorat, le nombre d'agents qui maîtrisent ces systèmes et sont capables d'administrer les bases de données et de structurer l'information pour en faire un outil d'aide à la décision est, au mieux, limité à une ou deux personnes. Les services sont donc généralement démunis face au moindre incident ».

A cet égard, et c'est un paradoxe qu'il faut souligner, en accordant un rôle beaucoup plus important au chef d'établissement, la gestion des enseignants du secteur privé est bien plus simple car plus décentralisée. On y trouve une adéquation presque totale entre heures d'enseignement et corps professoral : « Contrairement au secteur public, écrit la Cour, il n'y a pas d'enseignements en sureffectif dans le secteur privé. » Mieux, alors que dans l'enseignement public, près de 25 % des effectifs demandent une mutation chaque année, ce qui manifeste au moins une insatisfaction des enseignants par rapport à leur affectation, ils ne sont que 5 % dans le privé à faire cette même demande.

Autre sujet tabou : *les académies ne sont pas en mesure de calculer le « taux d'absentéisme » des enseignants dans la mesure où ne sont comptabilisées que les absences de plus de 15 jours.* En deçà, les absences ne donnent pas lieu à la nomination d'un remplaçant et ne sont donc pas déclarées par les chefs d'établissement. *Dans l'académie de Versailles, le délai « autorisé » d'absence, pourrait-on dire, est souvent porté à... un mois.*

Surtout, alors que près de la moitié des enseignants doivent partir en retraite dans les cinq années qui viennent, il n'existe à ce jour aucun dispositif d'ensemble qui, en se fondant sur la structure et le calendrier des départs, définisse les mesures envisagées pour y remédier. Ainsi risque-t-on de passer à côté d'une chance historique qui ne se reproduira pas de sitôt. Alors que le caractère totalement prévisible des départs offrait la possibilité d'articuler les recrutements aux besoins des disciplines et des régions, le ministère ne semble pas encore avoir bâti le dispositif propre à lancer cette occasion unique d'adapter les moyens aux besoins. Sans doute estime-t-il que les spots télévisés valorisant le métier de professeur suffiront à la tâche.

Dans l'enseignement supérieur, l'imprévoyance est du même ordre. Alors qu'une étude conduite en 1998 sur les départs à la retraite des enseignants a fait apparaître que, jusqu'à 2012, 65,9 % des professeurs en fonction atteindront l'âge de 65 ans et que dans certaines disciplines, comme la chimie, ces taux atteignent plus de 80 %, la gestion des emplois relève du bricolage ou du laxisme. Ainsi, le recensement des étudiants prend en compte toutes les inscriptions, y compris les inscriptions de pure forme, comme celles d'élèves des classes préparatoires qui, inscrits en université pour obtenir des équivalences de diplôme, n'assistent à aucun cours, ou comme celles d'étudiants de troisième cycle dont la seule motivation est d'obtenir une carte d'étudiant ou une carte de séjour. Autant de « fausses » inscriptions, fort élevées à Paris et dans les grandes métropoles régionales, qui viennent alourdir les effectifs d'étudiants et alimenter la revendication des syndicats en « moyens » supplémentaires.

Ce qui explique, en particulier, qu'aucun redéploiement d'emplois d'enseignants-chercheurs n'a été opéré depuis 1992 entre établissements, des établissements réticents, en outre, à se voir retirer des emplois même lorsque ces derniers sont manifestement en surnombre. Comme le reconnaissait bien volontiers Claude Allègre, entendu le 9 mars 2000 par la Mission d'évaluation et de contrôle de l'Assemblée nationale : « Dans un établissement tel que l'Université, le problème important qui se pose est celui de la citoyenneté appliquée à l'enseignement public car, pas plus que l'on ne peut faire gérer la Poste par les postiers ou la SNCF par les cheminots, on ne peut faire gérer l'Université uniquement par les universitaires sans une contrepartie de citoyenneté. » Proposant des conseils d'administration d'université, qui ne soient pas composés d'universitaires mais qui représentent l'ensemble des citoyens, il ajoutait : « Quand on se livre à une comparaison avec les autres pays, il n'y a pas d'exemple où l'on donne une autonomie en laissant les gens s'autogérer. » En Grande-Bretagne, par exemple, les présidents d'université sont tous universitaires mais pas dans l'université qu'ils président.

En France, la carrière des enseignants-chercheurs ne dépend finalement ni du gouvernement, ni de l'administration, ni des usagers de l'enseignement supérieur qui ne peuvent même pas les évaluer, mais uniquement de leurs pairs. Des pairs plus attentifs à la pression des « lobbies » locaux qu'à l'équilibre entre les universités et les régions. C'est ainsi qu'une statistique établie entre 1994 et 1998 montre que plus de 90 % des enseignants-chercheurs n'ont connu ni mobilité géographique ni mobilité fonctionnelle au cours des quinze dernières années. Donner de l'autonomie à des personnes ou des institutions qu'on n'évalue pas, telle est l'une des principales sources de gaspillage de la dépense publique. *Une autonomie sans capacité de gouvernement, sans instruments de pilotage et sans outils de contrôle est une autonomie en trompe-l'œil.*

A titre d'exemple, au printemps 2001, de nombreux directeurs de recherche ont reçu de leurs présidents d'université une lettre leur indiquant que le bilan dressé à la fin de l'année 2000 faisait apparaître « *une forte sous-utilisation des crédits ouverts au profit des unités, programmes, écoles doctorales ou DEA (Diplômes d'Études Approfondies) avec des montants de report qui excèdent fréquemment une année de dotation* ». En français ordinaire, cela voulait dire qu'une grande partie des crédits alloués par le contribuable aux universités n'avait pas été consommée (plus d'une année) et qu'il fallait d'urgence leur trouver une utilisation (en quelques semaines), faute de quoi la reconduction de ces crédits pourrait être compromise. C'est que, même lorsqu'elles ne consomment que 30 à 50 % des crédits de recherche qui leur sont affectés, les universités répugnent à les rendre pour qu'ils soient utilisés par d'autres. Autonomie et citoyenneté font rarement bon ménage.

Autre source de gaspillage, les nombreux manquements au code des marchés publics. Achats de livres et de périodiques sans appel à la concurrence, travaux exécutés sans marché et réglés sur simples factures, absence d'appels d'offres, autant de dérives liées au manque d'intérêt, à l'incompétence des conseils d'administration et à l'absence de vigilance des services chargés d'examiner les comptes. Comme le reconnaîssait Francine Demichel, directrice de l'enseignement supérieur : « Les universités ont tendance, dans les conseils d'administration, à discuter de problèmes de boutique et non de problèmes de régularité ou de régulation budgétaire. »

Ou, comme l'avoue encore Claude Allègre : « Actuellement, si, par exemple, un président d'université — pardonnez-moi cette hypothèse mais elle s'est déjà rencontrée — " dérape " un peu, il continue à avoir la signature et un tas de responsabilités sans même pouvoir être mis en minorité par son conseil... On pourrait même aller jusqu'à imaginer qu'un président d'université perde la raison — cela peut arriver et le cas est prévu dans toutes les constitutions du monde — nous n'aurions aucun moyen d'agir par rapport à cela... »

A titre d'anecdote, on pourrait citer l'Université française du Pacifique épinglée par la Cour des comptes dans son rapport 2000. Créée en 1987 et fermée en 1999, à une date où elle comptait 2 750 étudiants inscrits, elle a multiplié les « fromages ». Sur la dotation annuelle de 3 millions d'euros versée par l'État, la présidence opérait un lourd prélèvement de 16 % pour ses propres besoins, comme ce voyage privé du président en compagnie de son épouse payé par l'université. En fonction de 1995 à 1997, l'agent comptable s'est rendu coupable de détournement de fonds pour un montant d'environ 300 000 euros. Alors que les droits universitaires ont fait l'objet d'une majoration adoptée par le conseil d'administration, les étudiants ne bénéficiaient même pas des services auxquels ils avaient normalement droit. Un enseignant a pu chaque année s'absenter du territoire en pleine année scolaire sans que sa rémunération soit affectée par ce sous-service ; au contraire, il a même réussi à bénéficier d'un volant non négligeable d'heures supplémentaires. Enfin, l'indemnité d'éloignement territorial a été versée à cinq enseignants nommés dans le centre de Polynésie alors qu'ils en étaient originaires et y demeuraient au moment de leur affectation... Autonomie, je chéris ton nom.

9,2 milliards d'euros, tel est aussi le montant du budget de la recherche et du développement, un budget dont l'ambition « traduit l'attachement du Gouvernement à une politique de recherche ambitieuse qui puisse donner à notre pays les meilleurs atouts scientifiques et technologiques pour l'avenir et contribuer ainsi à notre croissance de demain ».

Contrôle de gestion défaillant, augmentation des dépenses de personnel au détriment des budgets de recherche, absence de gestion prévisionnelle des effectifs, vieillissement des équipes, faible mobilité des chercheurs, absence d'évaluation et de stratégies à long terme, tels sont les bémols de la Cour des comptes quand elle examine avec une certaine bienveillance « la gestion des établissements publics de recherche et leurs relations avec leurs administrations de tutelle ».

Certes, la France fait assez bonne figure pour le nombre de chercheurs avec 6,1 pour 1 000 habitants, loin derrière le Japon (9,2) et les États-Unis (8) mais devant l'Allemagne (6) et le Royaume-Uni (5,5), et pour l'effort de recherche par rapport au PIB, 2,1 % contre 1,9 % en moyenne pour l'Union européenne. Mais force est de pointer deux faiblesses : de 1995 à 1999, tout d'abord, sa dépense de recherche n'a augmenté que de 0,6 % contre 3 % pour l'ensemble de l'Union européenne et 5,5 % pour les États-Unis. Surtout, les effectifs de chercheurs auraient besoin d'être singulièrement rajeunis. Dans la plupart des établissements publics de recherche, l'âge moyen frôle la cinquantaine. Pire, la rente que constitue un poste de chercheur à vie n'incite pas ces vieux rentiers à la mobilité. « Les chercheurs, on en trouve, plaisantait le général de Gaulle, des trouveurs, on en cherche. »

Autant dire que, là comme ailleurs, ce ne sont pas les fameux « moyens » qui font défaut mais une certaine morale. Et peut-être que la morale passe ici par des économies. Or il en est des gisements considérables. Nombre excessif d'administratifs à l'absentéisme élevé, surnombre d'enseignants, chercheurs à vie, crédits non consommés, autant de gaspillages qui, réduits au même rythme que la baisse des effectifs à scolariser, peuvent se traduire par un meilleur service à coût réduit.

En effet, le problème essentiel de l'école n'est plus aujourd'hui les programmes, les horaires ou les examens mais le sens qu'il faut donner à l'éducation. Quand un système a été détourné de sa mission pour « dresser des élites » au détriment de ceux qui n'ont pas trouvé dans leur héritage familial le bagage culturel minimal ou le bagage financier qui leur permet de louer une studette dans le 5e arrondissement de Paris, il ne faut pas s'étonner qu'il sécrète la violence et le découragement. Moins de milliards pour plus d'égalité, telle est sans doute la meilleure voie pour le « peut mieux faire », cette expression désabusée qui peuple par excès les bulletins scolaires.

Trois ans après

Un budget en hausse de près de 7 % depuis 2002, un nombre d'enseignants en légère hausse, une population scolaire en nette diminution, trois ministres en trois ans, autant de statistiques qui ont fait dire en mai 2003 à Claude Allègre, un « débarqué » honnête : « Comment se fait-il qu'il y ait un tel souk alors qu'aucune réforme sérieuse n'est entreprise dans l'Éducation nationale... ? Le problème qui me semble aujourd'hui le plus préoccupant est le fait que l'école est en train de devenir totalement inégalitaire. L'importance pléthorique des programmes nuit aux enfants de milieux sociaux défavorisés et bénéficie aux seuls “ initiés ” — ceux qui prennent des cours particuliers ou qui sont enfants d'enseignants. De là, la dérive de l'enseignement secondaire vers un enseignement de classe qui a refusé sans l'avouer de placer l'élève au centre du système, et qui trahit par là toute ambition républicaine... Quand j'en vois maintenant certains brûler en place publique le livre de mon successeur (Luc Ferry), je suis inquiet du manque de qualités morales et éthiques de professeurs par rapport à la situation concrète qui les attend. Qu'est-ce qui les attend, justement ? De faire accéder l'ensemble d'une classe d'âge à la vie adulte. Or ils n'ont pas pris la mesure du défi que représente une telle entreprise. Ils campent sur leurs privilèges de “ maîtres savants ” réservant leurs lumières à une élite. » Paroles d'expert et d'homme honnête !

Paroles malheureusement confirmées par un rapport de l'inspection générale de l'Éducation nationale d'octobre 2004 qui se pose la question paradoxale de savoir pourquoi Paris affiche de moins bons résultats scolaires que la moyenne nationale alors que la capitale dispose des meilleurs moyens humains, financiers et culturels, de la population la plus favorisée et des enseignants les plus diplômés. Ainsi, en 2002, 4,5 % des élèves parisiens de sixième avaient deux ans ou plus de retard contre 3,7 % en France. Ainsi, en troisième, 8,9 % des Parisiens avaient redoublé plus de deux fois contre 5,9 % sur l'ensemble du territoire. Ainsi, en 2003, le taux de réussite au baccalauréat, toutes séries confondues, était de 77,6 % à Paris contre 80,1 % sur l'ensemble du territoire.

C'est qu'à chaque étape, écrit ce rapport dont les conclusions sont particulièrement sévères, tout est fait pour que les « bons élèves deviennent meilleurs ». « Dès l'école maternelle, peut-on lire, se met en place l'approche élitiste qui mène à ces résultats. » Ainsi 8,2 % des enfants de 2 ans sont scolarisés à Paris contre 32 % sur le plan national. « Refuser d'admettre dans les zones les plus difficiles les élèves qui ont le plus besoin de l'école en termes de socialisation, d'intégration, d'apprentissage du français, etc., c'est, dès le départ, commencer à leur compliquer la tâche », écrivent les auteurs.

Véritable « scandale » parisien : très peu d'écoles maternelles accueillent les élèves le samedi matin. « La mission s'est rendue de manière inopinée dans une dizaine d'écoles maternelles un samedi matin « travaillé » par les élèves dans les 1er, 11e, 14e et 18e arrondissements. Elle a constaté :

— dans huit cas sur dix l'absence totale d'élèves, les directrices expliquant toutes que les « parents d'élèves ne souhaitent pas mettre leurs enfants à l'école le samedi ». La mission s'étonne cependant d'une telle unanimité (100 % des familles dans 80 % des écoles visitées...) et ne peut s'empêcher de penser que l'absence des élèves n'est pas seulement due à la volonté des familles. Des parents interrogés ce jour-là ont confirmé le caractère « dissuasif » de certains propos ou de certains comportements,

— dans deux autres écoles, la mission a constaté la présence de 6 à 7 élèves sur des effectifs respectivement de 175 et 189 inscrits,

— enfin, la mission a constaté la présence dans les écoles de tous les maîtres de services, à l'exception non expliquée de deux écoles où aucun n'était présent.

« C'est l'intérêt des élèves qui est ici gravement négligé, concluent les auteurs, celui des élèves défavorisés en particulier. Il est peu acceptable que l'on ne profite pas précisément des souplesses qu'offre le calendrier du samedi matin pour accueillir les élèves qui ont le plus besoin de l'école. Nous regrettons d'avoir à rappeler que les maîtres sont rémunérés pour accueillir les élèves. »

Certes, et le reste est à la hauteur. A l'école élémentaire, la machine à fabriquer des élites et à exclure les plus fragiles poursuit son labeur. Moins présents (22 h 20 par semaine pour une obligation de service de 27 heures), les maîtres parisiens sont souvent moins ouverts. Leurs méthodes restent « fortement marquées par les modèles magistraux, le plus souvent frontales et collectives, fondées sur la seule parole du maître ». « L'enseignement dispensé, poursuit le rapport, est encore trop souvent conçu en fonction des meilleurs élèves, en particulier dans les quartiers aisés. C'est alors, pour des élèves qui passeraient pour de bons élèves dans d'autres quartiers, la spirale de l'échec scolaire qui se met en place. » Enfin, au second degré, s'accélère « la fracture sociale qui traverse l'institution scolaire de part en part et redouble les clivages sociaux eux-mêmes ».

Une autre étude réalisée par le ministère de l'Éducation nationale en 2004 révèle aussi que seule une minorité des élèves ont une maîtrise complète des compétences de base prévues par les programmes à la fin du primaire et du collège. « Environ un tiers des élèves ont des performances qui permettent de penser qu'ils maîtrisent de façon satisfaisante toutes les compétences attendues par les programmes de l'école primaire », peut-on lire. A la fin de la troisième, seuls un quart des collégiens maîtrisent les savoir-faire indispensables à l'apprentissage de toutes les disciplines. Enfin 15 % des élèves ne manifestent « pratiquement aucune maîtrise » des compétences générales attendues.

C'est dans le dernier rapport de la Cour des comptes publié en 2005 qu'il faut sans doute chercher l'explication de ce qu'il faut bien appeler un désastre. Critiquant le « renoncement progressif du ministère et des académies à faire prévaloir avec constance l'intérêt du service sur les revendications des différentes catégories d'agents », dénonçant l'« empilement » des réformes et le décalage entre les intentions réellement affichées et les moyens réellement engagés, la Cour s'est en effet en particulier attachée à répondre à une question simple : « Combien et pourquoi des enseignants des premier et second degrés n'exercent-ils pas, ou seulement partiellement, devant des classes, le métier pour lequel ils ont été sélectionnés, recrutés ou formés ? » La question la plus troublante soulevée par les magistrats de la rue Cambon est de savoir en effet pourquoi 32 000 enseignants équivalents temps-plein n'ont pas vu un seul élève de l'année et n'ont exercé aucune activité pédagogique, une « troupe » qui représente 10 % de la ressource enseignante du primaire et du secondaire, « recrutée, formée et gérée spécifiquement pour exercer son art au profit des élèves [mais qui] n'est pas affectée à cette tâche ». 10 % ? Tiens donc. N'est-ce pas le chiffre de réduction de la dépense publique que nous nous nous sommes proposé d'atteindre ?

5

Les gaspillages de l'État-entrepreneur

En novembre 2000, la Cour des comptes publiait, sous la forme d'un fascicule séparé que tout citoyen contribuable aurait dû lire, un rapport concernant l'intervention de l'État dans la crise du secteur financier. En introduction, on pouvait lire : « Au cours des années 1990, l'État a dû apporter son soutien financier à plusieurs banques publiques ou parapubliques, telles que le Crédit Lyonnais, le Crédit Commercial de France (CCF), le Comptoir des Entrepreneurs (CDE) et le Groupe des Assurances nationales (GAN) au titre des difficultés de sa filiale bancaire Union Industrielle de Crédit (UIC). Le coût pour les finances publiques de ces opérations (qui ne sont pas toutes achevées) est supérieur à 130 milliards de francs en valeur actualisée au 31 décembre 1999. »

130 milliards de francs, 20 milliards d'euros, c'était la moitié des remboursements de la dette de l'État, qui s'élevaient à 40 milliards d'euros en 2002, *près de 40 % de l'impôt sur le revenu, l'équivalent du budget de l'équipement, du logement et des transports, soit encore 1 500 euros pour chacun des contribuables français.*

20 milliards d'euros, le prix du doute porté sur l'une des principales caractéristiques du modèle économique

français, le « Service public », un mot qu'on écrit en France avec une capitale. Un service paré de vertus par tous ceux qui en sont les porte-parole. Préfaçant, en 1989, les actes d'un colloque organisé par l'association « Services publics », François Mitterrand le définissait en ces termes : « Qu'est-ce que le Service public, sinon l'ensemble des réseaux et des personnes qui font le trait d'union entre l'État et les citoyens ? De là résultent les deux missions essentielles des fonctionnaires qui font vivre les services publics. La première consiste à assurer la présence, la dignité et, quand cela est nécessaire, l'autorité de l'État. Voilà une mission exaltante et noble car nul ne peut remplir à la place de l'État les devoirs qui sont les siens...

« La deuxième mission est relationnelle, c'est le contact entre les services publics et les citoyens, ceux que l'on appelait hier encore les "usagers" et qui attendent précisément qu'un service, marqué du sceau de l'intérêt général, leur soit rendu par ceux auxquels ils s'adressent... Que deviendrait la collectivité nationale si était amoindrie la capacité publique de réduire l'inégalité sociale, de tempérer les effets des chocs économiques, de distinguer l'intérêt public des intérêts particuliers ? »

Au service public que nous écririons désormais avec une minuscule, il appartiendrait notamment de satisfaire les besoins que le « marché » ne satisfait pas, de détecter l'imparfait pour le corriger, dans toutes les sortes d'échanges, de faire ce que les acteurs privés ne peuvent pas faire, ne font pas ou font incorrectement, d'assurer une gestion du personnel plus efficace et plus juste, d'être, enfin, un modèle de transparence et de courtoisie à l'égard des « usagers ». Un acte de foi qui traduit un doute partagé par de très nombreux Français sur la capacité des entreprises privées à assurer le « bien public ».

Devant l'Assemblée consultative, le 25 juillet 1944, le général de Gaulle affirmait sa volonté de « mettre à la disposition de la nation la direction et l'exploitation des grandes richesses communes, et de suspendre le jeu de ces vastes conjonctions et combinaisons d'intérêts qui n'ont que trop pesé sur l'État et les citoyens ». C'est toujours lui qui, en mai 1963, déclarait à son secrétaire d'État à l'information : « Si je n'avais pas accepté de nationaliser l'électricité à la fin de la guerre, jamais on n'aurait fait Donzère-Mondragon, jamais nous n'aurions eu de centrale atomique en France. Que voulez-vous que j'y fasse, les entrepreneurs n'entreprennent pas... En France, il faut être l'État pour entreprendre de grandes choses. »

Maintenir les services financiers de la Poste dans les banlieues défavorisées ou dans les zones rurales les plus reculées, distribuer le gaz et l'électricité sur l'ensemble du territoire et au même coût pour l'usager, rendre les transports en commun largement disponibles et à des prix attractifs pour diminuer les coûts d'environnement, de congestion et de dégradation du patrimoine que provoque le trafic des véhicules particuliers, faire de la radio et de la télévision publiques des institutions citoyennes et libres, privilégier les choix à long terme qui assurent l'avenir, en bref assurer de manière efficace et équitable des besoins que le marché ne peut satisfaire aux mêmes conditions, telles sont les principales missions du service public. Autrefois, quand le pain était la condition essentielle de survie des hommes, sa distribution était un service public assuré, avec des prix contrôlés par les pouvoirs publics. Aujourd'hui, dans les pays industrialisés, il semble évident de la laisser à l'initiative privée. La question que pose l'évolution de nos sociétés est de même nature. Quels sont aujourd'hui les « services publics » qui apparaissent indispensables au regard des seuls critères qui permettent de les évaluer, efficacité et équité ?

Un lieu de mémoire à la française

Mille cinq cent quarante entreprises contrôlées majoritairement par l'État, 1 102 500 salariés, tel était, à la fin de l'année 1999, le poids des entreprises du secteur public. Un poids en nette régression par rapport au pic de 1984 où, avec 3 058 entreprises et 1 856 000 salariés, il représentait plus de 10 % de l'emploi salarié total. A elles seules, les 11 premières entreprises, employant plus de 10 000 salariés chacune, rassemblent 80 % de l'ensemble des effectifs. La Poste, la SNCF, France Télécom, Électricité et Gaz de France, Air France, le Commissariat à l'Énergie atomique, la RATP, la Banque de France, la SNECMA, les Aéroports de Paris, tels sont les fleurons ou plutôt les restes du service public « à la française ». Un service public qui, de 1993 à nos jours, a vu disparaître de ses rangs la BNP et Rhône-Poulenc, ELF et l'UAP, Usinor-Sacilor et Pechiney, la Seita et les AGF, Bull et Renault, le Gan et Thomson-CSF, Aérospatiale-Matra et le... Crédit Lyonnais. Au total, 14 privatisations réalisées par un gouvernement de « droite » contre 9 réalisées par un gouvernement de « gauche ». Un juste partage qui brouille ce lieu de mémoire à l'histoire sans pareille.

Souvent attaché à la mémoire de Colbert qui pensait, déjà, que ceux qu'on appelait alors les « manufacturiers » n'étaient pas capables de marcher eux-mêmes et qu'il fallait mieux confier à des serviteurs de l'État la fabrication des porcelaines de Sèvres et celle des tapisseries des Gobelins, l'État-entrepreneur prend surtout son envol au lendemain de la Deuxième Guerre mondiale. Adoptée en mars 1944, la charte du Conseil national de la Résistance prévoit, sur le plan économique, « l'instauration d'une véritable démocratie économique et sociale, impliquant l'éviction des grandes féodalités économiques et financières de la direction de l'économie » et « le retour à la nation des grands moyens de production monopolisés, fruit du travail commun, des sources d'énergie, des richesses du sous-sol, des compagnies d'assurances et des grandes banques ». Un programme qui bénéficiait du large soutien de l'opinion publique : en avril 1945, 70 % des Français étaient favorables à la nationalisation des banques ; en juillet, 65 % à celle des assurances, et 62 % à celle des mines. C'était aussi l'époque où 55 % des cadres soutenaient la nationalisation des assurances et où le jeune Roger Martin, futur P-DG de Saint-Gobain-Pont-à-Mousson, était partisan de nationaliser la sidérurgie.

Exproprier les expropriateurs, mettre fin au pouvoir des « trusts », punir les saboteurs du Front populaire et ceux qui avaient collaboré, « retrousser ses manches », mais au sein d'entreprises où les ouvriers qui possédaient les qualifications nécessaires pourraient accéder aux fonctions de direction et d'administration, ces aspirations étaient alors partagées par l'immense majorité des Français. C'est Pierre Lefaucheux, ancien ingénieur aux Chemins de Fer du Nord et bientôt président des Usines Renault nationalisées, qui écrivait en février 1944 : « La faillite du capitalisme n'avait pas été clairement établie par les difficultés économiques de la période 1919-1935. Elle est apparue d'une manière éclatante lorsque toute une partie du patronat de 1940 s'est ruée vers la collaboration. » Ainsi s'est forgée l'idéologie du « service public à la française ». *Moins un outil au service de la collectivité qu'un symbole de la revanche contre les « deux cents familles ».*

En 1981, le symbole l'emporte toujours sur la raison. Au lendemain de l'élection de François Mitterrand, les nationalisations apparaissent comme une mesure de portée révolutionnaire capable de « changer la vie » et de « substituer l'État au capitalisme privé défaillant ». Moyennant 43 milliards de francs de l'époque (6,5 milliards d'euros), sept grands groupes industriels et trente-huit groupes bancaires et financiers passaient en totalité sous le contrôle de l'État. Jamais une nation occidentale n'avait repris au secteur privé une part aussi importante de ses moyens de production. A la suite de ce mouvement de nationalisations, l'État assurait près de 20 % des ventes réalisées par l'ensemble de l'industrie française et 15 % des exportations. Dans le secteur bancaire, il contrôlait 90 % des dépôts et 85 % des crédits distribués. C'était être fidèle au programme commun de gouvernement signé le 27 juin 1972 avec les communistes et les radicaux de gauche qui, constatant l'« accentuation de la crise du capitalisme monopolistique en France », annonçait qu'il était possible de marcher rapidement vers le socialisme.

Si cette espérance s'est rapidement envolée, les entreprises publiques ont-elles au moins été fidèles aux « valeurs essentielles » sur le socle desquelles elles ont été constituées ? Ont-elles contribué à la cohésion sociale et assuré un service efficace au client ? Les 25 milliards d'euros que l'État dépense au titre des « interventions économiques » et *les 10 milliards qu'il a versés en dotations de capital aux entreprises du secteur public depuis 1993 ont-ils contribué à pallier les défaillances du marché et favorisé une utilisation efficace et équilibrée du territoire et des ressources communes à la société ?*

L'imprévoyance du service public

Dans un rapport paru en février 2002, les magistrats de la Cour des comptes ont une nouvelle fois fourni des éléments de réponse à ces questions essentielles en expliquant, par exemple, que les 300 millions d'euros de fonds publics dépensés depuis 1993 en Bretagne pour assurer aux « usagers » une eau de bonne qualité n'ont servi à rien. En 1999, plus de la moitié des captages d'eau potable en Bretagne présentaient des concentrations maximales de nitrates supérieures à la norme sanitaire de 50 milligrammes par litre : « Les cours d'eau et les nappes de Bretagne, constate le rapporteur de la Cour, sont aujourd'hui fortement dégradés par l'activité agricole, au point qu'une prise d'eau sur trois contrevient aux normes de qualité fixées par la réglementation. » *C'est que la politique mise en place par l'Agence de l'eau Loire-Bretagne n'a pas été équitable* : « Le principe selon lequel celui qui pollue doit payer est resté inappliqué, poursuit le rapport : la charge financière des actions (dont les résultats ne sont guère convaincants) a été supportée par l'ensemble des collectivités concernées, au premier rang desquelles figure l'État (c'est-à-dire le contribuable), soit reportée sur les consommateurs d'eau par le prix qui leur était facturé. »

Sur les 180 millions d'euros planifiés par l'Agence de 1997 à 2001 pour lutter contre les nuisances agricoles, les agriculteurs auront versé 350 000 euros, 0,2 %, alors que, sur la seule base déclarative des éleveurs, des sureffectifs ont été admis en 1999 dans près de la moitié des installations porcines ! Cent mille tonnes d'azote excédentaires seraient ainsi déversées chaque année en Bretagne. « Ce mode de financement à l'avantage des agriculteurs, pourtant responsables au premier rang de la dégradation des eaux brutes, constitue l'un des aspects les plus ambigus de la politique menée eu Bretagne, et jette un doute sur l'acceptabilité économique et sociale de programmes coûteux dont l'efficacité reste à démontrer », conclut la Cour. *Efficacité et équité, les valeurs du « service public » ont-elles été respectées ?*

En janvier 2000, quelques mois avant les inondations de la Somme, la Cour des comptes, toujours, publiait un autre rapport sur « la prévention des inondations en France ». On pouvait y lire ces lignes que personne n'a songé à remettre en avant au moment de « la rumeur d'Abbeville » : « *Le risque d'inondation concerne directement en France plus de deux millions de personnes et peut affecter près d'une commune sur trois. Une crue de la Seine de même ampleur que celle de 1910 causerait aujourd'hui au minimum 55 milliards [8,38 milliards d'euros] de dégâts,* selon l'estimation de l'institution interdépartementale des barrages-réservoirs du bassin de la Seine. C'est que le programme de protection de la région parisienne en amont n'a été réalisé qu'au tiers des besoins estimés il y a un demi-siècle ; elle emporterait le système actuel d'assurance contre les risques naturels majeurs. Les conséquences financières d'une telle inondation, qui peut se reproduire, pèseraient directement sur le budget de l'État. »

Dans ce rapport d'une rare prémonition, la Cour pointait les raisons pour lesquelles la population n'est pas consciente du risque : absence très fréquente de plans relatifs au risque dans les zones inondables les plus urbanisées, développement incontrôlé de l'urbanisation en bordure des cours d'eau, études disponibles rares, dispositif général de prévention manquant d'efficacité en raison de l'obsolescence du cadre juridique de base, de l'enchevêtrement et de la confusion des compétences, de la méconnaissance du coût de la défense contre les eaux, et concluait : « L'enquête fait apparaître la nécessité d'une réforme législative d'ensemble, *notamment pour remédier à la situation d'irresponsabilité à laquelle conduit le système actuel pour la réalisation des travaux de protection contre les inondations ou pour la création de services d'annonces des crues.* »

Ainsi, aucun document d'exposition au risque d'inondation n'avait été prévu pour l'Ardèche et le Vaucluse, deux départements gravement frappés par les inondations du 22 septembre 1992. A Nîmes, un plan de prévention n'aura été disponible que cinq ans après la catastrophe de 1988. D'importantes parties du territoire, *dont la Picardie*, ne sont pas couvertes par le « Plan de Surfaces Submersibles » (PSS) institué par le décret-loi de... 1935. « L'inertie en la matière de services de navigation pourtant spécialisés dans la lutte contre les inondations, comme les services de la navigation de la Seine et de Nancy, se comprend mal, de même que le bilan vierge de plusieurs directions départementales de l'équipement, notamment de la Haute-Loire, du Tarn et de la Haute-Vienne », observait toujours la Cour. Quarante départements, dont certains très sensibles au risque, ne disposaient toujours d'aucun plan de prévention. Onze n'en avaient même prescrit aucun. Si Strasbourg et Metz en bénéficiaient, aucun plan de cette nature n'avait été établi pour des cités importantes situées sur les grands fleuves comme Lyon, Toulouse, Bordeaux, Rouen et Orléans.

A Paris, la protection n'est pas assurée contre une crue comme celle de 1910, ni a fortiori contre la plus forte crue connue, celle de 1658, où la Seine avait atteint 8,81 mètres au pont de la Tournelle contre 8,48 mètres « seulement » au même lieu le 28 janvier 1910, alors que, à Londres, la Thames Barner, le plus grand barrage mobile au monde édifié sur la Tamise en aval de la capitale entre 1974 et 1984, est prévu pour affronter la conjonction d'événements exceptionnels (pluies intenses, violente tempête et fortes marées).

Pour protéger l'Ile-de-France contre une crue de type 1910, le besoin de stockage d'eau, estimé à 2,2 millards de mètres cubes pour l'ensemble du bassin de la Seine, n'a été satisfait qu'à 38 %, avec la réalisation entre 1950 et 1980 de quatre grands barrages réservoirs d'une capacité totale de 830 millions de mètres cubes. Trois autres projets de barrages dans le bassin de l'Yonne, l'affluent le plus redoutable, sont au point mort. Or une telle crue perturberait gravement la vie de la région parisienne : 500 000 habitants seraient touchés et 195 000 inondés pendant plusieurs semaines ; les transports en commun seraient largement interrompus et de nombreux quartiers privés d'électricité, de téléphone et de chauffage tandis que l'alimentation en eau potable et l'évacuation des déchets ne seraient plus assurées. C'est que le ministère chargé de l'Environnement soutient que la protection des grandes cités fluviales serait plus coûteuse que les dommages à éviter ou de « rentabilité » incertaine, alors que l'étude relative à la Seine tend à prouver le contraire : d'un côté, un risque maximal de plus de 8 milliards d'euros ; de l'autre, 2 milliards à dépenser. Où est l'efficacité ?

Mais comment l'État pourrait-il remplir sa mission d'assurer la « sécurité publique » quand, au niveau ministériel, les compétences en matière de lutte contre les inondations relèvent à la fois de la Direction de l'eau du ministère de l'Environnement, de la prévention des pollutions et des risques du même ministère, de la Direction de l'aménagement foncier et de l'urbanisme du ministère de l'Équipement, de la Direction civile du ministère de l'Intérieur et de la Direction de l'espace rural et des forêts du ministère de l'Agriculture, sans réelle coordination ? Un État qui, faute de comptes rendus d'emplois précis, éprouve même des difficultés à apprécier l'usage réel de ses propres crédits budgétaires. A tel point qu'il en a été réduit à confier une étude à un bureau d'études privé, qui se traduit par de fortes approximations.

Confusion de compétences, incapacité à dégager les milliards nécessaires pour assurer l'avenir alors que les gaspillages sont par ailleurs énormes, autant de carences qui altèrent singulièrement les idéaux du service public.

Pas plus l'eau que le feu

A la suite des incendies dramatiques de l'été 1986, un conservatoire de la forêt méditerranéenne avait été créé en décembre suivant par décision d'un comité restreint présidé par le Premier ministre. Sous la tutelle du ministère de l'Agriculture, son but était de financer, conjointement avec les collectivités territoriales, des travaux d'aménagement destinés à prévenir les incendies dans les quinze départements où s'étend la forêt méditerranéenne. Une taxe nouvelle sur les briquets et allumettes et le produit d'une hausse de la fiscalité sur les tabacs devaient permettre d'affecter au conservatoire une dotation initiale de 15 millions d'euros.

Mais, de 1987 à 1997, l'État s'est progressivement éloigné de ses engagements, préférant l'achat d'un matériel plus spectaculaire en cas d'incendie que la prévention du risque, peu médiatique. Résultat : selon une évaluation récente, *75 % des pistes de défense contre l'incendie ne sont pas entretenues ou sont en cours de disparition sous l'effet des intempéries*. Des opérations ont par ailleurs été conduites dans des conditions critiquables. Tel est le cas de l'installation des réseaux de brumisation mis en place à Porquerolles grâce à une subvention de 100 000 euros accordée sur les crédits du conservatoire et payée avant même que soient connus les résultats de validation scientifique du procédé. En juin 1998, une visite de contrôle a conduit à constater que les brumisateurs conçus deux ans auparavant n'étaient pas à une hauteur suffisante en raison de la pousse des arbres ! Ainsi, un dispositif d'un coût global de près de 400 000 euros risque de devenir rapidement inopérant. Enfin, aucune véritable évaluation n'a été faite de l'efficacité des actions financées par le conservatoire.

Ce à quoi le ministère de l'Économie et des Finances a répondu qu'un « projet d'évaluation de l'efficacité de ces mesures, rapportées à leurs coûts et à leurs impacts sur le bilan social, environnemental et économique » était à l'étude et que « la direction du budget veillera à prendre en compte les résultats de cette évaluation dans le projet de loi de finances pour 2002 »...

Pas plus la route que le feu

Dans un autre rapport publié en janvier 2001, la Cour, décidément peu clémente, révélait aussi que « l'entretien du patrimoine routier n'a jamais fait l'objet d'une politique définie par un texte stratégique » et que « les conséquences, sur l'état du réseau et des équipements, sont pour le moins inquiétantes ». C'est que, depuis de nombreuses années, la priorité a été donnée au développement du réseau, sans doute aussi plus médiatiquement spectaculaire, plutôt qu'à sa maintenance. Aucun document définissant une politique en ce domaine, absence de vision de long terme, dotations budgétaires systématiquement réduites, autant de carences du service public qui expliquent la dégradation marquée du réseau routier national. Il faut dire aussi que les services chargés de l'entretien, considérés comme peu prestigieux au sein des Directions Départementales de l'Équipement (DDE), ne sont pas associés à l'élaboration des décisions d'investissement dont ils découvrent parfois le coût en entretien lors de la mise en service !

Ainsi, pour les chaussées, 22 % du réseau souffrent de

graves dégradations. Certaines routes nationales n'ont pas fait l'objet de travaux depuis vingt ans. Selon la direction des routes, pour l'ensemble du pays, 7 000 kilomètres de routes nationales ordinaires sont menacées en cas d'hiver particulièrement rigoureux. Dans le Val-de-Marne, 68 % des 323 ouvrages d'art sont dans un état « médiocre ». Dans le département du Nord, l'autoroute A 25 (Lille-Dunkerque) est structurellement dégradée. « Compte tenu de la dégradation des chaussées et ouvrages d'art et de l'accroissement des coûts de réhabilitation, souligne la Cour, le risque est grand pour l'État de devoir rattraper dans des proportions significatives le sous-entretien du passé. A cet égard, il faut rappeler qu'entre 1969 et 1988 celui-ci a dû consacrer plus de 20 milliards à remettre en état le réseau dont l'entretien avait été antérieurement négligé. »

C'est aussi en vain que l'on chercherait une cohérence de l'action publique dans ce secteur dans lequel deux directions d'administration centrale mènent leur propre politique, entreprenant des démarches qui peuvent être contradictoires. Autant de carences qui mettent en cause la sécurité des « usagers ».

Un constat totalement partagé par le ministre de l'Économie, des Finances et de l'Industrie qui, dans sa réponse à la Cour des comptes, déclare « partager l'analyse de la Cour sur l'importance de l'entretien routier », tout en soulignant qu'il « ne dispose pas d'outils d'évaluation communs avec le ministère de l'Équipement permettant de suivre l'état du réseau, de mesurer le niveau de qualité de service et d'optimiser dans le temps l'allocation de crédits ». Comme toujours en la matière, le coupable avoue...

Amenée à évaluer la politique autoroutière de l'État, la mission d'évaluation et de contrôle de l'Assemblée nationale dresse à peu près le même constat de carence. Elle souligne en particulier que l'endettement des sociétés autoroutières, qui atteint plus de 20 milliards d'euros, risque de peser lourd sur le contribuable le jour où l'État devra être conduit à mettre en jeu sa garantie si les sociétés d'autoroutes ne sont plus en mesure de faire face à leurs échéances de remboursement. Ce chiffre ne résulte toutefois pas d'une dérive, il résulte au contraire *de choix délibérés des différents gouvernements qui ont privilégié un financement extrabudgétaire (pour ne pas alourdir encore plus le déficit du budget) plutôt qu'utilisé le budget de l'État ou des collectivités locales*. A un point tel que, ces dernières années, le volume annuel des autorisations d'emprunts des sociétés d'autoroutes a souvent dépassé les crédits en faveur des routes.

Une politique financière à courte vue pour une absence de politique globale des transports. Alors que l'Allemagne, l'Italie et les Pays-Bas disposent d'un schéma général pour les infrastructures de transport, les gouvernements français successifs n'ont pas été capables d'opérer des choix sur le long terme. Opérer des choix signifiait en effet abandonner certains projets, ce que les élus locaux ne pouvaient admettre. Les auditions menées par les rapporteurs de la MEC (Mission d'évaluation de contrôle) révèlent aussi l'absence d'unité administrative dans l'élaboration des projets d'autoroutes. L'instruction d'un dossier s'effectue par étapes successives, sans réelle coordination, et ce n'est qu'à l'étape ultime, au Comité des investissements à caractère économique et social, que l'ensemble des ministères compétents sont réunis. A ce stade, les projets sont en réalité quasiment instruits. En fait aucune autorité n'est capable de coordonner l'ensemble des services qui n'obéissent pas aux mêmes logiques.

Par ailleurs, les études du ministère des Transports se fondent sur des modèles d'évaluation du trafic qui souffrent de nombreuses imprécisions. S'il est difficile d'établir un seuil incontestable de rentabilité, il est admis qu'un minimum de 1 500 véhicules par jour permet de couvrir les frais de péage. Près de 5 000 véhicules autorisent la couverture de l'équilibre d'exploitation ; 15 000 à 20 000 véhicules sont nécessaires pour couvrir la totalité des frais, y compris le remboursement des emprunts. Or, aucune des opérations nouvelles décidées entre 1990 et 1997 n'a été conforme aux seuils indicatifs de rentabilité. Sur l'A 29, entre Le Havre et Neufchâtel-en-Bray, l'avant-projet de l'État prévoyait un trafic de 9 000 à 10 000 véhicules par jour. Il est aujourd'hui de 5 000.

Enfin, les coûts sont systématiquement supérieurs aux évaluations initiales. Aussi l'autoroute A 14 qui relie Orgeval à La Défense sur une longueur de 16 kilomètres a coûté 600 millions d'euros alors que le montant du projet s'élevait à 180 millions. Autant de millions d'euros qui alourdissent la dette des sociétés autoroutières et rendent le remboursement aléatoire. Il faudra bien alors mettre en jeu la garantie de l'État et, donc, le porte-monnaie du contribuable. Selon les calculs de Christian Leyrit, directeur des Routes au ministère de l'Équipement, des Transports et du Logement, *cela conduirait à augmenter l'impôt sur le revenu de tous les foyers fiscaux de 230 euros par an*... même pour ceux qui n'ont pas de voitures ou fréquentent rarement les autoroutes. Mais, ajoute-t-il, c'est l'usager de 2020 qui paiera les infrastructures d'aujourd'hui. Et, comme aurait pu ajouter John Maynard Keynes, l'inspirateur de nos gouvernements, en 2020 nos politiques d'aujourd'hui seront, espérons-le pour nous, retraités du pouvoir.

Les leçons du Lyonnais

Près de un milliard d'euros pour l'État jusqu'en 2014, l'équivalent du chèque tiré fin 2001 pour satisfaire les revendications des cliniques privées, des policiers et des gendarmes, tel sera pour le contribuable le coût annuel du sinistre qui a affecté le Crédit Lyonnais en 1993. Les deux sommes méritent bien d'être rapprochées. Un milliard d'euros, un prix justifié pour améliorer les conditions de travail et de vie de tous ceux qui se pressent au « guichet ouvert » sous la contrainte électorale. Un milliard d'euros, le prix injustifié pour solder le manque de compétences et les comportements parfois frauduleux de ceux qui ont surexposé leur entreprise, convaincus qu'en cas de nécessité le soutien de l'État ne leur ferait pas défaut. Un gouvernement qui, au nom d'un service public unanimement célébré, réalise en fait d'autres objectifs que ceux du service public, des dirigeants qui, forts de la couverture assurée de l'État, jouent le même jeu que des managers privés, telles sont les leçons du « Lyonnais ».

Dès 1992, un an avant la révélation de la crise, la Cour des comptes avait, au terme d'une enquête détaillée, attiré l'attention des pouvoirs publics sur les risques que présentaient les engagements immobiliers excessifs des banques publiques. Plusieurs facteurs spécifiques expliquaient la surexposition du secteur public, *une surexposition relativement plus importante que pour... les établissements privés.* Ainsi, les encours douteux non provisionnés de crédits aux professionnels de l'immobilier atteignaient 21 % des fonds propres au Crédit Lyonnais, fin 1992, 119 % au Comptoir des entrepreneurs, 73 % à l'Union industrielle de crédit, alors que ce ratio était inférieur à 10 % pour la BNP, la Société générale, le Crédit agricole, Paribas, et n'était que 13 % pour la Compagnie de Suez. *Comme si le fait de gérer l'argent des « usagers » autorisait plus de laxisme que le fait de gérer l'argent des « clients »*. Cette surexposition au risque était liée à une stratégie commerciale expansionniste dont la seule ambition était d'augmenter la taille de l'établissement, sans que la sélection des engagements s'accompagne pour autant d'une maîtrise suffisante des risques. Une expansion plus conforme à la volonté de puissance des dirigeants qu'à celle de servir le public.

A cet égard, le constat que dressait la Cour des comptes était particulièrement sévère : « Les opérations immobilières ont ainsi été entreprises malgré une méconnaissance de l'évolution du marché immobilier, ce qui a conduit à continuer à financer de nouveaux projets, alors même que la crise était déjà manifeste. De plus, les opérations étaient souvent caractérisées par un prix du terrain élevé compromettant leur rentabilité dès l'origine, par l'absence de fonds propres engagés par le promoteur, la totalité du risque pesant ainsi sur le prêteur, et par des prises de garantie souvent trop fragiles.

« Des financements ont parfois été accordés sans condition pour des projets flous ou dont la réalisation supposait la levée d'une contrainte juridique. Enfin, la Cour a constaté une très forte concentration des encours sur certains clients, avec un accompagnement de ces derniers visant à les aider en cas de difficultés, faisant peser le risque d'une mise en cause de la responsabilité de la banque prêteuse pour soutien abusif. »

Ajoutons le fait que les engagements risqués résultaient eux-mêmes de procédures de contrôle déficientes. Insuffisance du personnel et défaut de formation, notamment à l'Union industrielle de crédit, ont fait que des dossiers ont souvent été superficiellement étudiés avant la décision d'engagement. Pire, dans ces établissements publics, les décisions étaient dans bien des cas individuelles, sans soumission à un organe collégial, comme c'est le cas dans la presque totalité des banques avant d'octroyer un financement. Pour faire enfin bonne mesure, les instruments de suivi étaient limités, les systèmes d'information obsolètes et le contrôle de gestion inexistant !

Autant de carences qui amènent à s'interroger sur les

« vertus » du service public et sur les gaspillages de l'État-entrepreneur, qu'il soit industriel ou banquier. Quand, à l'automne 1994, à l'occasion de l'arrêté des comptes semestriels du Crédit Lyonnais, et au vu des résultats de l'examen réalisé par les commissaires aux comptes au cours de l'été précédent, il est apparu que l'établissement, selon les mots mêmes du directeur du Trésor, se trouvait, « toutes choses égales par ailleurs, en situation virtuelle de faillite », l'État a estimé qu'il ne pouvait refuser d'intervenir en faveur de la banque. Telle est bien encore la leçon du Lyonnais.

En fait, ne peut-on pas expliquer le comportement imprudent des dirigeants des entreprises publiques françaises par le fait qu'ils partagent la croyance en un soutien quasi systématique de leur principal actionnaire ? Faut-il que le secteur public soit mis systématiquement à l'abri des sanctions du marché sous prétexte qu'il constitue un lieu de mémoire qu'il faut constamment célébrer ? *Faut-il que les salariés estiment que le contrat qui les lie à l'employeur public comporte la promesse d'un emploi à vie, d'un statut reconnu et d'une norme de rémunération à la progression garantie, quelle que soit l'efficacité et la performance de l'entreprise ?* Faut-il que le contribuable soit systématiquement appelé à la rescousse en cas d'imprudence manifeste ? Fallait-il que les décisions prises et mises en œuvre par le ministre soient prises avant et parfois même (dans le cas du Crédit foncier de France) sans que le Parlement ait été informé ou appelé à autoriser le principe et les modalités des mesures d'aides dont il s'est agi ? Fallait-il que la rémunération de Raymond Lévy, ancien patron de Renault, appelé en 1998 à présider le conseil de surveillance du Consortium de réalisation (CDR), l'organisme chargé de gérer et de vendre les actifs compromis du Crédit Lyonnais, soit fixé à 260 000 euros par an, une rémunération supérieure à celle des présidents des grandes entreprises publiques, alors que l'intéressé occupait une fonction non exécutive ? Fallait-il que, dans plusieurs cas, des cadres dirigeants licenciés par le CDR perçoivent, à cette occasion, en complément des indemnités conventionnelles qui leur revenaient, des dommages et intérêts disproportionnés au préjudice qu'ils étaient en situation d'évoquer, dans la mesure où ils retrouvaient aussitôt des fonctions salariales ou un mandat de dirigeant social auprès d'une société filiale du groupe ?

Autant de questions à un milliard d'euros par an jusqu'en 2014. Un milliard, une somme supérieure au budget d'alors du ministère de la Jeunesse et des Sports, 750 millions d'euros. *Un milliard, un cadeau de plus de trois cents euros qu'on pourrait offrir chaque Noël à tous les chômeurs de France.*

Les privilèges du secteur public

Des cadeaux qu'on pourrait facilement financer en annulant ceux qui sont avantageusement accordés aux dirigeants des entreprises publiques à l'occasion de leur départ ou au moment de la cessation de leurs fonctions.

Année après année, la Cour des comptes n'en finit pas de dénoncer ces transactions pour le moins critiquables négociées sans même qu'aient été informés les conseils d'administration et l'autorité de tutelle.

Ainsi, au Groupe des Assurances Nationales (GAN), avant qu'il ne soit privatisé, dix cas ont été pointés au cours de la période 1992-1996 pour lesquels le total des versements a dépassé 5 millions d'euros. Trois d'entre eux dépassaient 600 000 euros, 2 étaient supérieurs ou égaux à 760 000 euros, l'un atteignait 1 million d'euros. Ces montants particulièrement élevés s'expliquent de deux manières : d'une part, des contrats très généreux consentis lors de l'entrée de ces dirigeants dans le groupe ; de l'autre, des versements substantiels supposés réparer un préjudice dont le fondement n'était guère démontrable. Mieux, pour une entreprise qui faisait partie du service public, aucune information n'a été donnée aux conseils d'administration ni au ministère de tutelle sur ces versements et aucune déclaration n'a été faite à l'administration fiscale qui est en droit d'apprécier, sous le contrôle du juge, la nature du « préjudice » et peut décider d'imposer tout ou partie de ce complément de rémunération.

Mieux toujours, dans la majeure partie des cas, ces versements sont intervenus dans une période où le GAN connaissait de sérieuses difficultés dans ses activités d'assurance. De 1992 à 1996, de lourdes pertes ont été enregistrées, liées, comme pour le Crédit Lyonnais, à une politique commerciale aventureuse et même à des erreurs de gestion graves, pour une large part provoquées par ces dirigeants et cadres qu'on remerciait ! Cas de figure exemplaire : un dirigeant de la banque interne du groupe, par ailleurs directeur d'une des compagnies d'assurances, a réussi à faire comptabiliser toute son ancienneté acquise dans la profession bancaire, incluant plus de vingt années précédant son entrée dans le groupe. Malgré le manque de clarté du contrat d'embauche sur ce point, le GAN a accepté de prendre en compte cette période, déjà indemnisée au moment où le bénéficiaire avait quitté son précédent employeur pour entrer au GAN qui a ainsi versé 700 000 euros d'indemnités pour sept ans de présence dans le groupe, soit plus de deux ans et demi de rémunérations d'activité.

A la Française des Jeux, onze cadres supérieurs ont fait l'objet, entre 1991 et 1998, de mesures de « licenciement transactionnel », recevant à cette occasion des sommes s'élevant globalement à plus de deux millions d'euros non déclarés au fisc pour priver ce dernier de la possibilité d'en requalifier éventuellement une partie. La

Cour a d'autre part relevé qu'un cadre appartenant à la fonction publique a perçu une indemnité au moment de son départ alors qu'il a été réintégré immédiatement dans son administration d'origine. Après dix-neuf ans passés dans l'entreprise dont dix en détachement et treize en position hors cadre, l'intéressé a touché une indemnité de licenciement qui a pris en compte la totalité pendant laquelle il a été employé. Là encore, l'interdiction contenue dans le statut de fonction publique a été méconnue, comme le reconnaît l'entreprise, alors qu'elle avait été mentionnée dans le contrat signé au moment de l'embauche de ce fonctionnaire par la Française des Jeux.

Enfin, le cas d'un ancien président de la société mérite de retenir l'attention de tous ceux qui prônent les vertus du service public. Lorsqu'il a été mis fin à ses fonctions, par décret, en décembre 1993, l'intéressé a perçu une indemnité équivalant à deux années de rémunération, soit 300 000 euros, sur décision du ministre du Budget, indemnité qui lui a été notifiée directement et a été appliquée par la société, sans que le conseil d'administration ait eu à en débattre ou même en ait été informé, alors qu'il s'agissait d'un mandataire social. Une qualité qui, au regard du droit des sociétés, ne lui conférait aucun droit à indemnisation. Pire : une nouvelle fois, la décision des pouvoirs publics d'interrompre son mandat de président s'appuyait sur des appréciations très défavorables portées sur une gestion dont certains aspects ont donné lieu à l'ouverture d'une information judiciaire aboutissant à une mise en examen ! Bémol : la direction générale des impôts a toutefois requalifié en complément de rémunération la plus grande partie de cette indemnité et l'a soumise en conséquence à l'impôt sur le revenu, avec intérêts de retard... C'était le moins que le contribuable ordinaire puisse exiger.

Autre privilège illégal institué par le Crédit foncier de

France, la « bénévolence », un mot qui ne figure même pas dans le *Petit Larousse* mais qui a pour faux ami « bénévole », « qui fait quelque chose sans être rémunéré, sans y être tenu ». Ce n'est évidemment pas le cas des fonctionnaires en position de détachement au Crédit foncier. En totale violation des règles de la fonction publique, ces gouverneurs, sous-gouverneurs et secrétaires généraux bénéficiaient de ces « bénévolences », c'est-à-dire d'un véritable système de retraites, calculé en fonction du nombre d'années de présence, indexé sur le traitement d'activité, sans aucune contribution demandée aux intéressés et avec réversibilité sur le conjoint survivant. Une « bénévolence » d'un montant non négligeable puiqu'elle était en 1997 de 430 000 euros pour onze bénéficiaires. Le montant le plus élevé atteignait 90 000 euros par an, soit un montant supérieur à celui des pensions de retraite des plus hauts cadres de la fonction publique, et venait s'ajouter aux retraites normalement perçues de l'État. Il aura fallu cette enquête de la Cour pour que l'établissement et l'administration de tutelle reconnaissent l'irrégularité de ce système et décident de mettre fin à ces pratiques au nom si ambigu.

Autant de millions gaspillés qu'il vaut mieux mettre en avant plutôt que d'entonner l'éternel refrain sur les avantages « scandaleux » des agents de la RATP ou ceux de la Banque de France. Certes, on peut se poser la question de savoir pourquoi, avec le même nombre d'agents, le métro de Tokyo peut transporter deux fois plus de voyageurs au kilomètre que le métro de Paris ; certes, on peut se demander pourquoi la Banque de France continue d'employer 17 000 personnes contre 2 660 à la Banque d'Angleterre et 1 700 au Canada, et maintenir 211 succursales contre 12 en Angleterre et 5 au Canada ; certes, il était intéressant de savoir aussi pourquoi le coût de revient d'un billet de la Banque centrale était de 1 franc en France contre 29 centimes en

Grande-Bretagne qui en imprimait 1,3 milliard contre 1,2 milliard en France, reste que tel n'est pas ici notre propos.

Même si les privilèges acquis par les agents de la RATP, de la SNCF, de l'EDF ou de la Banque de France sont ceux qui choquent le plus les Français, mieux vaut en fait souligner les gaspillages bien plus importants engendrés par les dysfonctionnements d'entreprises qui ont surtout pour privilège d'échapper dans une large mesure aux contraintes du marché, c'est-à-dire aux logiques de l'efficacité.

Peu surveillées par un État qui assure mal sa fonction d'actionnaire majoritaire et qui intervient seulement lorsque des pertes importantes ont été constatées et qu'il n'y a plus d'autre moyen pour rétablir les comptes de l'entreprise que de lui apporter de nouveaux capitaux, écartelées entre des ministères multiples qui multiplient des directives ou des orientations contradictoires, dirigées par des cadres détachés de la fonction publique qui en font les instruments de leur ambition personnelle en l'absence d'un véritable contrôle, incapables de présenter une comptabilité conforme aux normes prescrites par le code du commerce auquel elles sont pourtant assujetties, les entreprises du secteur public ont perdu au fil du temps leur fonction première qui était d'être au service du public.

Direction non assistée

A cet égard, les 15 milliards de francs (2,3 milliards d'euros) de surcoût qu'a provoqués la réalisation d'ÉOLE et de MÉTÉOR de 1989 à 1999 méritent d'être passés au crible tant ils révèlent des sources de gaspillage d'un autre ordre que ceux liés aux salaires et aux retraites des agents de la SNCF ou de la RATP.

C'est au cours du Conseil des ministres du 13 octobre 1989 qu'est décidée la réalisation conjointe du projet « Est-Ouest Liaison Express » (ÉOLE) de la SNCF et du projet « Métro Est-Ouest Rapide » (MÉTÉOR) de la RATP. Les premières dépenses sont engagées en 1990, et les travaux de génie civil débutent en 1992. Pour la RATP et la Ville de Paris, il s'agit de mieux desservir les 12e et 13e arrondissements, où de nouvelles zones sont en cours d'aménagement et de projet, comme la Bibliothèque de France ou le nouveau ministère de l'Économie et des Finances. Pour la SNCF, il s'agit de moderniser et de développer son réseau de banlieue Est et de rapprocher les usagers, ainsi que ceux de la banlieue Nord, du centre de la capitale. Dans le même temps, la SNCF entendait offrir aux voyageurs des futurs TGV Nord et TGV Est un accès aisé au centre de Paris.

A l'issue d'une phase préparatoire au cours de laquelle plusieurs projets et contre-projets sont présentés, le gouvernement retient finalement une combinaison de projets pourtant présentés jusqu'alors comme concurrents. Faute, à l'origine, d'un choix clair, l'investissement fixé à un plafond de 7,5 milliards d'euros ne pouvait qu'être largement dépassé.

L'une des raisons de ce non-choix a été le souci de ménager les intérêts divergents de la SNCF et de la RATP, chacune des deux entreprises publiques ayant poussé à la réalisation de son projet dans lequel elle voyait l'occasion de mobiliser et de motiver son personnel. L'autre raison a été l'absence d'autorité organisatrice des transports en Ile-de-France. Comme l'a relevé en effet la Cour des comptes, l'article 46 de la loi des transports intérieurs du 31 décembre 1982, aux termes duquel les transports franciliens doivent faire l'objet de « dispositions législatives spéciales », n'a jamais été mis en œuvre. Seul coordonateur de fait, l'État exerce son pouvoir d'arbitrage de façon diffuse et parfois contradictoire.

Il faut dire, pour faire bonne mesure, que les dossiers élaborés par la SNCF et la RATP pour défendre leurs projets étaient pour le moins sommaires et peu précis. Ils présentaient, *en une vingtaine de pages seulement*, les objectifs du projet, le secteur desservi, les caractéristiques techniques, tarifaires, commerciales et financières. L'estimation des coûts, en particulier, était réduite à sa plus simple expression, *aucun tableau n'indiquant une quelconque décomposition de ces montants*. Qu'ils s'agisse d'ÉOLE ou MÉTÉOR, les prévisions du trafic qui sous-tendaient les projets n'étaient pas explicitées et ne se référaient même pas aux enquêtes sur le comportement de la clientèle. Le coût des poses de voies, des stations, etc., étaient ceux naguère retenus pour la construction des lignes A et B du RER sans réactualisation ! La SNCF a d'ailleurs reconnu, dans sa réponse à la Cour, que « la préparation amont n'avait pas bénéficié de tout le degré de précision et d'achèvement qui aurait été souhaitable »...

Or, il apparaît aujourd'hui que ces à-peu-près sont l'une des causes principales des dérives de coût constatées par la suite.

Ainsi, faute d'avoir procédé aux choix techniques et architecturaux relatifs aux deux gares souterraines, des reprises d'études ont été nécessaires postérieurement à l'approbation du projet, entraînant, pour la gare Haussmann-Saint-Lazare, un surcoût de 30 %. A la SNCF, le pilotage du projet, au lieu d'être confié à une structure unique, a été confié à l'agence Ile-de-France, pour les travaux dans Paris, et à la direction régionale Paris-Est, pour les travaux en banlieue. Le suivi des coûts y était effectué selon des modalités différentes, ce qui s'est révélé source d'erreurs. Ni l'État ni la région n'ont été alertés à temps des risques de dérives des coûts. Enfin, alors que la conjoncture, au début des années 1990, était particulièrement soutenue, plaçant les entreprises de travaux publics concernées en position de force, ni la SNCF ni la RATP n'ont fait appel à la concurrence internationale. Au total, une facture alourdie de 2,3 milliards d'euros alors qu'il apparaît aujourd'hui que les prévisions alarmantes de croissance du trafic faites en 1989 ne se sont pas vérifiées. Un défaut d'anticipation qui s'explique principalement par l'insuffisance des méthodes de prévision et des bases statistiques relatives aux transports en Ile-de-France.

Mais la SNCF, c'est *aussi un déficit de plus de 9 milliards d'euros par an*, un chiffre quatre fois supérieur à celui affiché par l'entreprise. Ce chiffre de 2,3 milliards d'euros, offert au public, est en effet obtenu au moyen de calculs bizarres qui sont autant de défis au bon sens et même aux pratiques comptables. Ainsi, les recettes comprennent les « compensations tarifaires », c'est-à-dire les sommes versées par l'État pour des raisons par ailleurs fort légitimes (cartes vermeil, réduction pour familles nombreuses, etc.) mais qui n'en sont pas moins des subventions. Sont comptées également comme des « recettes » les subventions de fonctionnement versées par l'État et les collectivités territoriales. Avec ce type de comptabilité, il suffirait d'augmenter les subventions de 2,3 milliards d'euros pour faire disparaître tout déficit. Par ailleurs, les amortissements, qui sont considérables dans le cas d'une entreprise à forts investissements, ne semblent pas être comptés comme une dépense.

Pour avoir une véritable idée du déficit, il suffit de se reporter aux chiffres présentés dans le rapport de la commission des comptes des transports. L'exercice particulièrement simple a été fait pour l'année 1995 par Rémy Prud'homme, professeur à l'université de Paris-XII et directeur de l'Observatoire de l'économie et des institutions locales. En recettes, on comptait 3,6 milliards d'euros payés par les voyageurs, 1,68 milliard d'euros réglés par les transporteurs de marchandises et 1,5 milliard d'euros de recettes diverses provenant de services rendus par la SNCF à La Poste, ou par le SERNAM, ou sous forme de publicité. Au total, 6,78 milliards d'euros de chiffre d'affaires.

En 1995, les dépenses s'élevaient à plus de 15,2 milliards d'euros. *Les seuls salaires versés étaient de 6,7 milliards d'euros (à peu près égaux au chiffre d'affaires)*, les achats s'élevaient à 3,3 milliards d'euros, les intérêts de la dette à 2,6 milliards, les investissements à 2,9 milliards et les impôts à 530 millions. La différence entre les recettes et les dépenses nous donne le montant des subventions dont a bénéficié la SNCF en 1995, ou le déficit supporté *in fine* par le contribuable, soit plus de 9 milliards d'euros. *Une somme qui représentait à cette date 20 % de l'impôt sur le revenu*. Une somme qui représentait aussi une fois et demie ce que les universités coûtaient au contribuable.

Il va sans dire que la mise en évidence de ce coût ne doit pas se lire comme une condamnation de la SNCF ni, encore moins, du mode de transport ferroviaire. Pour minimiser ce déficit, il faudrait prendre en compte le fait que le rail, notamment dans les zones urbaines, réduit la congestion automobile et qu'il pollue moins que les déplacements automobiles qu'il remplace.

Reste que le contribuable n'a pas à financer les gaspillages qu'on doit attribuer à ce qu'on pourrait appeler une « contrainte budgétaire molle ». Cent quarante-deux mille jours de grève recensés en 2001, telle a été la réponse des cheminots aux usagers du « service public ». « La conflictualité fait de nous une exception en Europe, parmi les entreprises ferroviaires, et une exception en France parmi les entreprises publiques », se désole Louis Gallois. C'est qu'il est difficile de faire comprendre aux salariés du secteur public que leur mission essentielle est d'être au service du public.

Au moment où, en application de l'article 90 du traité de Rome, le monopole de certaines grandes entreprises nationales est appelé à être mis en cause, désormais l'idée que ce monopole est la meilleure façon de satisfaire les besoins collectifs est de plus en plus contestée. Il est fondamental de pouvoir connaître les prix de revient complets pour guider les choix stratégiques, éclairer la recherche des gains de productivité et situer les performances de l'entreprise par rapport à celles de ses concurrentes. Quand Gaz de France (GDF) et Électricité de France (EDF) perdaient deux gros contrats, dont l'un résilié par le... ministère de la Défense français qui a préféré confier l'alimentation de cinq sites industriels de la Direction des constructions navales à Énergie du Rhône, une filiale commune créée par Suez-Électrabel et la Compagnie nationale du Rhône, on peut se poser la question de savoir si l'État ne ferait pas mieux de vendre la totalité de ses participations dans les entreprises publiques pour les faire bénéficier de l'effet vertueux que constitue la corde de rappel du marché. Si l'État vendait aujourd'hui ses parts dans les entreprises publiques cotées en Bourse, il recueillerait plus de 45 milliards d'euros. *Versés sur un placement de père de famille à 5 % par an, ce serait 2,25 milliards d'euros de revenu par an, plus de 40 % du budget consacré à la justice (5,2 milliards d'euros en 2004).*

Trois ans après

Présentant en juillet 2003 les conclusions du rapport de la commission d'enquête parlementaire sur la gestion des entreprises publiques créées au lendemain des élections de 2002, Philippe Douzte-Blazy, qui avait peut-être lu la première édition de ce *Grand Gaspillage*, déclarait : « Au-delà du feuilleton médiatique, la situation financière des entreprises publiques a de quoi inquiéter. Alors que leur chiffre d'affaires progressait, les entreprises publiques non financières ont affiché en 2001 un déficit net de 10,4 milliards d'euros (dont 9 milliards pour France Télécom), un recul des capitaux propres de 13,8 milliards...

« Comment ne pas être interpellé ? Le rapport sur l'État actionnaire réalisé par la Direction du Trésor d'où sont tirés ces chiffres est un outil factuel et synthétique. Mais il ne donne pas suffisamment de détails sur les responsabilités du ministère de tutelle ou des dirigeants des entreprises. De même, le rapport annuel de la Cour des comptes apporte-t-il un éclairage rétrospectif, mais les moyens de la haute juridiction ne lui permettent pas d'aller plus loin. Voilà pourquoi notre commission d'enquête est utile. Il ne s'agit pas d'engager une chasse aux sorcières ou de stigmatiser le secteur public. Non, notre démarche consiste à décrypter les dysfonctionnements, puis à chercher à y remédier. »

C'était promis : le service public allait enfin devenir efficace et « chaque dépense serait gagée sur une économie ».

Cette même année 2003, en novembre, à l'initiative de deux députés UMP, Jacques Kossowski et Robert Lecou, était déposée sur le bureau de l'Assemblée nationale une proposition de loi pour un service garanti en cas de grève dans les services publics, un engagement pris par Jacques Chirac lors de la campagne présidentielle de 2002, une mesure approuvée par 80 % des Français et soutenue à l'Assemblée par la majorité absolue des députés (311 sur 577). Pour la première fois depuis les débuts de la Ve République, une proposition parlementaire obtenait la majorité, sur le papier, avant même d'avoir été discutée. Un discussion qui n'a toujours pas eu lieu, Gilles de Robien ayant promis de nommer... une commission d'experts. Remis le 21 juillet 2004, le rapport de cette commission fut jugé par le ministre « d'une grande qualité »...

Faite quelques mois après la grande grève des cheminots de juin 2003, cette proposition de loi pouvait bénéficier du fait que le coût de cette grève avait été publiquement chiffré par Jean-Hervé Lorenzi, membre du Conseil d'analyse économique qui écrivait : « La véritable culture de la grève qui s'est implantée en France dans le secteur public a un effet extrêmement corrosif sur l'attractivité économique française : elle constitue un facteur forcément pris en compte pour le choix des sites d'investissement par les chefs d'entreprise étrangers comme français. Elle contribue à l'accélération fâcheuse des délocalisations industrielles et elle exerce un effet répulsif à l'égard de ceux qui voudraient investir chez nous. »

Cette grève, il faut le rappeler, avait pour objet de s'opposer à la réforme du régime général des retraites... qui ne concernait pas les cheminots ! Elle aura coûté 20 millions d'euros par jour, 700 millions d'euros en tout, soit plus de deux fois le budget annuel conscacré à l'aménagement du territoire, presque la totalité du budget consacré à l'écologie et au développement durable (860 millions d'euros), plus de trois fois le budget consacré à... la fonction publique et la réforme de l'État (220 millions d'euros), la quasi-totalité du budget consacré aux sports et à la vie associative (790 millions d'euros)... Une grève qui avait probablement pour mission de protester contre les 13 milliards d'euros que la collectivité nationale consacre toujours chaque année à ses chemins de fer et contre le fait que l'entreprise a réduit ses effectifs de 10 % là où l'Allemagne les a réduits de 55 %. Contre le fait aussi que l'entreprise SNCF est particulièrement éprouvante pour ses agents. Ainsi dans la publication interne *RH Acteurs de progrès* du 5 mai 2004, on peut lire : « En 2003, les absences pour maladies et blessures hors service ont représenté 12,3 jours par agent, soit près de 2,2 millions de journées perdues, c'est-à-dire 11 050 agents à temps plein », soit, toujours selon le chiffrage de cette revue interne, 234 millions d'euros par an. Des chiffres qui devraient inciter Sud-Rail à exiger de nouvelles embauches pour maintenir la qualité du service public !

Évaluant dans un rapport publié en mars 2005 l'activité de la Banque de France, un autre pilier du « modèle » français, la Cour des comptes, tout en félicitant la Banque pour l'ampleur des mutations accomplies de 1994 à 2004, n'en souligne pas moins que près de la moitié des effectifs opérationnels sont affectés à des activités qui ne relèvent pas directement de ses missions fondamentales, que les sureffectifs peuvent atteindre localement jusqu'à 25 % des postes, que ses produits se réduisent alors que ses charges restent stables (de 2000 à 2003, le produit monétaire net est passé de 2 975 millions d'euros à 1 134 alors que les charges sont passées de 1 377 à 1 182), que le calcul comparé des points morts des banques centrales nationales confirme que celui de la Banque, même s'il a beaucoup baissé, demeure comparativement bien plus élevé, que le réseau des succursales de la Banque reste, même après la réforme annoncée, l'un des plus denses d'Europe (3,49 sites par million d'habitants contre 0,23 au Royaume-Uni et 0,25 aux Pays-Bas), enfin que la gestion du parc immobilier est particulièrement dispendieuse. Ainsi, sur les 1 100 logements que possédait la Banque en 2002, 280 étaient loués à des locataires extérieurs à la Banque, parmi lesquels Jean-Louis Debré, président de l'Assemblée nationale, Jérôme Jaffré, ex-P-DG d'Elf qui loue un « pied-à-terre » de 150 m^2 au Palais-Royal pour 3 500 euros alors qu'il habite officiellement en Belgique, ou Roger Hanin, qui a vécu pendant trente ans dans un appartement de 203 m^2 avenue d'Eylau pour un loyer de 4 000 euros, des loyers sensiblement inférieurs « à ceux qu'aurait réclamés un bailleur soucieux de la rentabilité de son patrimoine », des loyers en moyenne inférieurs de moitié aux prix moyens du marché.

Ajoutons-y le foisonnement des indemnités que peuvent percevoir les agents, « dont le nombre est si élevé que la Banque de France n'a pas été à même d'en produire une liste exhaustive » et nous pourrons conclure, trois ans après, que les « danseuses de la République » ont encore le pas alerte...

6

Les gaspillages de l'État régalien

Déclaration des droits de l'homme et du citoyen, articles 12 et 13 : « La garantie des droits de l'homme et du citoyen nécessite une force publique : elle est donc instituée pour l'avantage de tous, et non pour l'utilité particulière de ceux à qui elle est confiée.

« Pour l'entretien de la force publique, et pour les dépenses d'administration, une contribution commune est indispensable : elle doit être également répartie entre tous les citoyens, en raison de leurs facultés. »

Pour les hommes qui, en 1789, construisaient une France nouvelle sur les débris de la monarchie absolue, il y avait bien un lien étroit, voire organique, entre la contribution, que nous nous acharnons toujours à appeler impôt, et la sûreté des citoyens. Ordre public, justice, défense du territoire, diplomatie, tels sont bien les attributs de l'État qui ne souffrent aucune contestation, mais qui ne représentent plus guère que 8 % de la dépense publique totale. Autant dire qu'il ne sera pas question de grappiller les milliards qui permettent aux policiers, aux juges, aux gendarmes et aux militaires de remplir leur mission mais seulement de mesurer si ces milliards pourraient être, ici comme ailleurs, plus efficacement et plus équitablement dépensés.

Quand un porte-avions multiplie les avaries et ternit l'image de la France à l'étranger, quand policiers et surtout gendarmes descendent dans la rue pour exprimer leur mal-être, on peut en effet se poser la question de savoir si les piliers de l'État régalien ne sont pas en train de se fissurer et se demander si la peur du gendarme et le respect du juge qui ont assuré la sécurité des citoyens pendant une longue période de l'Histoire sont toujours d'actualité.

Même si nos chefs de gouvernement successifs s'emploient à rappeler à chaque occasion que l'État est le garant de la sécurité et que les 5 milliards d'euros consacrés par le budget à ce droit essentiel permettent à la police d'être au plus près du terrain, force est de constater qu'à l'instar des autres démocraties, la France a connu une augmentation de la délinquance qui amène les citoyens à se demander si le contrat qu'ils ont implicitement passé avec l'État est toujours respecté.

Les agressions sont en hausse continue dans les chiffres de la délinquance connue, particulièrement en ce qui concerne les jeunes de milieu modeste, et rattrapent ceux des États-Unis. *Ainsi de 1986 à 1998, le nombre de crimes et délits contre les personnes est passé de 107 812 à 220 948, un doublement en douze ans.* Même si le nombre d'« homicides crapuleux » reste stationnaire, les coups et blessures volontaires se multiplient : 35 874 en 1986, 86 796 en 1998. Le nombre de viols recensés est passé de 2 927 à 7 828. *Enfin, les vols connus des autorités atteignaient en 2001 2,5 millions d'unités par an. Ce à quoi la gauche, qui a perdu les présidentielles de 2002 sur ce terrain, a répondu : « C'est pas vrai, c'est pas grave, c'est pas ma faute. »*

En parallèle, l'efficacité du système pénal a chuté : pour tous les délits, le taux d'élucidation est passé de plus de 50 % en 1950 à 26 % en 2001. *Dans les grandes villes, le classement sans suite par la justice représente plus de*

80 % des affaires. Alors qu'il n'est pas saisi, loin s'en faut, de tous les délits par les victimes, le système pénal semble saturé.

Même si, c'est incontestable, les mœurs sont aujourd'hui plus pacifiées que dans le passé, les Français ont le sentiment qu'ils vivent une situation insupportable et qu'ils sont confrontés à une insécurité qui leur fait peur. A tel point que certains pourraient être amenés à penser que la modernité, aujourd'hui, c'est le marché et non l'État. Comme l'écrit Sébastien Roché dans *Le Débat*, « il faut distinguer le fait de bénéficier d'un monopole et celui de rendre un service public... Une entreprise peut, en vendant un service, assurer un service public. Pourquoi, en toute logique, la sécurité échapperait-elle à cette situation ? Pourquoi une entreprise de sécurité ne serait-elle pas en mesure de produire un bien public au même titre qu'un service public ? La notion de bien collectif n'indique pas qu'il est nécessaire que des fonctionnaires fassent le travail. Le bien pourrait même — en laissant de côté l'appréciation des conséquences — être produit plus efficacement par d'autres : à moindre coût, en étant plus attentif à l'usage (elles sont dans une position qui les oblige à répondre aux attentes, et elles sont donc plus innovantes) ».

C'est vouloir dire que la sécurité au quotidien peut être un sujet de réflexion économique comme un autre et qu'il est légitime d'en apprécier le coût et l'efficacité : il en va de la cohésion d'une société. Il suffit de mesurer la place prise par les agences de sécurité qui comptent plus de 100 000 agents en France contre un peu plus de 140 000 policiers... seulement, devrait-on dire, pour apprécier le risque d'impuissance d'un État qui, gaspillant trop de milliards dans des tâches inutiles, est incapable de mettre les moyens là où sa mission est essentielle. Comme le rappelait lui-même Jean-Pierre Chevènement devant la Mission d'évaluation et de contrôle de l'Assemblée nationale le 20 mai 1999 : « La police nationale est attachée aux prérogatives qu'elle exerce au nom de l'État républicain, mais elle sait aussi que, pour pouvoir continuer à les exercer, elle doit justifier son emploi et les moyens qui lui sont consacrés. Je suis très conscient qu'il y a 28 milliards de francs pour la police. *Cela doit se justifier par des performances qui soient à la hauteur des attentes de nos concitoyens.* »

Où sont les policiers ?

Rendue publique au début de l'année 1999, l'étude du consultant Alain Bauer, publié dans *La Gazette des communes*, portait ce titre provocateur : « Où sont les policiers ? » Soustrayant des effectifs territorialement affectés de la direction centrale de la sécurité publique et de la préfecture de police de Paris (67 944) les 14 175 emplois indisponibles par nature (agents affectés à d'autres tâches, détachés et mis à disposition, absents médicaux, agents effectuant des tâches indues, agents remplissant des tâches de maintien de l'ordre), les 4 000 agents en formation et les 30 000 emplois assurant l'ouverture et le fonctionnement des commissariats, l'auteur arrivait à la conclusion que « l'équivalent fonctionnaire présent globalement sur le terrain pour cette mission sur la voie publique était d'environ 20 000 policiers, à répartir selon les cycles et les congés, soit environ 5 000 agents disponibles à un moment donné de la journée ». Même s'il la qualifiait immédiatement de « caricaturale », le ministre de l'Intérieur reconnaissait toutefois que cette note avait contribué à sensibiliser « l'opinion, au-delà de ce qui est raisonnable, à la nécessité de mettre davantage de policiers sur la voie publique ».

En fait, il y avait assez de policiers et de gendarmes en

France : 1 pour 251 habitants, un des taux les plus élevés d'Europe. *Sauf que l'État n'avait toujours pas réussi à les mettre au bon endroit*, tant il est difficile de prendre pied dans les espaces urbains laissés de côté et de maintenir dans le même temps des services spécialisés conçus au temps des guerres coloniales et de la guerre froide. On n'en finirait pas d'énumérer les circonscriptions de sécurité publique dont la population a fondu et où les effectifs policiers n'ont pas bougé et les quartiers nouveaux de grands ensembles qui n'ont pas de commissariat. Il y a en effet le même rapport policiers/population entre les dix départements où la délinquance sur la voie publique est la plus élevée et celui des dix départements les moins touchés, alors que le nombre de délits est deux fois et demie supérieur dans le premier groupe. A l'été 1998, on avait certes tenté de réformer la « carte policière » qui date des années 1950, mais ce redéploiement géographique s'était heurté à l'opposition des élus locaux qui, avec l'aide des syndicats de policiers, eurent vite fait d'enterrer cette initiative.

Si les responsables de la police s'emploient avec talent à mettre en évidence les coûts supplémentaires que suppose la mise en œuvre de telles réformes, les informations qu'il suffit de puiser dans les documents officiels démontrent qu'il existe des marges de « productivité » et d'amélioration de l'efficacité du travail non négligeables qui permettraient de financer la totalité des dépenses supplémentaires sans harasser une nouvelle fois le contribuable.

Tout d'abord, une trop grande partie des effectifs de la police est utilisée à des tâches purement administratives qui, chez nos principaux voisins européens, sont confiées à des agents administratifs. Au moins 10 % des effectifs de la police, voire 20 %, soit 10 000 à 20 000 policiers actifs, sont affectés à des tâches non policières et gèrent, par exemple, la maintenance informatique ou les réparations des véhicules automobiles... Des travaux qui seraient sans aucun doute mieux assurés et à moindre coût par des sociétés privées. Par ailleurs, tous les rapports dénoncent les tâches indues exercées par la police, ponctionnant lourdement les effectifs et désorganisant les services. Comme l'expliquait devant les parlementaires Pierre Guinot-Delery, préfet délégué à la sécurité pour la région Rhône-Alpes, les opérations liées à tous les mouvements de présentation aux juges, les extractions et les transferts de détenus ont représenté en 1998 « quelque deux mille missions. Si je multipliais le nombre de missions par le nombre de fonctionnaires qui y sont employés, disait-il, on arriverait à un effectif équivalant à celui des effectifs de la circonscription de police de Lyon, ce qui serait absurde. Grosso modo, cela mobilise chaque fois un ou deux fonctionnaires de police ».

Dans l'Essonne, Lucien Pierret, directeur départemental de la sécurité publique, estimait pour sa part que les missions parajudiciaires représentaient, en 1998, 9 000 heures-fonctionnaires, l'équivalent-service de plus d'une patrouille. Sans doute faudrait-il, pour lutter plus efficacement contre la délinquance, confier à l'administration pénitentiaire la charge des prévenus et des détenus dès qu'ils sont remis à la justice, et lui laisser le soin d'assurer les transferts, extractions et comparutions qui sont aujourd'hui à la charge de la police et de la gendarmerie nationale. Sans doute aussi pourrait-on se passer de mobiliser 160 fonctionnaires à plein temps pour assurer la garde des bâtiments publics de Lyon, alors que les personnels actifs sur l'agglomération lyonnaise sont de 2 400.

Un autre gaspillage du même registre a été reconnu par le ministre de l'Intérieur lui-même qui, lors de son audition, notait : « Un poste administratif coûte beaucoup moins cher qu'un poste de police, de l'ordre d'un bon tiers. Par ailleurs, la durée de formation d'un administratif est de 7 à 8 mois, alors que pour recruter et former un policier, il faut compter deux ans. » Ainsi, remplacer 10 000 policiers actifs par 10 000 agents administratifs procurerait une économie budgétaire annuelle d'environ 580 millions de francs (88,4 millions d'euros), *soit l'équivalent de 3 000 policiers à temps plein qu'on pourrait embaucher sans charge budgétaire supplémentaire, soit une prime de 4 000 francs annuelle pour chaque policier, soit encore la moitié de l'enveloppe totale accordée par le gouvernement sur le budget de 2002 pour améliorer le revenu des policiers*, un effort budgétaire qualifié de sans précédent depuis quinze ans, mais qu'il aurait été possible de financer sans trouble par la réduction de ces menus gaspillages qui, au total, font les grandes gabegies.

Sauf que ces postes administratifs occupés par des policiers actifs constituent surtout un moyen commode de gestion... des déroulements de carrière pour les policiers ayant une forte ancienneté. Comme le reconnaît Jacques Laisné, directeur de l'administration de la police nationale, « *certains personnels actifs ont peut-être tendance à trouver que les métiers administratifs sont plus confortables que la voie publique* ». Certes, surtout lorsqu'on apprend par la Cour des comptes que « ces personnels souvent dégagés de toute tâche opérationnelle perçoivent néanmoins l'ensemble des rémunérations liées à leur statut de fonctionnaires actifs de la police nationale, notamment la prime dite du SGAP de Paris ou la prime de fidélisation pour les zones difficiles » !

Mieux, la Cour cite l'exemple des ateliers qui assurent l'entretien et les petites réparations courantes des locaux de la préfecture de Paris : le taux d'absentéisme y atteint, pour certains d'entre eux, entre 34 % et 60 %

selon les périodes de l'année, et les fonctionnaires de la préfecture consacrent une partie de leur temps à des activités privées. Ainsi, dans le garage central, il y a eu, au cours du premier semestre 1997, en moyenne trois interventions quotidiennes sur des véhicules privés appartenant parfois à des personnes extérieures à la police. Une façon finalement assez astucieuse pour ces personnes de récupérer une partie de l'impôt versé afin d'assurer la sécurité du citoyen.

On peut également s'interroger sur la politique de recrutement massive d'emplois-jeunes pour assurer le développement de la police de proximité. Le ministère de l'Intérieur est, avec celui de l'Éducation nationale, celui qui a eu le plus recours aux emplois-jeunes : environ 20 000. Il est légitime de s'inquiéter quand ces adjoints de sécurité (ADS) remplacent de plus en plus les policiers professionnels sur la voie publique : à Vaulx-en-Velin, au sein d'un commissariat composé de 104 fonctionnaires, on ne comptait par exemple sur le terrain dans une journée que 10 policiers actifs et 9 adjoints de sécurité, ce qui témoigne d'un ratio ADS/policiers actifs pour le moins préoccupant. Louis Mermaz, rapporteur pour avis de la commission des lois sur les crédits de la police, en témoignait à sa manière quand, le 18 mars 1999, il notait : « Pas plus tard qu'hier soir je voyais, au milieu de la place de la Concorde, deux jeunes sympathiques adjoints de sécurité avec le liséré bleu, n'ayant eu que quelques semaines de formation, vainement perdus au milieu des voitures. Cela a créé un embouteillage monstre. » Et de reposer cette même question : « Où sont les policiers ? »

Enfin, s'y ajoute un système d'indemnités devenu totalement « aveugle » alors que le caractère disparate des tâches dans la police est sans équivalent, à l'exception peut-être de l'Éducation nationale. Ainsi, qu'ils travaillent à Vaulx-en-Velin ou dans la commune voisine de

Caluire, particulièrement calme, les agents touchent la même prime. Comme le faisait remarquer aussi Lucien Perret, directeur départemental de la sécurité publique dans l'Essonne, « tout le monde perçoit à peu près le même traitement », ajoutant qu'« entre être gardien de la paix à Corbeil ou être gardien de la paix à Mende, le choix est vite fait et on peut le comprendre ». Comme on comprend qu'à l'issue des concours de recrutement les nouveaux policiers, souvent originaires de province et affectés en région parisienne, déposent, dès leur première affectation, une demande de mutation évidemment non satisfaite pour rejoindre leur région d'origine. Grogne des intéressés et absence d'intégration dans leur lieu de travail, telles sont les principales conséquences d'un système de gestion des ressources humaines qui démontre l'inadaptation des moyens à la carte de la délinquance. Au total, les citoyens sont mécontents, les policiers et les gendarmes sont mécontents, les citoyens ont peur comme ont peur aussi les policiers qui ne se rendent plus dans certaines zones. Autant dire que là, comme partout ailleurs, il serait possible de faire beaucoup mieux avec autant, voire un peu moins.

La défense de la France : « une variable d'ajustement privilégiée de l'équilibre budgétaire général »

Pour tous ceux qui ne comprennent pas le français utilisé par ceux qui nous gouvernent, cela peut se traduire comme suit : quand, en fin d'année, le gouvernement se rend compte qu'il ne pourra contenir le déficit du budget général de l'État au montant qu'il a annoncé, la Direction du budget ordonne au contrôleur financier de suspendre son visa sur les dépenses du ministère de la Défense. Un moyen fort boutiquier mais éminemment électoral de tenir tant bien que mal les objectifs proclamés au moment de l'adoption du budget. Ainsi, de 1990 à 2000, les dépenses qui engagent l'avenir de la Défense ont été systématiquement rognées, *de plus de 70 milliards de francs en chiffres cumulés (10,6 milliards d'euros)*, le gouvernement n'ayant d'ailleurs pas caché lors des débats parlementaires qu'il utilisait cette « cagnotte » pour « apporter sa contribution à la maîtrise des déficits publics et au financement des priorités de l'action gouvernementale ».

Certes, tous ceux qui veulent réduire de manière sensible les dépenses de l'État pourront se réjouir de cette tendance lourde qui voit la part du budget de la Défense dans le budget de l'État passer de 18 % en 1970 à 14,1 % en 2004 et, avec un peu plus de 40 milliards d'euros, devenir le quatrième poste seulement des dépenses de l'État, après l'Éducation nationale, les charges de la dette et les concours de l'État aux collectivités territoriales. Reste qu'il est en même temps affligeant de mesurer à quel point la réduction des moyens s'est ici accompagnée d'une érosion tout aussi marquée de notre capacité à « influencer » la marche du monde.

Ainsi, en 2000, la dépense française de fonctionnement par soldat restait la plus basse des quatre grands pays de l'OTAN.

DÉPENSES DE FONCTIONNEMENT PAR SOLDAT EN 2000

France	31 900 euros
Allemagne	38 615 euros
Royaume-Uni	67 230 euros
États-Unis	94 670 euros

L'écart est également sensible s'agissant de la dépense d'équipement par militaire. Si le niveau d'équipement du soldat français est cette fois supérieur à celui de l'allemand, il reste inférieur des deux tiers à celui des soldats britannique et américain.

DÉPENSES D'ÉQUIPEMENT PAR SOLDAT

France	20 580 euros
Allemagne	13 030 euros
Royaume-Uni	33 340 euros
États-Unis	32 395 euros

Autant de statistiques qui se sont traduites fin 2001 sur le terrain, quand il s'est agi de manifester la présence de la France en Afghanistan. La nation qui, il y a trente ans, était capable d'exploiter au mieux dans le tiers-monde et ailleurs les dividendes de son prestige est aujourd'hui à la traîne. Une poignée de marsouins de l'infanterie de marine bloqués de longs jours à la frontière ouzbek, un porte-avions arrivé sur « zone » après la bataille, des Mirages dans l'attente d'une base au Tadjikistan, des navires de guerre cantonnés à des missions de ravitaillement de l'US Navy, jamais le contraste n'aura été aussi cruel entre les effets d'annonce des dirigeants politiques et la réalité de la présence française sur le terrain. C'est que l'outil de défense de la France, axé autour de la coûteuse dissuasion nucléaire, apparaît inadapté aux défis de l'après-guerre froide.

Ainsi, les responsables militaires reconnaissent qu'il y aura, sinon rupture de capacités d'ores et déjà avérées, du moins « érosion des matériels », « dégradation du modèle d'armée 2015 » et « inquiétude sur la cohérence des forces ». Les retards successifs pris dans les commandes font que la plupart des programmes majeurs ne seront pas livrés avant 2008-2011. La mise en service des missiles ASMP-A sous Mirage 2000 et Rafale n'interviendra pas avant 2007-2008 ; le premier satellite successeur de Syracuse II ne sera lancé qu'en 2013 ; les chars Tigre version appui-protection de l'armée de terre, ainsi que les hélicoptères NH-90 ne seront livrés qu'en 2011 ; le premier escadron opérationnel de Rafale au standard F2 n'entrera en service qu'en 2006, la frégate antiaérienne Horizon et celle multimissions, en 2008 ; le premier sous-marin nucléaire d'attaque type Barracuda ne sera admis au service actif qu'en 2012. Quant au futur avion de transport A-400 M, son sort apparaît aujourd'hui particulièrement incertain.

A la Défense comme ailleurs, le contrôle des comptes est défaillant et la gestion des ressources pour le moins approximative. Dans un rapport publié en juin 1997 sur « la gestion budgétaire et la programmation du ministère de la Défense », un rapport qui avait fait grand bruit dans « le milieu », la Cour des comptes avait relevé *un certain nombre de dysfonctionnements qui permettent d'imaginer que, là encore comme ailleurs, on pourrait faire beaucoup mieux avec un peu moins.*

Dans une langue qu'il est toujours nécessaire de traduire, la Cour dénonçait :

« L'enchevêtrement des responsabilités : chacun des états-majors des trois armées, l'état-major des armées et le délégué général pour l'armement intervenant dans le processus de programmation en fonction de considérations ou d'objectifs différents (finalités stratégiques, demandes opérationnelles, politiques industrielles, souhaits de performances technologiques de certains secteurs industriels ou d'entreprises françaises d'armement, préoccupations sociales, attention portée aux aspects territoriaux...), dont l'addition se répercute dans les coûts des programmes ;

« — une inadaptation des documents de prévision et de suivi, du fait notamment de l'absence d'homogénéité et de stabilité du référentiel (pluriannuel) et de la liste (annuelle) des programmes d'armement, comme du manque de cohérence des fiches individuelles, de périodicité et de structure variables ;

« — tous motifs confondus, une dérive des prix affectant la plupart des programmes examinés ;

« — les conséquences des mesures palliatives prises pour y faire face : l'étalement des calendriers et la diminution des cibles initialement retenues entraînent un surcroît global à terminaison et une augmentation significative du coût unitaire des matériels, qui supportent, en raison des réductions de cibles, des frais fixes de développement très élevés. Ce mode de gestion risque d'aboutir, selon les responsables du ministère de la Défense eux-mêmes, à un " désarmement structurel ". »

On ne saurait mieux dire ! *En français courant : l'emploi des crédits disponibles est loin d'être le meilleur, les réglementations financières ne sont pas respectées, l'absence de cohérence entre les autorités responsables aboutit à des gaspillages qu'il serait facile d'éviter, et les dossiers préparatoires devraient pour le moins rassembler le maximum d'éléments sur les coûts...* « Pour que le ministre soit réellement en mesure de prendre des décisions, d'argumenter dans les discussions interministérielles et d'optimiser les ressources financières mises à sa disposition, ajoutait la Cour des comptes, il a besoin d'un recueil coordonné d'informations financières fiables, précises et détaillées. » On pourrait effectivement le souhaiter, au vu des milliards engagés.

Au titre des grands gaspillages, on pointera par exemple les intérêts moratoires élevés liés aux défauts de règlements. En vertu du code des marchés publics, le défaut de paiement des acomptes et du solde dans les délais prévus entraîne en effet le paiement d'intérêts élevés. Ainsi, entre 1991 et 1996, pour les seules directions techniques de la DGA (Direction Générale pour l'Armement), ils se sont élevés à plus de 300 millions d'euros, simplement en raison du mauvais fonctionnement des services chargés de la liquidation et du mandatement des dépenses. *Plus de 300 millions d'euros, soit l'équivalent de cinquante chars Leclerc, soit plus que l'enveloppe exceptionnelle accordée aux gendarmes en colère, soit l'équivalent du budget consacré au renouveau des villes, soit un peu plus que le budget consacré à l'Aménagement du territoire.*

Une part non négligeable mais difficile à quantifier de ces intérêts moratoires est par ailleurs liée à l'amateurisme des services du ministère. Pièces incomplètes, justifications insuffisantes, imputations erronées, erreurs de calcul des intérêts moratoires dus, autant d'à-peu-près qui provoquent des incidents de paiement, surtout en fin de mois quand les services comptables sont engorgés du fait de la date limite de réception du 25 imposée aux comptables pour l'établissement des situations mensuelles.

Ce sont surtout les méthodes de gestion des grands programmes d'armement, dont certains en coopération internationale, qui sont systématiquement prises en défaut. A la fin du XIXe siècle, il était déjà apparu que les coûts et les durées de construction des navires de guerre étaient plus importants en France qu'en Grande-Bretagne, parce que la conception des bâtiments y était moins poussée au départ, et que de fréquentes modifications intervenaient en cours de construction. Dans le secteur des armements terrestres, les discussions menées avec l'Allemagne fédérale au début des années 1980 en vue de construire un char en commun ont une nouvelle fois révélé les limites du pragmatisme « à la française ». L'armée a eu les plus grandes difficultés à traiter méthodiquement les phases successives par lesquelles doit passer la réalisation d'un programme d'armement (faisabilité, définition, développement, industrialisation, production), ce qui suppose un compromis clair entre les attentes et les moyens.

Examinées systématiquement par la Cour des comptes,

les conditions d'exécution des programmes d'armement révèlent que ceux-ci ont été lancés sans préparation suffisante, certains ayant été décidés malgré l'imprécision des coûts globaux réels ou même une incertitude sur la dimension de la « cible » (nombre de matériels prévus). C'est le cas, par exemple, du choix d'un mode de propulsion nucléaire pour le porte-avions appelé à remplacer le *Clemenceau* ou de la décision de construire un Rafale biplace, alors qu'au départ le monoplace avait été jugé suffisant, tant par l'armée de l'air que par la Marine.

Ainsi, une grande partie des carences de notre système de défense sont moins liées aux réductions de crédits qu'aux gaspillages provoqués par l'impréparation des programmes. Des gaspillages estimés par la Cour des comptes à 29 milliards de francs de 2001, soit près de 4,5 milliards d'euros, l'équivalent du budget de la Justice. 760 millions d'euros au moins, soit une augmentation de 14,5 % pour les avions Rafale, 290 millions, soit une augmentation de 16 % pour le porte-avions *Charles-de-Gaulle*, 150 millions pour la torpille Murène... Exemplaire à ce titre est le canon de 155 mm tracté. Absence de maîtrise d'œuvre industrielle unique, modification de la « cible » passée de 200 à 105 unités, manque de rigueur dans l'enchaînement des différentes phases, formulation insuffisante du besoin opérationnel. Le résultat est facile à imaginer : le matériel est sorti sept ans après la date prévue, pour un prix multiplié par 2,5. Ainsi, pour un nombre de canons moitié moindre qu'il n'en était prévu à l'origine, le coût final a été inférieur de 10 % seulement à l'estimation initiale.

Un État « bien mal armé »

Dans un nouveau rapport au président de la République présenté en octobre 2001, la Cour dénonce par ailleurs les dérives et les gaspillages des industries d'armement de l'État qui occupaient encore, en 2000, 31 500 personnes pour un « chiffre d'affaires » global de 3,3 milliards d'euros. Une situation sans équivalent en Europe et qui est l'héritage d'une époque où l'État pensait être le seul à pouvoir équiper ses armées en matériels, armes et munitions. Notant sans jeu de mots que l'État est aujourd'hui bien « mal armé pour exercer en son sein des activités de nature industrielle », la Cour souligne l'urgence à moderniser la gestion de cet outil pour lequel « il n'y a aucune fatalité à ce qu'il accumule des pertes et se révèle non compétitif ». Dans la ligne de mire des magistrats, la SNPE (Société Nationale des Poudres et des Explosifs), la SMA (Service de la Maintenance Aéronautique), la DCN (Direction des Constructions Navales) et GIAT industries (Groupement Industriel de l'Armement Terrestre). Particulièrement visée, cette dernière entreprise aura coûté à l'État-actionnaire, c'est-à-dire au contribuable, 3,66 milliards d'euros depuis 1991 — *366 millions par an en moyenne, l'équivalent annuel du budget consacré à la Ville, soit encore 2 400 années de travail pour un salarié payé au SMIC*. Sur ce total, on peut considérer que près de 2 milliards d'euros sont la conséquence de décisions malheureuses, imputables à la société ou à ses tutelles qui les ont laissé s'exécuter.

Au cœur du gaspillage, le char lourd de combat Leclerc pourrait illustrer à lui seul les inconséquences de l'État régalien et des entreprises qu'il a prétention à diriger. Cet actuel fleuron de l'armée française a été conçu en 1982 quand, dans le contexte de la guerre froide, il s'agissait d'arrêter pendant un temps suffisant la progression d'un adversaire (l'Union soviétique et ses satellites) très supérieur en nombre. C'est ainsi que le Leclerc a été doté de capacités élevées de mobilité, de puissance de feu, de navigation et de communication.

Les missions maintenant dévolues à l'armée de terre ont été bouleversées par la chute du mur de Berlin et l'effondrement de l'Union soviétique. L'armée de terre a toutefois considéré que la possession d'un matériel de haute performance était toujours essentielle dans l'équilibre stratégique en Europe et dans la place qu'elle pouvait se voir confier au sein de la coalition atlantique. Pour ces raisons et surtout parce que, au début des années 1990, le programme était déjà fortement engagé et qu'il était fondamental pour la survie de GIAT industries nouvellement créé, les performances demandées à l'origine ont été maintenues, le parc initialement envisagé de 1 500 chars ayant été toutefois réduit à 406.

En 1982, le programme avait fixé un double objectif : livraison du premier char de série en 1991, au prix moyen de 2,3 millions d'euros. Ni l'un ni l'autre de ces objectifs n'a pu être atteint. Le souci de respecter à marche forcée la date de livraison a conduit les responsables à lancer successivement l'industrialisation, puis la série, alors même que la mise au point des prototypes n'était qu'entamée. Il a été ensuite nécessaire de découper la série en tranches annuelles, de définitions techniques toutes différentes, sept au total. Enfin, GIAT industries a trop longtemps sous-estimé l'importance du contrôle de qualité. Le flot permanent d'évolutions techniques décidées au cours de ces trop longues années a été un facteur aggravant. *Dès lors, le coût unitaire complet de chacun des 406 chars effectivement commandés s'est élevé à 15,9 millions d'euros, près de sept fois le montant du devis initial.* Mis en service pour la première fois au Kosovo en juin 1999, « les Leclerc ont donné en l'état toute satisfaction sur ce théâtre d'opérations », indiquait le ministère de la Défense. Il n'aurait plus manqué que cela !

Le pompon, toutefois, sera attribué à la Direction des Constructions Navales (DCN), héritière des arsenaux de la Marine qui, en 2000, a réalisé un chiffre d'affaires hors taxes de 1,43 milliard d'euros réparti entre 53 % dans les constructions neuves, 32 % dans les réparations et 15 % dans les systèmes de combat et les équipements. Au total, la DCN employait à la fin de l'année 2000 15 095 agents, essentiellement à Brest (4 400 personnes), Toulon (2 300 personnes) Cherbourg (3 650 personnes), mais aussi à Ruelle, près d'Angoulême, à Indret, près de Nantes, à Saint-Tropez et Papeete. Les principaux programmes concernent les sous-marins nucléaires classiques pour la seule exportation, le porte-avions nucléaire et différents navires de surface.

Là encore, quand il s'agit d'évaluer les performances de l'État-entrepreneur, les pratiques de gestion se révèlent lourdement défaillantes. Ainsi, la quasi-totalité des dépenses de la DCN échappent au contrôle financier. Sans parler des frais de mission à l'étranger qui ne figurent même pas dans les comptes de l'État. La DCN n'enregistre pas la diminution des budgets affectés aux constructions navales depuis 1994. Elle les compense par... de forts dépassements d'autorisations budgétaires. A la fin 1997, ces dépassements s'élevaient à 300 millions d'euros. A la fin 1998, ils dépassaient encore de 150 millions d'euros, soit près de 10 % du budget. Ces dépassements ont une contrepartie : les retards de paiement aux fournisseurs, 150 millions d'euros fin 1997, dont 15 millions au fisc, qui ont entraîné pour 11 millions d'intérêts moratoires. L'établissement de Lorient a ainsi construit le quart d'une frégate de type La Fayette en dépassement budgétaire.

Des usages encore plus contestables ont été relevés. Ainsi, les pertes financières sur certains programmes de diversification lancés à l'initiative des établissements, comme la vente de portes d'écluse par l'établissement de Lorient, ont été en partie imputées sur des comptes d'attente permettant de « mélanger » les dépenses entre les différents programmes, y compris ceux non autorisés, pour dissimuler les pertes. Ces utilisations pour le moins douteuses ont fini quand même par émouvoir la hiérarchie. En décembre 1995, le directeur de la DCN écrivait à ses directeurs d'établissement : « *A l'examen, il s'avère que [ces comptes] ont donné lieu à des dérives depuis plusieurs années. En effet, [ces comptes] ne sont qu'une facilité de gestion qui ne doit pas être assimilée à une oasis comptable [sic].* »

Absence d'inventaire correctement tenu et périodiquement vérifié, insuffisance des provisions au mépris du principe élémentaire de prudence, absence de prise en compte de la totalité des dettes fournisseurs ou fiscales (la DCN Brest a oublié en 1996 de payer ses impôts locaux), gonflement des frais généraux, erreurs sur les devis, absence d'un système unique d'informatique de gestion, autant de pratiques qui conduiraient n'importe quelle entreprise au dépôt rapide de bilan. Ajoutons-y le fait que la gestion des achats de l'établissement de Toulon, en l'absence complète de contrôles de la hiérarchie, a fait l'objet de deux procès pénaux impliquant près de quatre-vingts personnes, agents publics ou fournisseurs.

Mieux encore, faute d'outil informatique mis à jour, la gestion des stocks n'est plus assurée à la DCN Toulon depuis fin 1994. Les réapprovisionnements sont réalisés empiriquement à la demande, de plus en plus souvent en urgence. Une des façons de mesurer l'efficacité d'un service est d'évaluer le rapport entre le nombre de pièces ou d'appareils satisfaits immédiatement et le nombre de demandes émises. *On passe d'un matériel indisponible dans un cas sur 10 avant 1996 à un cas sur 3 en 1999 !* En 2001, le chef d'état-major de la Marine estimait ainsi que les pertes de disponibilité opérationnelle des bâtiments de la Marine étaient dus, dans 35 % des cas, à un manque de pièces de rechange. *Fort heureusement, la France n'est pas en guerre...*

Autant de gabegies qui ont manifestement épouvanté les magistrats de la Cour des comptes. Ils ont, de surcroît, retrouvé une habitude chère aux entreprises du secteur public : les sureffectifs. Par exemple, l'atelier de production de torpilles de Saint-Tropez, qui emploie environ quatre-vingts personnes, est resté sans production pendant près de dix ans. A Toulon, le surcoût dû à l'absentéisme pour cause médicale par rapport aux établissements bretons représente à lui seul l'équivalent de soixante-dix emplois. Certaines machines lourdes, jugées indispensables et qui possèdent leurs équipes d'exploitation et d'entretien, sont, à Ruelle comme à Indret, employées moins d'un mois par an. A Indret, la DCN s'est dotée il y a dix ans d'une machine à souder les hélices en titane. Mais la Marine et la DCA ont opté, tant pour les sous-marins que pour le porte-avions, pour des hélices en cupro-aluminium. Comme la DCN n'a pas la capacité de produire ce type d'hélices, elle en a sous-traité la fabrication à un industriel, ce qui a été à l'origine des difficultés rencontrées dans la mise au point des hélices du *Charles-de-Gaulle*, tout en conservant et entretenant la machine d'Indret. Selon l'état-major de la Marine, moins d'un bâtiment de surface sur deux est disponible. On se demande alors si le goût de l'autodérision a poussé la Royale à baptiser *Charles-de-Gaulle* son vaisseau amiral. Mieux aurait valu le nommer l'*Albert-Lebrun* ou le *René-Coty*.

Un État bien mal « représenté »

3,3 milliards d'euros en 2002, 4,2 milliards en 2004 — soit une baisse relative d'un tiers en dix ans —, voilà ce dont disposent les Affaires étrangères. On rappellera que ce budget est censé « promouvoir le rayonnement de la France et de la francophonie, favoriser le développement et renforcer la coopération technique et accompagner et soutenir les Français de l'étranger ». A certains égards, il en va de la diplomatie comme de l'armée.

« Un malaise mêlé de révolte » : c'est ainsi que le député Yves Dauge, dans le rapport sur les centres culturels français à l'étranger présenté en avril 2001 à la commission des affaires étrangères de l'Assemblée nationale, a décrit l'état d'esprit de ceux qui sont supposés représenter à l'étranger « la mère des arts et la patrie des Droits de l'homme » et satisfaire ce « désir de France » qui reste encore vivace dans bien des parties du monde. Malaise d'autant plus regrettable, écrit le rapporteur, qu'il touche non pas une technocratie hostile au changement mais « des hommes et des femmes d'un dynamisme sans pareil... ressentant durement leur isolement et leur paupérisation sous une tutelle parfois futile, souvent décalée et tatillonne, et se désespérant de voir la France gaspiller ses atouts ».

« Gaspiller », une nouvelle fois, le mot est lâché. Car faute de dépenser plus, ce qui serait fort possible en réaffectant à la présence française les déficits annuels du GIAT (2,4 fois les sommes allouées chaque année par le ministère des Affaires étrangères aux centres culturels et Alliances conventionnées), on pourrait dépenser plus « malin ». Un autre rapport de l'Institut des hautes études de Défense nationale sur « La compétitivité des réseaux diplomatiques » (mai 2000) en soulignait l'enjeu. En réalité, il n'est plus aujourd'hui suffisant de se targuer, comme le faisait Hubert Védrine, ministre des Affaires étrangères, de posséder le deuxième réseau diplomatique et consulaire au monde après celui des États-Unis, avec 151 ambassades, 17 missions multilatérales et 105 postes consulaires et assimilés. Il n'est même plus adéquat de mesurer l'influence dans les affaires internationales à l'aune de ce seul critère. Avec un réseau pratiquement inférieur de moitié, le

Royaume-Uni fait au moins aussi bien parce qu'il se préoccupe plutôt de la croissance réelle des moyens d'intervention que du fonctionnement.

En fait, le réseau diplomatique qui s'était construit au temps où étaient privilégiées les relations d'État à État montre aujourd'hui les limites de son action au fur et à mesure que s'affirme le poids grandissant des acteurs non étatiques sur la scène internationale. Le ambassadeurs, qui étaient autrefois chargés d'exprimer la position officielle de leur pays sur les grandes questions internationales et de gérer les crises ont vu leur rôle s'affaiblir, la fonction de négociation s'étant largement déplacée des relations bilatérales vers la sphère multilatérale. Un nombre croissant de sujets sont désormais débattus dans des enceintes internationales, qu'elles soient mondiales ou régionales, et touchent des domaines sur lesquels les diplomates « classiques » à la formation initiale limitée n'ont plus guère leur mot à dire. D'autre part, la rapidité de la communication et des échanges favorise la relation directe entre chefs d'État qui multiplient les contacts personnels sans l'intermédiaire des diplomates, sans même parfois que ces derniers en soient préalablement informés.

En réalité, les résultats enregistrés par notre réseau diplomatique paraissent fort modestes au vu des ambitions affichées. En 1994, un Comité Interministériel pour les Moyens de l'État à l'Étranger (CIMEE) avait bien été créé pour « élaborer la politique gouvernementale concernant les moyens de l'État à l'étranger » et pour moderniser notre réseau diplomatique. Mais il ne s'est plus réuni depuis le mois de juillet 1997 : « Ce qui nous a frappé, écrit Yves Dauge, c'est l'absence de coordination et de pilotage du réseau. Il n'existe aucun document définissant ou hiérarchisant les objectifs géographiques, thématiques, politiques, artistiques, assignés au réseau... Qui peut dire en quoi consiste aujourd'hui notre politique culturelle en Allemagne ou en Afrique ? »

Ensuite, la carte des implantations diplomatiques s'adapte trop lentement à l'évolution des priorités. Le réseau français reste très largement concentré sur l'Afrique et le Moyen-Orient, et l'on peut s'interroger sur l'intérêt de maintenir à un niveau élevé nos effectifs dans la plupart des pays européens. Alors que la présence en Amérique latine et en Asie apparaît comme une priorité, on ne compte que 92 personnes en Chine et 94 au Brésil contre 432 en Allemagne, 237 au Maroc, 177 en Italie et 135 en Tunisie.

Dans l'Union européenne, il semblerait logique que l'émergence d'un espace politique et économique unifié tout comme les contacts permanents établis directement entre gouvernements des pays membres rendent moins nécessaire que par le passé la présence de réseaux diplomatiques étoffés. Or les moyens déployés chez nos 14 partenaires représentent encore plus de 22 % des effectifs des services de l'État à l'étranger et n'ont pas subi de réductions spectaculaires. L'Allemagne demeure ainsi le premier pays d'implantation diplomatique alors que les relations étroites et directes avec ce pays justifient de moins en moins une aussi forte représentation.

Reste enfin à développer une politique d'évaluation, un mot qui demeure encore largement étranger à la culture de l'administration française. Personnalisation des prestations facturées aux entreprises, taux de satisfaction des usagers, documentation fournie sur Internet et volume des consultations, nombre de rapports produits sur les questions d'accès aux marchés, autant de critères susceptibles d'analyser le rapport coût/bénéfice de notre réseau diplomatique. Au Royaume-Uni, ouvertures et fermetures de postes sont avant tout examinées en termes de rentabilité économique, et le Parlement, la presse comme le public ne se privent pas pour rappeler à l'ordre le Foreign Office et exiger toujours plus d'efficacité. Au Royaume-Uni aussi, chaque diplomate est évalué annuellement selon un certain nombre de critères, et cette évaluation conditionne pour partie l'évolution de sa rémunération. On en est loin chez nous, ce qui explique « que la compétence du Quai puisse être contestée, y compris dans son cœur de métier, par d'autres ministères, dès lors qu'il agit comme si la profession diplomatique n'exigeait ni formation initiale spécialisée ni formation continue, écrit François Heisbourg dans *Notre État* [1]. Les diplomates, comme le vin, sont supposés de bonifier avec l'âge ».

Trois ans après

En 2004, au moment où le gouvernement s'apprêtait à octroyer une nouvelle dotation à GIAT industries — 300 millions d'euros — en exigeant en contrepartie de nouvelles restructurations, un rapport d'information parlementaire dressait un tableau catastrophique de la gestion de cette entreprise et « des lourdes responsabilités de l'État » dans celle-ci. Les recapitalisations successives, dont le total atteint 3,1 milliards d'euros « représentent la moitié des dotations versées à ce jour au Crédit Lyonnais, souvent cité comme l'exemple type de la gestion erratique des entreprises publiques », écrivaient les deux rapporteurs, Yves Fromion et Jean Diébold.

Depuis 1991, tous les exercices budgétaires ont été déficitaires et le total des pertes accumulées représente 4 milliards d'euros. Dont au moins 2 milliards liés aux « conséquences financières des lourdes erreurs du groupe » : acquisitions calamiteuses comme celle de l'entreprise

1. Roger Fauroux et Bernard Spitz (dir.), *Notre État, op. cit.*

belge d'armement Herstal (300 millions d'euros de pertes), le contrat de 390 chars Leclerc aux Émirats arabes réunis (1,3 milliard d'euros de pertes). Autant d'errements qui s'expliquent aussi par l'immobilisme d'une pensée militaire toujours fondée sur la dissuasion et le tout-nucléaire alors que le péril est aujourd'hui totalement terroriste et qu'on pourrait permettre à la France d'être mieux protégée à moindre coût. Comme l'écrit le général Étienne Copel, vice-président du Haut Comité français pour la défense civile, « l'achat annoncé de trois cents avions Rafale s'avère un choix totalement aberrant... Le Rafale n'apportera pas d'avantage décisif. C'est un avion de chasse fait pour intercepter des avions ennemis. Son armement le rend peu aérodynamique. Il n'est pas destiné au bombardement à long rayon d'action et n'est pas non plus furtif, c'est-à-dire invisible au radar. Un choix judicieux aurait consisté, comme l'ont fait les Anglais, à réduire le nombre de nos avions de guerre et à développer un avion furtif à long rayon d'action. Le raisonnement vaut aussi pour les 440 chars Leclerc. Nous possédons trois fois plus de blindés que les Anglais, qui, eux, se contentent de 236 Challenger... Aujourd'hui, face au terrorisme, s'inspirer de tels schémas revient à vouloir écraser une mouche avec un marteau-pilon... Aujourd'hui comme hier, qu'il s'agisse de la débâcle de 1940 ou des contingents de poilus sacrifiés en pure perte sous le feu des mitrailleuses allemandes, être en retard d'une guerre revient ni plus ni moins à assassiner. Face au terrorisme islamique, la priorité, c'est de protéger les populations. Or le coût de toutes les mesures urgentes est inférieur au prix d'un seul avion Rafale. »

C'est rappeler que le livre blanc sur la Défense qui a servi de base aux réformes de 1996 a été écrit en 1994 à une époque où les esprits étaient toujours marqués par les postulats de la guerre froide et à un moment où l'efficacité des armées se mesurait toujours en nombre de soldats, d'avions, de chars et de canons, comme se mesurait en nombre d'enseignants et de milliards d'euros l'efficacité du système éducatif. C'est rappeler que la diplomatie et la défense de la France restent marquées par la décision stratégique prise après la débâche de Suez en 1956 de ne plus devoir dépendre des États-Unis alors que la plupart des opérations militaires françaises menées depuis la chute du mur de Berlin ont été conduites en coalition (Golfe, Bosnie, Kosovo, Afghanistan). Une sanctuarisation du « modèle » français de défense qui se chiffre en milliards d'euros inutilement gaspillés.

Reste toutefois à annoncer une bonne nouvelle : après plus de six mois de consultations et d'arbitrages délicats, la carte de la police et de la gendarmerie, dessinée en 1941 sous Vichy, a été modifiée en 2003 à l'initiative de Nicolas Sarkozy. 40 commissariats ont fermé, 240 unités de gendarmerie ont disparu, une centaine d'autres ont été créées. Mettant fin à soixante-deux ans de *statu quo*, le ministre de l'Intérieur a mené à terme le redéploiement dont l'urgence était criante tant la carte de... 1941 ne tenait pas compte de la désertification de certaines zones rurales et de l'urbanisation intense des communes proches des grandes villes. Une réforme annoncée par le gouvernement de Lionel Jospin mais qui avait échoué face à la colère des élus et des syndicats policiers. Pour la faire passer, il suffisait en fait de le vouloir, de l'expliquer aux élus et de proposer des mesures financières d'accompagnement aux fonctionnaires qui en redoutaient les conséquences. Une méthode qui apparaît bien « révolutionnaire ».

7

Les gaspillages de l'État-employeur

Le service de l'État donne parfois lieu à quelques cas de schizophrénie chez certains de ses plus hauts commis. C'est en tout cas ce que suggère la lecture du « livre-vérité de la fonction publique », *Notre État,* qui décrit, sous la plume d'une vingtaine de hauts fonctionnaires sortis de leur réserve, la « panne de l'État ». Dès les premières lignes d'introduction, Roger Fauroux, ancien ministre de Michel Rocard, fustige celle à laquelle il a consacré la majeure partie de sa vie professionnelle : « Il faut expliquer pourquoi la fonction publique, dotée d'équipes si méritantes, reste un tel bloc d'improductivité. Visiblement, ce n'est pas une affaire de personnes mais d'organisation. Celle-ci n'a intégré aucune des conquêtes des systèmes modernes, la déconcentration des responsables, le fonctionnement en réseau, la transparence, l'émulation interne, la primauté donnée à l'innovation, la rapidité de la transmission des informations, la curiosité vis-à-vis de l'extérieur. » Est-ce son passage à la présidence de Saint-Gobain qui conduit Roger Fauroux à faire aussi explicitement référence aux « valeurs » du privé pour souhaiter la régénérescence du public ? Toujours est-il qu'il poursuit, toujours dans la même veine : « Notre machine bureaucratique est tout le contraire de cela, elle est restée taylorienne, opaque, hiérarchique, aveugle vis-à-vis de l'extérieur, elle produit des règlements comme les usines Ford fabriquaient des automobiles il y a un siècle, avec le même contentement de soi et le même sentiment d'invulnérabilité. » Inertie et apathie : telles seraient les deux sœurs jumelles de la fonction publique.

Dans un constat non moins sévères, Jacques Julliard souligne le fossé qui se creuserait entre le peuple et les « décideurs » au point d'éclipser la « lutte des classes » dans la conscience collective. Il est vrai que si le grand patron conserve une place honorable au palmarès des mal-aimés, le haut fonctionnaire et l'homme politique le déclassent désormais. « On attend en général des couches dirigeantes d'un pays une double action : l'efficacité pratique et l'exemplarité morale. Or, c'est d'une double défaillance qu'il faut prendre acte dans le cas de la France : une efficacité proche de zéro et une moralité en dessous de zéro. » Le désamour du peuple ne ferait que sanctionner l'indigence de ses élites.

Un « bloc d'improductivité » soumis à des « élites défaillantes et moralement douteuses » : dans la bouche d'Ernest-Antoine Seillière, ces propos déverseraient une foule mécontente entre Bastille et République. Sous la plume de représentants de cette élite proche du pouvoir, ces mots ont une force singulière. Surtout, ils décrivent avec gravité la crise de confiance où sombre notre pays. Longtemps fiers de leur administration, les Français ne semblent plus voir que ses dysfonctionnements et ses gaspillages. Roger Fauroux, encore lui, s'inquiète de ce que la France « continue à tolérer que la nation traîne son administration comme un boulet ». Alors même que la mission de la puissance publique est d'assurer la cohésion du tissu social, son incapacité et la défiance qui l'entoure la mettent au contraire en péril. Tel est le paradoxe d'une fonction publique qui, de l'énarque à la guichetière de la Poste en passant par l'enseignant en ZEP, se dévoue plutôt bien à la « chose commune », c'est-à-dire à la « République », dans l'hostilité générale.

Le premier employeur de France

Le plus grand des patrons français ne fume pas le cigare, ne déjeune pas à la table du patron de Total et regarde même sans doute avec commisération les chiffres que ce dernier est capable d'aligner. Non, le premier employeur national ne joue vraiment pas dans la même catégorie : s'il compte (rarement nous le verrons), c'est une fois encore en dizaine de milliards (d'euros) ou en millions (d'employés).

L'addition est longue si l'on prend garde de n'oublier personne : avec 2,2 millions d'agents civils de l'État, 1,2 million d'agents dans la fonction publique territoriale, 1,5 million dans les établissements publics administratifs et 800 000 dans les Établissements publics industriels et commerciaux (EPIC), l'Observatoire de l'emploi public arrive, dans son rapport 2003, à un total de 5,7 millions de fonctionnaires ou assimilés. Pour prendre la mesure des choses, c'est l'équivalent des effectifs employés par les 35 plus grosses entreprises du monde qui, à elles seules, réalisent plus de 3 800 milliards d'euros de chiffre d'affaires, environ cinq fois le montant des dépenses publiques françaises. Si on ajoute les retraités aux actifs, le secteur public en France représente aujourd'hui environ 10 millions et demi de personnes, un nombre qui rend toute réforme pour le moins délicate.

A l'exception des pays scandinaves qui nous devancent de très peu, personne ne peut prétendre rivaliser. Selon les statistiques établies par l'OCDE *un actif français sur*

4 appartient au secteur public, contre 1 sur 6 ou 7 partout ailleurs.

La France dispose de 10 fonctionnaires pour 100 habitants lorsque la moyenne européenne se situe autour de 6. *Un « surcoût » de 2,5 millions d'agents, soit environ, 80 milliards d'euros* (si l'on estime à un peu plus de 30 000 euros le coût moyen annuel d'un emploi budgétaire). Cette « surpopulation » vaut d'ailleurs aussi pour nos parlementaires — qui nous coûtent certes moins cher : alors que la France compte 1 député pour 65 000 habitants, le rapport est de 1 pour 110 000 en Allemagne.

Part de l'emploi public au sein de l'emploi total en 1998 (en %)

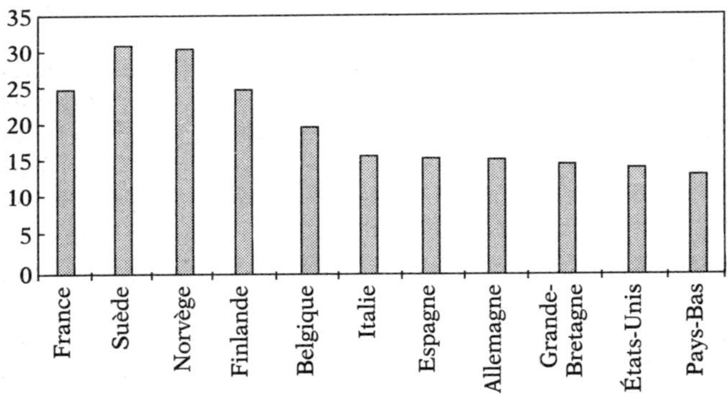

Source : OCDE.

Autre exception française remarquée : il semble que, dans notre pays, l'emploi public n'ait de public que le nom. L'affaire, désormais connue, a fait grand bruit lorsque la Cour des comptes a publié la première partie de son fameux rapport sur la *Fonction publique de l'État* en décembre 1999. A de nombreuses reprises, comme le résume de manière lapidaire l'introduction, la Cour a « relevé des insuffisances et des irrégularités dans la gestion des emplois budgétaires et des crédits de rémunérations principales du fait de la défaillance des systèmes d'information et de prévision et de l'inadaptation des procédures de contrôle ». Sans aucune précaution sémantique, la froideur administrative donnant plus de poids encore au propos, le rapport assène cette désagréable vérité : « Cette gestion est de surcroît opaque : les documents budgétaires et comptables ne permettent pas de prendre une vue exacte et précise des effectifs employés dans les services de l'État ni du montant et de la structure des rémunérations qui leur sont allouées. La Cour poursuit donc d'abord un objectif de transparence : ses investigations portent en première ligne sur la connaissance des effectifs réellement à la disposition des services et sur l'examen des rémunérations principales et accessoires. »

En marge de la publication de ce document officiel, Pierre Joxe, premier président de la Cour des comptes, enfonçait le clou dans les colonnes du *Monde* : « Ce qui prévaut actuellement dans la fonction publique française, c'est la diversité, l'opacité, la complexité, la distorsion permanente entre les textes et la pratique. Ce sentiment, je l'ai rencontré à la tête de plusieurs administrations civiles ou militaires : police, gendarmerie, sécurité civile, armée, préfecture... » A l'époque, les magistrats de la Cour, perdus dans cet épais brouillard, estimaient que *le nombre de fonctionnaires recencés était fiable à... 300 000 près. Une variable d'ajustement d'environ 10 milliards d'euros*.

Une situation quasi surréaliste qui donna naissance en 2000 à un Observatoire de l'emploi public. Le premier rapport publié par cette nouvelle instance, qui s'est fixé pour but de faire de la transparence des effectifs une « exigence démocratique », s'en tient à la seule fonction publique d'État, laissant de côté les deux tiers des personnels concernés. C'est donc à juste titre que Michel Sapin, dans la préface audit document, soulignait que

« l'effort réalisé... nous donne une vision plus juste, quoique encore incomplète, de l'emploi public ». Gageons que les âmes éprises de rigueur auront à s'armer de patience avant de voir publiés des tableaux de bord précis et fiables. Cette « exigence démocratique », comme disait cet ancien ministre, d'autres s'y sont soumis sans contrainte. Il s'agit seulement d'une question de volonté.

Quand la hausse du budget général profite surtout aux fonctionnaires

Pour s'en convaincre, il suffit d'ausculter le projet de loi de finances pour 2005 : les charges de personnel de l'État, qu'il s'agisse des rémunérations, des charges sociales ou des pensions, représentent *135,8 milliards d'euros, soit 48 % des dépenses du budget général.*

Une situation que la Cour des comptes dénonce dans chacun de ses rapports sur l'exécution des lois de finances : « La part des dépenses de personnel et des dépenses obligatoires dans le budget de l'État n'a cessé d'augmenter au cours des derniers exercices. La rigidité du budget s'en trouve accentuée et les efforts de réduction des dépenses seront à l'avenir plus difficiles. » Précisons que cette rigidité tient par ailleurs à une extrême concentration de la dépense puisque les cinq plus grands ministères représentent 90 % de l'ensemble des charges salariales de la fonction publique d'État. En affinant, on peut même observer qu'à eux seuls l'enseignement scolaire et l'enseignement supérieur absorbent plus de 50 % du total avec environ 1 200 000 agents. On en viendrait presque à considérer que les suivants sur la liste font pâle figure : fin 2004, le ministère de l'Économie et des Finances ne pesait « que » 177 000 agents, légèrement plus que le ministère de l'Intérieur

(172 000 personnes) mais près de deux fois les effectifs du ministère de l'Équipement (100 000 postes). N'en déplaise aux pourfendeurs du libéralisme, si le « socialisme à visage humain » se regardait dans un miroir, peut-être y verrait-il quelque chose qui ressemble à la France...

Voilà pour les grandes masses. Mais l'affaire ne s'arrête pas là puisque, de manière presque mathématique, dans la fonction publique la hausse nourrit la hausse. C'est sans doute son seul point commun avec la Bourse. En effet, le vieillissement des fonctionnaires et la progression de leur carrière selon l'ancienneté se conjuguent pour entretenir une spirale dépensière. Au-delà de ces automatismes, l'emballement de la machine est conforté par la revalorisation constante du point indiciaire (qui pour chaque agent détermine la rémunération de base). Si l'on garde à l'esprit que 40 % de ces agents prendront leur retraite avant 2010, il est facile d'en déduire que près de la moitié d'entre eux ont entre 50 et 60 ans et donc que, en vertu de ce qui précède, l'indice moyen est aujourd'hui relativement élevé et le « fonctionnaire moyen » relativement coûteux.

Tout cela cumulé aboutit au fait que la progression des dépenses générales depuis 1997 s'explique à 70 % par l'augmentation des dépenses de la fonction publique, faisant ainsi passer leur part dans le budget général de 40,7 à 48 % en huit ans.

Encore une fois, il ne s'agit pas ici de dénoncer l'augmentation pour l'augmentation. Mais, lorsque nombre de missions publiques ne sont pas assurées de manière satisfaisante, n'est-il pas choquant d'observer que l'essentiel des moyens dégagés soit encore une fois destiné à l'amélioration du traitement des personnels ? Faut-il toujours qu'entre l'usager et le fonctionnaire le second soit si mal loti pour se trouver systématiquement favorisé ?

Le fonctionnaire, une espèce en voie de prolifération

Pire, contrairement à la Bourse, cette fois, les arbres montent ici jusqu'au ciel. Pas uniquement parce que, comme nous venons de le souligner, les fonctionnaires vieillissent et à ce titre coûtent de plus en plus cher. Mais plus encore parce que leur nombre continue d'augmenter en dépit des bonnes intentions affichées par Lionel Jospin à son arrivée à Matignon. Reconnaissons à ce dernier le mérite d'avoir tenté de sortir de ce cercle vicieux et d'y être même provisoirement parvenu, les créations d'emplois budgétaires ayant été officiellement gelées entre 1997 et 2000.

C'est en tout cas sous cet angle que les statistiques publiques ont tenté de présenter la réalité. Dans un souci de bonne gestion, il s'agissait de procéder par redéploiement afin de pourvoir les champs jugés prioritaires, comme la justice et la sécurité, au détriment notamment de l'administration fiscale et de l'équipement.

Création d'emplois budgétaires de 1998 à 2002

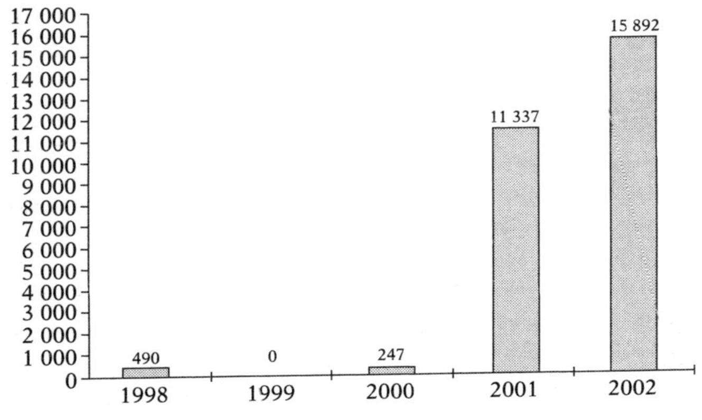

Face à la fronde syndicale, le gouvernement a officiellement tenu bon pendant trois ans avant de lâcher brutalement du lest, perdant en un temps record le bénéfice du *statu quo* antérieur. Le mouvement est en effet reparti de plus belle dès 2001, avec 11 337 créations d'emplois, pour s'accélérer ensuite, le projet de loi de finances pour 2002 prévoyant l'ouverture de 15 892 postes supplémentaires... Sans bénéfice pour Lionel Jospin, on l'a assez mesuré...

Comme d'habitude, le principal bénéficiaire de cette manne a été l'Éducation nationale qui, en deux ans, s'est trouvée autorisée à recruter près de 15 000 nouveaux agents. Comment justifier un tel « cadeau » lorsqu'on sait que le nombre d'élèves et d'étudiants diminue depuis plusieurs années et que cette décrue se poursuivra ? Émettons sans originalité une hypothèse plausible : peut-être le Premier ministre a-t-il été poussé par un sentiment de culpabilité à l'égard d'un corps enseignant que les coups de boutoir de son précédent ministre de l'Éducation avaient crispé au point même que la gauche risquait de perdre cette traditionnelle réserve électorale ?

Ce choix n'en est pas moins très révélateur d'un travers dommageable qui pousse à *préférer la consommation à l'investissement, les facilités du présent aux impératifs de l'avenir*. L'embauche de ces 15 900 fonctionnaires, rien que pour l'année 2002, a représenté une dépense nouvelle d'environ 500 millions d'euros. Autrement utilisée, cette somme aurait permis par exemple de financer en une seule année l'ouverture de 200 crèches, dans un pays qui en manque cruellement. A la création de 10 000 berceaux, on a donc préféré celle de 15 000 emplois publics. Sans être excessivement pessimiste, on peut douter que ce choix se traduise par une véritable amélioration de la qualité du service public rendu dans les secteurs favorisés par ces embauches.

Ces largesses ne sont pas nouvelles. Elles ont même une longue histoire. Rappelons d'abord pour l'anecdote qu'en 1914 la France comptait proportionnellement dix fois moins de fonctionnaires, c'est-à-dire 1 pour 100 habitants environ. Mais, sans remonter aussi loin, il est significatif de mesurer l'évolution des effectifs sur les vingt dernières années. Si l'on s'en tient aux trois fonctions publiques (d'État, territoriale et hospitalière), l'emploi s'est accru de 22 % entre 1980 et 2000, ce qui représente 915 000 agents supplémentaires (soit une moyenne de 45 000 par an, soit environ 1,5 milliard d'euros par an, près du double des sommes consacrées à préserver l'environnement, à prévoir la pollution et à protéger les milieux naturels). En 1969, on comptait 5,4 actifs dans le privé pour un fonctionnaire ; aujourd'hui, on en compte 3,3. Cette croissance a surtout profité aux collectivités territoriales (+ 40 %) alors qu'elle a été relativement contenue dans la fonction publique d'État. Toutefois dans ce dernier cas, compte tenu des transferts de compétences prévus par les lois de décentralisation, cette hausse, aussi modérée soit-elle (+ 13 %), ne peut que susciter quelque interrogation. Comment en effet l'État, voyant ses prérogatives se réduire, a-t-il pu laisser le nombre de ses agents continuer d'augmenter ?

On y verra une des fameuses lois de corrélation dont notre pays a le secret. Sinon, *comment expliquer par exemple que le nombre de fonctionnaires employés par le ministère de l'Agriculture ait augmenté de 10 % alors que, depuis 1985, le nombre de ses administrés diminuait d'un tiers ? Idem* pour le secrétariat d'État aux Anciens Combattants : les « gueules cassées » de 1914-1918 se comptent sur les doigts de la main, les pensionnés de 1939-1945 se font également de moins en moins nombreux, et pourtant les 450 000 invalides de guerre aujourd'hui recensés mobilisent des effectifs pléthoriques, évalués à 2 500 agents (et même 4 000 si l'on ajoute l'Office National des Anciens Combattants, ONAC), que l'État peine à réduire.

Pour prendre la mesure de cette fuite en avant, une simulation élémentaire suffit. Observons celle présentée par la commission des finances du Sénat dans son Rapport général pour 2002 : « En supposant inchangé le rythme moyen des créations d'emplois depuis 1997, la charge supplémentaire d'ici 2005, par rapport à 2001, serait proche de 46 milliards de francs, dont 21 milliards au titre de la progression de la masse salariale et 25 milliards au titre de la progression des pensions. » *Quarante-six milliards en cinq ans (7 milliards d'euros) sans avoir bougé le petit doigt... ou trois mille crèches qui n'ouvriront jamais, ou une fois et demie le budget de la Justice qui manque cruellement de moyens.*

On serait naturellement tenté, à la recherche de solutions et d'idées neuves, de jeter un coup d'œil au-delà de nos frontières pour voir quelle est la couleur de l'herbe. A cet égard, un rapport de la commission des finances du Sénat portant sur « La réforme de l'État à l'étranger » (2001) a de quoi semer le trouble. Selon des motivations très diverses, qu'elles soient idéologiques (comme au Royaume-Uni) ou pragmatiques (comme dans les États sociaux-démocrates du nord de l'Europe), la même politique de diminution des dépenses publiques a été engagée. Et celle-ci passe partout par une modernisation des services publics et la réduction concomitante des effectifs.

Gel fictif et vraie précarité

Il est toutefois pertinent de revenir à l'affirmation de Lionel Jospin prétendant avoir stabilisé de 1998 à 2000 le niveau de l'emploi public. Il semblerait plutôt que, après la prolifération des « emplois fictifs », la gauche gouvernementale se soit illustrée par l'invention du « gel fictif » des emplois publics.

Rappelons simplement la secousse sismique enregistrée lorsque la Cour des comptes a rendu public son rapport précité. Le décompte auquel l'institution était parvenue correspondait peu, et même pas du tout, au nombre d'emplois inscrits au budget. Le « delta », loin d'être symbolique, pesait lourd : *environ cinq cent mille emplois d'écart entre les deux pointages !* Ce qu'un autre haut fonctionnaire, réglant lui aussi ses comptes avec sa « mère nourricière », exprimait sans détour : « Une loi de finances fondée depuis plusieurs années sur l'idéologie du maintien du nombre de fonctionnaires, inchangé d'une année sur l'autre, pour éviter une dérive budgétaire et exercer une pression sur les administrations, est une véritable escroquerie. » En bref, si les effectifs budgétés sont stables, les effectifs réels, eux, ont la bougeotte.

Car il serait singulièrement malhonnête d'oublier subitement les non-titulaires, fort nombreux, de la fonction publique. Contractuels et vacataires en tout genre, ils sont les « bouche-trous » d'un système figé et hypocrite. Tel a été notamment le lot commun des centaines de milliers d'emplois aidés (CES ou emplois-jeunes) : *être une variable d'ajustement qu'on exhibe d'un côté pour témoigner à l'opinion publique qu'on agit contre le chômage mais qu'on dissimule de l'autre pour ne point affoler les tenants de l'orthodoxie budgétaire.*

L'opinion a ainsi pris l'habitude de gloser sur la sécurité de l'emploi dans la fonction publique et les mille petits avantages qui feraient de ses agents les vrais « profiteurs » du système. Sans doute devrait-elle tout autant s'émouvoir de cette précarité qui s'insinue jusque dans les recoins de l'Administration. En dépit de plans de résorption successifs, il subsiste de nombreux emplois non inclus dans le statut général puisque, de l'aveu même du ministère, « les administrations recrutent fréquemment de nouveaux agents non titulaires pour remplacer ceux ayant bénéficié d'une mesure de titularisation ». Tout le monde a ici à l'esprit les vagues successives et alternées de recrutement-titularisation des maîtres-auxiliaires de l'Éducation nationale.

Cette réalité concernait à la fin de l'année 1998 près de 200 000 personnes en contrats à durée déterminée dans la fonction publique d'État. A ceux-là, il convient d'ajouter les quelque 430 000 contractuels en poste dans les différentes collectivités territoriales (ce qui représente 30 % de leur effectif total) et les 26 000 personnels hospitaliers non titulaires. A titre d'illustration, citons la Ville de Paris, sur laquelle l'alternance de 2001 a attiré l'attention. Selon les représentants syndicaux de la maison, au-delà des 44 000 fonctionnaires municipaux, l'administration parisienne établirait en réalité près de 55 000 fiches de paie par mois, le ratio non-titulaire/fonctionnaire se situant autour de 1 pour 4.

Les emplois dit « contractuels » correspondent en réalité à des postes non recencés parmi les corps de la fonction publique. Le CDD ainsi offert court sur une période de trois ans (renouvelable une seule fois jusqu'en 1987) désormais indéfiniment reconductible. Les « vacataires » sont eux encore moins bien lotis : ils servent à affronter des pics d'activité ou à répondre ponctuellement à des besoins non satisfaits. Pour certains de ces « saisonniers » ou « occasionnels », comme l'on dit, l'État se permet de renouveler sans restriction leurs contrats de dix mois en dix mois, créant ainsi des catégories d'intérimaires de très longue durée. Autant dire que la puissance publique, grande donneuse de leçons au Medef, s'autorise sans scrupules ce qu'elle interdit au secteur privé. Peut-on sérieusement imaginer « motiver ses troupes » en les traitant avec si peu de considération ?

Un texte signé en juillet 2000, dans la continuité de « l'accord Perben » conclu en 1996, tente d'apporter une réponse à cette situation hautement critiquable. Un vaste plan de titularisation a été engagé afin de « dé-précariser » la situation des personnels concernés, quelle que soit leur catégorie. Ces régularisations diverses concernent 13 293 emplois rien que pour l'année 2002. *Ajoutées aux nouveaux emplois budgétaires, ces mesures portent donc à 29 185 le nombre de postes créés par le projet de lois de finances de 2002.* Les masses globales ont beau rester constantes, comme s'en justifie le gouvernement, les dépenses induites par le versement futur des pensions correspondantes ne seront, elles, pas fictives.

Ce problème se pose avec une acuité toute particulière en ce qui concerne l'une des mesures phares du gouvernement Jospin : la création des fameux emplois-jeunes. Aujourd'hui présenté dans différents documents budgétaires, l'objectif était de « porter à 360 000 à la fin de 2002 le nombre de jeunes qui auront bénéficié du programme depuis sa création ». Mais l'avenir de ces aides-éducateurs, adjoints de sécurité ou autres médiateurs embauchés de-ci de-là était pour le moins incertain, on l'a vu par la suite.

L'absence de gestion de l'emploi public

Ce recours permanent à une main-d'œuvre précaire et flexible n'est-il pas le meilleur indice d'une carence de la gestion de l'emploi public ? Comment d'ailleurs pourrait-il en être autrement lorsque, comme nous l'avons vu, aucun tableau de bord général n'existe ? « Complexité, diversité, opacité » : il semblerait urgent, avant toute action réformatrice, que l'Administration se sorte de cette piètre trinité et se dote enfin d'indicateurs précis et fiables lui permettant d'établir un inventaire global de ses effectifs, de leur qualification, de leur mobilité fonctionnelle et géographique et de leurs rémunérations... Peut-on d'ailleurs seulement imaginer un patron d'entreprise privée dans pareille situation ? L'absence de progrès en ce domaine, en dépit des bonnes intentions affichées et des efforts entrepris, a de quoi aiguiser l'impatience.

Toujours rien de bien consistant en effet alors même que le Commissariat général au Plan « planche » sur cette question depuis de nombreuses années. En 1994 déjà, dans la foulée d'un rapport alarmiste, pionnier en la matière et au titre on ne peut plus explicite — « Gérer l'emploi public » —, s'était constitué le « Club de l'emploi public ». Créé à l'instigation de Jean-Baptiste de Foucauld, alors commissaire au Plan, et de Marcel Pochard, à l'époque directeur de l'Administration et de la Fonction publique, ce groupe de réflexion réunissait tous les directeurs et sous-directeurs chargés du personnel dans les différentes administrations publiques afin de mettre en œuvre un certain nombre d'innovations. Nicolas Tenzer, chef du service de l'évaluation et de la modernisation de l'État du Commissariat général au Plan, qui, à ce titre, a piloté pendant quelques années cette instance, revenait sur les limites du dispositif lors d'une séance du séminaire sur « L'Administration en mouvement ? » organisée le 19 février 1999 par l'École de Paris du management : « Dans la mesure où les recommandations (formulées) n'ont pas fait l'objet d'une publication officielle, elles n'ont pas abouti à un débat public, notamment avec les organisations syndicales... Deuxièmement, au lieu d'aller vers des propositions formalisées qui auraient impliqué des changements législatifs ou réglementaires, nous sommes restés dans un cadre gestionnaire, où, certes, des progrès sont possibles, mais qui ne peut pas permettre des changements de grande ampleur. » Les rapporteurs de ce club ayant conclu que la modernisation passait de toute évidence par une meilleure gestion prévisionnelle des emplois et des compétences, Nicolas Tenzer faisait rétrospectivement observer que si, « dans une grande structure, les instruments de gestion collective sont assez performants, le suivi de la carrière individuelle des agents est quant à lui difficile à mettre en place ». On se retrouve alors pris dans une sorte de cercle vicieux car « on ne peut pas parler de gestion prévisionnelle collective si l'on n'a pas de vision des carrières individuelles à moyen terme, tant de l'encadrement que du personnel de catégories B et C ». De l'aveu même de ce haut fonctionnaire, et au-delà du constat lucide qu'il tirait de cette expérience, on peut regretter le maigre apport de cet aréopage.

Édifié sur les ruines de ce club, l'Observatoire de l'emploi public prend tranquillement ses marques et la parution en juin 2001 de son premier rapport annuel avait de quoi laisser le lecteur sur sa faim.

Cet aveuglement touche en effet à la caricature lorsque l'on s'attarde un instant sur la non-gestion prévisionnelle des départs en retraite. Répétons-le une fois encore, car, pour le coup, cette occasion est proprement « historique » : les baby-boomers ayant fait leur temps, *le rythme des sorties de la fonction publique tourne désormais autour de 60 000 par an avec comme conséquence d'ici à 2010 le renouvellement de la moitié environ des effectifs*. De nombreux exemples étrangers de réduction de l'emploi public tout comme l'expérience récente de la réforme militaire dans notre pays semblent indiquer qu'une *réduction nette d'environ 15 % des postes (800 000 emplois) est un objectif réalisable*. Une telle mesure représenterait chaque année *une économie d'à peu près 25 milliards d'euros (la moitié de l'impôt sur le revenu)*. Il serait par ailleurs possible d'inciter les agents occupant des postes devenus inutiles à les quitter contre versement d'une confortable indemnité ; pour les plus âgés, une ouverture anticipée de leurs droits à la retraite permettrait de les libérer plus vite. Telle est la voie suivie par le Royaume-Uni depuis deux décennies. *La seule opération consistant à ne remplacer que deux départs en retraite sur trois assurerait déjà une diminution de 10 % de nos effectifs*. C'est notamment ce que fait l'Allemagne depuis 1989.

Ce rajeunissement forcé, conjugué à une meilleure utilisation des nouvelles technologies, pourrait en outre constituer un formidable appel d'air et offrir la possibilité d'une rationalisation générale du fonctionnement de l'Administration. A condition également, pour en maintenir le niveau général, de savoir rendre la fonction publique plus attractive, évitant cette crise de recrutement qui nous guette à tous les étages. Chacun aura vu les efforts déployés par le ministère de l'Éducation nationale, armé de spots publicitaires diffusés aux heures de grande écoute, pour susciter des vocations enseignantes. L'ENA connaît, elle aussi, ces frayeurs : les candidats, succombant de plus en plus facilement aux sirènes du privé, ont en effet vu leur nombre chuter de 30 % en quelques années. Les hôpitaux peinent à trouver du personnel soignant, attiré par le secteur libéral. Pour ce qui est des éducateurs spécialisés et des assistants sociaux, la pénurie est déjà là. Où que l'on regarde, les perspectives demeurent incertaines. Inquiétude exprimée par le ministre de la Fonction publique en personne : « Moderniser l'État, c'est aussi savoir recruter les compétences nécessaires, c'est aussi maintenir l'attractivité en termes de conditions de travail, de dialogue social et de salaire... La question fondamentale est la suivante : dans les 10 ou 15 ans qui viennent, trouvera-t-on des jeunes gens et jeunes filles qui auront envie d'entrer dans la fonction publique... alors que nous vivons dans une société où, à juste titre, les jeunes vont de plus en plus établir des comparaisons entre le secteur privé et le secteur public ? »

« Moderniser l'État », mais pourquoi la France échappe-t-elle encore à ce mouvement général qui tient à la raison des choses ?

Un statut fossilisé

Pour ceux qui n'en font pas partie et qui essaieraient de la décrire, la fonction publique a, au choix, des airs de maquis corse ou de jungle amazonienne : impénétrable, foisonnante, inhospitalière, exotique. Elle tient également en deux chiffres : 900 corps, 10 000 grades. Qui souhaiterait voir représenté un organigramme complet de l'administration française — il ne s'agit pas d'une hypothèse de travail — aurait sans doute besoin du mur des Lamentations pour l'afficher tout entier.

Au-delà de cette diversité, ce qui fait le fonctionnaire, c'est son statut, ce fameux statut général, élaboré par Maurice Thorez et sanctionné par la loi du 19 octobre 1946. Conforme aux principes alors défendus par la CGT, il va jusqu'à associer les représentants syndicaux à la gestion des carrières. Dans un souci d'égalité, les fonctionnaires se répartissent en quatre catégories, A, B, C ou D, pour lesquelles une grille indiciaire unique définit les niveaux de rémunération. Cinquante-cinq années ont passé, et ce statut, toujours en vigueur, continue de régir le fonctionnement de notre administration. Pour être plus proches de la réalité, nous devrions toutefois parler d'une sédimentation de statuts.

Car prendre un fonctionnaire en filature, c'est se retrouver immédiatement devant des pistes brouillées : en dépit de l'apparente unité des règles de gestion et de la grille indiciaire, de véritables niches catégorielles, assises sur autant de textes, dérogations ou habitudes particulières, se sont multipliées. Concernant le temps de travail hebdomadaire, le nombre de jours de congés, le traitement de base ou les primes complémentaires, la règle commune est l'absence de règle commune. Sauf une : l'emploi garanti à vie. Car, dans le principe, l'agent public est le garant de l'intérêt général et ne peut donc voir sa situation remise en cause par tel ou tel intérêt partisan. L'argument est certes recevable, mais suffit-il aujourd'hui à justifier une situation si exceptionnelle ? Aucun autre individu, travaillant dans le secteur privé, quelle que soit l'utilité de sa fonction ou la pénibilité de sa tâche, ne bénéficie d'une telle faveur.

A cette lumière-là, ne serait-il pas temps de repenser le statut des fonctionnaires ainsi que les termes du contrat qui les lie à la collectivité ? Si cette dernière s'engage à « nourrir » ses agents toute leur vie, quelle contrepartie est-elle en droit d'exiger ? Certainement pas le seul et simple fait d'accomplir un travail, fût-il de service public, comme pour n'importe quel employeur privé. On ne peut pas ignorer que la demande de service public évolue avec le développement économique et qu'en l'occurrence l'État est passé, en quarante ans, d'un rôle de producteur d'équipements collectifs à celui de producteur de services adaptés. Puisque la demande de service public est évolutive, la véritable vocation du fonctionnaire n'est-elle pas d'accompagner un tel mouvement ? Cette adaptabilité, qui suppose éventuellement mobilité professionnelle et géographique, justifierait que les pouvoirs publics accordent une compensation, à savoir la garantie de l'emploi. Ce donnant-donnant, pour n'être plus aujourd'hui expliqué, n'a malheureusement pas toujours l'air d'être bien compris.

Prenons un cas d'école : la nouvelle Mairie de Paris avait engagé une vaste réflexion autour du réaménagement des rythmes scolaires dans les écoles primaires, libérant les enfants le samedi matin et transférant cette demi-journée d'enseignement au mercedi matin, comme pour les collégiens. Ce chantier a été en réalité ouvert à la demande d'une majorité de parents qui souhaitaient élargir la vie de famille à toute la durée du week-end, samedi matin inclus. Une demande sociale nouvelle s'exprimant, il était de la mission de la collectivité concernée d'en étudier l'éventuelle mise en œuvre : il s'agit ni plus ni moins d'une adaptation d'un service public particulier — en l'espèce l'école — au rythme d'une vie urbaine moderne et d'une vie de travail de plus en plus stressante. Cette perspective, qui séduisait une majorité de parents, a fait la quasi-unanimité contre elle chez les personnels enseignants, ces derniers se considérant comme les grands perdants de la réforme, alors même que le nombre d'heures d'enseignement restait inchangé. Un refus clair d'agents publics d'assumer leur responsabilité de fonctionnaires au service du public. Comment imaginer qu'il revienne, dans un cas comme celui-ci, aux parents, et non aux enseignants, de céder ? C'est pourtant un risque bien réel et une illustration supplémentaire des difficultés à améliorer un service public sans remettre en cause le confort de certains personnels. Comme nous l'évoquions plus haut, l'agent public ne doit-il pas justement, en échange de la sécurité d'emploi, accepter la contrainte de s'adapter aux besoins des usagers qui contribuent à sa rémunération ? Voilà un compromis qui ne paraît pas scandaleux. De telles situations peuvent se répéter à l'envi : si les usagers souhaitent par exemple l'ouverture de bureaux de poste en soirée ou le week-end, il n'est pas imaginable que des agents publics, « nourris » à vie par la collectivité, s'y opposent.

Cette question peut néanmoins être tranchée d'une tout autre manière. Nos voisins européens ont notamment opté pour une remise en cause radicale du statut de leur fonction publique. Un peu partout désormais, les fonctionnaires bénéficient de contrats relevant du droit privé. C'est notamment la voie suivie par les Pays-Bas, la Suède, la Suisse, la Finlande, ou encore l'Italie, sans que de telles réformes aient mis ces États à feu et à sang. La France se situe, une fois encore, résolument à contre-courant puisqu'elle fonctionnarise ses contractuels, comme nous l'avons vu, alors que ses voisins, à l'inverse, contractualisent leurs anciens fonctionnaires pour gagner en souplesse. Cette réforme porte déjà ses fruits dans les pays qui l'ont adoptée : en Norvège, par exemple, ce nouveau mode de gestion des ressources humaines a permis de procéder à d'importants redéploiements d'effectifs en direction de secteurs jugés prioritaires. Ainsi, dans ce pays peu suspect d'égoïsme social, l'augmentation de la proportion d'agents dans les domaines de la santé et de l'éducation est-elle systématiquement recherchée.

Des rémunérations fantaisistes

Pour ce qui est de la rémunération fixée par le statut général, l'opacité dénoncée par la Cour des comptes tient à l'importance prise par le versement de primes compensatoires, officielles ou officieuses, légitimes ou saugrenues, mais qui deviennent rapidement un élément stable du revenu auquel il n'est plus question de toucher. A tel point que Pierre Joxe, évoquant cette épineuse question devant la Mission d'évaluation et de contrôle de l'Assemblée nationale le 8 mars 2000, pouvait affirmer : « Quand on lit l'indice d'un fonctionnaire, on ne sait absolument pas ce qu'il gagne. On sait qu'il gagne cela, mais il faut connaître son système indemnitaire pour savoir s'il gagne cela plus 5 %, 10 %, 17 % ou même 98 %. Le système des indices devient alors illisible. On peut même dire qu'il devient trompeur. » Revenant à son expérience antérieure d'élu et de responsable politique, il se permettait d'ajouter : « Lorsque je suis devenu président d'un conseil régional, j'ai voulu embaucher un ingénieur des ponts expérimenté, d'une quarantaine d'années. On m'a dit qu'un ingénieur des ponts, cela valait tant. A l'époque, j'étais jeune et naïf, je ne savais pas qu'en réalité il fallait prévoir de le payer le double. »

Jean-Jacques Jégou, parlementaire et membre de cette Mission, en profitait pour enfoncer le clou : « Quand l'administration territoriale a découvert l'informatique, on a fait des primes informatiques ; quand les agents de la voirie étalaient du goudron sur les routes, c'étaient d'autres primes. J'ai supprimé moi-même la prime de bicyclette, ce qui m'a été reproché à l'époque. Il y a eu la NBI (Nouvelle Bonification Indiciaire). En ce moment, la mode est à la prime de préfecture... Alors, le régime indiciaire est-il vraiment pertinent ? »

La réponse est assurément négative si l'on accorde quelque crédit aux informations transmises par Thierry Bert, chef du service de l'Inspection générale des finances et réformateur malheureux de Bercy, lors de son audition par la même mission parlementaire, le 10 février 2000, dans le cadre d'une enquête consacrée au recouvrement de l'impôt et à sa nécessaire réforme. Thierry Bert dénonçait notamment l'absurdité de l'échelle de rémunération pour la profession des trésoriers-payeurs généraux : « Si l'on veut la transparence des salaires, appliquons-la. Je gagne 721 000 francs. Sachez que le percepteur de Saint-Aubin-d'Aubigné gagne 248 000 francs ; que le percepteur de Liffré, encadrant 5 agents, reçoit 296 000 francs ; que le percepteur de Château-Giron, qui a 6 agents sous ses ordres, reçoit 363 000 francs et que le chef du centre des impôts de Fougères qui, lui, a 32 agents sous ses ordres et toute la complexité sur le dos gagne 278 000 francs. Pourquoi cette situation ? Soyons clairs et nets. Parce que le chef de poste, comme le trésorier-payeur général, combine quatre éléments de rémunération (fort variables)... Tout cela fait qu'un chef de poste ayant la responsabilité de 2 ou 3 agents peut toucher deux fois plus que quelqu'un qui, en centre-ville, assume la responsabilité de 60 agents dans un centre des impôts ou de 25 agents dans une trésorerie spécialisée. » Terminons la citation par ces propos qui tranchent avec la retenue dont font habituellement preuve les inspecteurs des Finances : « Je dis simplement que, quant le percepteur d'un endroit est d'autant mieux payé qu'il y a moins de contribuables, mais plus de résidences secondaires, plus de constructions, plus de collectivités locales riches, je trouve cela anormal... Il faut remettre à l'endroit ce système qui marche sur la tête ! »

Dans un ouvrage relatant son expérience de ministre, Jean Arthuis raconte la difficulté qu'il eut à se faire communiquer les rémunérations des deux cent cinquante plus hauts fonctionnaires de son administration. Après avoir réclamé et attendu ledit document pendant des mois, celui-ci lui fut finalement transmis sur papier non photocopiable. Qui contestera que ce sont justement ces anecdotes malheureuses qui, accumulées, entretiennent la suspicion et nourrissent les dérives poujadistes autour du système et de ses injustices ?

Ajoutons d'ailleurs que l'existence de ces primes, outre l'inconvénient de leur obscurité, est défavorable aux fonctionnaires eux-mêmes car leurs pensions ne sont rétrospectivement calculées que sur le traitement de base, toute prime et accessoire en étant exclus. Une perte sèche qui peut prendre de dangereuses proportions pour le fonctionnaire en cessation d'activité, comme le démontrait François Logerot, président de la première chambre de la Cour des comptes, également auditionné par les députés, et reprenant le cas théorique d'un trésorier-payeur général : « Supposons qu'il ait 100 de rémunération et 120 de rémunération accessoire, cas fréquent dans les catégories supérieures : le jour où il part en retraite avec le maximum de 37,5 annuités, il tombe à 75. Le taux de remplacement est d'un tiers. » Qui peut donc se satisfaire de tels montages ? Et qui peut prétendre que la refonte du statut ou, tout du moins, de la grille indiciaire n'est pas d'une impérieuse nécessité ?

L'hypocrisie de la notation

Pour s'en convaincre un peu plus encore, il n'est pas inutile de s'attarder sur un autre « lieu de mémoire » de la fonction publique française, indissociable du statut général : la notation. Le principe d'évaluation des fonctionnaires, inscrit au fondement même de l'action publique — puisque « la société a le droit de demander compte à tout agent public de son administration » —, s'incarne aujourd'hui encore dans cette seule et unique procédure. Le dispositif, issu du décret du 14 février 1959, est toujours en vigueur plus de quarante ans après, mais a lui aussi progressivement perdu toute signification.

Une parodie que décrit le compte rendu des séminaires organisés par l'ENA en 1998-1999 sur « la gestion des ressources humaines, condition de l'efficacité des administrations publiques ». En vertu de l'automaticité de la progression et de la priorité accordée à l'ancienneté, « la notation relève souvent d'un processus formel, voire " notarial ", dans la mesure où le notateur se borne à appliquer des règles non écrites mais clairement établies... L'exemple des hôpitaux civils de Strasbourg, avec 7 400 agents, est ici significatif puisque chaque agent se voit attribuer 0,25 point supplémentaire chaque année ». A ce rythme-là, les sommets sont rapidement atteints par les personnels, ce dont ne s'embarrassent pas les pouvoirs publics. Lorsque le plafond est crevé, c'est-à-dire lorsque tous ces agents parfaits décrochent l'inévitable 20/20, la manœuvre officielle consiste tout simplement à diminuer la note de l'ensemble des agents afin de se redonner des marges de progression. C'est ce qu'a fait le ministère des Affaires étrangères, réduisant en 1994 la note de tous ses fonctionnaires de 4 points. De même la ville de Nancy a pris l'initiative de ramener les notes de ses personnels à l'intérieur d'une fourchette allant de 12 à 16, alors qu'elles s'étalaient entre 16 et 19,5.

Inutile d'ailleurs d'aller jusqu'à Strasbourg ou Nancy pour observer tous ces indices d'hypocrisie : à la Mairie de Paris, l'exercice de notation — que personne ne prend au sérieux, et pour cause — consiste également à attribuer une augmentation préétablie de 0,1 point pour tout agent qu'il soit ou non méritant. En outre, pour éviter de créer un fâcheux précédent, il est recommandé de cocher « excellent » pour toutes les qualités personnelles ou professionnelles de l'agent soumises à l'appréciation du notateur. Juger seulement « convenable » telle ou telle capacité relève de la mauvaise éducation, l'attribution d'une mention « insuffisant » dénotant quant à elle un mauvais goût certain.

La note, pour être juste, doit donc être la même pour tous. Et pour le cas où quelques petites distorsions seraient enregistrées, certaines administrations ont recours à des mécanismes de péréquation. Ainsi du ministère de la Défense qui centralise les fiches de notation de ses 37 000 agents civils — pourtant déjà harmonisées au niveau des notateurs — afin de calculer la moyenne pour chaque corps et d'opérer d'éventuels ajustements.

On en arrive même à ce paradoxe qui veut que la notation n'assure plus aucune équité, bien au contraire. Comme le relève aussi le rapport de l'ENA précité, « une bonne note peut même parfois être motivée par une véritable insuffisance professionnelle. La hiérarchie délivre à travers la note un " visa d'exportation " qui permet d'obtenir l'avancement ou la mobilité d'un agent que son inaptitude rend indésirable ». L'aberration d'un système dont Jean Saglio, sociologue au CNRS, racontait, lors d'un colloque sur « L'Administration en mouvement , », qu'il avait naïvement fait les frais : « Pour ce qui est de l'expérience de la gestion de la mobilité, je ne dispose que de deux exemples assez calamiteux : en tant que directeur de laboratoire, j'ai essayé de pousser l'un des chercheurs à changer d'horizon et finalement c'est moi qui suis parti ; en tant que responsable d'un service au ministère du Travail, j'ai commis l'erreur énorme d'émettre un avis favorable sur le vœu de mobilité d'une subordonnée, et quatre ans après, elle est toujours à son poste, un avis favorable pour une mobilité signifiant apparemment que le supérieur hiérarchique est très mécontent de l'employé. »

Enfin, disons seulement un mot du concours interne, l'autre instrument privilégié d'évaluation des compétences des fonctionnaires. Chaque année, l'événement se reproduit, mettant en émoi toute notre administration et ses personnels avides de promotion. Bien souvent calquées sur le modèle des concours externes, les épreuves favorisent surtout les connaissances théoriques au détriment de l'examen des compétences pratiques acquises en poste. C'est donc très rarement le travail effectué qui se trouve ici évalué.

L'évaluation en question

Cette problématique de l'évaluation est, chacun en convient, absolument centrale pour expliquer les mauvaises performances relatives de notre administration. Car, sur ce point, les études sont formelles : la France est loin d'être un bon élève. Une synthèse des travaux menés par des économistes ou organismes internationaux, afin de tenter de mesurer le degré de corruption/probité et l'efficacité de l'Administration, reprise dans le rapport du Conseil d'analyse économique « État et gestion publique » de décembre 1999, l'établit très clairement : « L'examen de l'ensemble des résultats pour les pays de l'Union européenne fait apparaître trois groupes de pays. Trois pays ayant de bons scores : Danemark, Luxembourg et Pays-Bas ; un groupe de six pays ayant des résultats moyens : Royaume-Uni, Suède, Allemagne, Autriche et Irlande, la France se situant à la fin de ce groupe ; enfin, cinq pays ayant des scores médiocres : Belgique, Portugal, Espagne, Grèce et Italie. » De manière plus précise, le rapport de l'Inspection Générale des Affaires Sociales (IGAS) pour 2001, portant sur « les institutions sociales face aux usagers », « dénonce sans réserve l'inadaptation d'un certain nombre de services au regard des nouveaux besoins. Un pot-pourri sommaire suffit à mesurer combien le mécontentement enregistré chez les usagers semble légitime : « difficulté générale à traiter les usagers les plus fragiles », « administration insuffisamment réceptive aux plaintes des usagers », « droit de recours très affaibli », « splendide isolement des institutions »... Ces pavés lancés les uns après les autres dans le jardin si tranquille de notre fonction publique ont enfin rendu possible une prise de conscience. C'est en tout cas ce que laissent supposer deux initiatives « révolutionnaires » pour notre pays, quoique sans garanties de résultats.

Tout d'abord, le vote, en avril 2000, de la « loi DCRA », relative aux Droits des Citoyens dans leurs relations avec les Administrations. Selon les propres termes du ministère, « ce texte a pour objet d'améliorer, de façon très concrète, les relations entre l'Administration et ses usagers ». Les premières pistes n'en demeurent pas moins timides : accélération du traitement des demandes du public par les administrations, amélioration de la transparence administrative, renforcement du rôle du médiateur de la République (ironisons sur la philosophie de cette mesure : au lieu de tenter de minimiser les conflits, le parti est ici pris d'accroître les pouvoirs de celui qui a en charge de les régler lorsqu'ils éclatent), création de « maisons des services publics »...

Pour pousser plus avant cette logique, n'ayons pas peur de prôner une plus grande exposition de notre administration au regard extérieur. Il s'agirait certes d'une mini-révolution tant nos agents publics voient d'un mauvais œil les tentatives d'ingérence. L'ouverture des conseils d'administration des établissements scolaires ou de santé a néanmoins commencé à changer les habitudes et les méthodes de travail. Ce précédent demande à être généralisé, à commencer par les services qui accueillent du public : équipements collectifs divers, bureaux de poste, transports, crèches, services d'état civil, commissariats, etc. L'association des usagers à la définition ou à l'amélioration de différentes missions pourrait même s'effectuer en amont d'une prise de décision lorsque les mesures étudiées ont un impact important sur la population. Il s'agirait, par cette régénérescence de l'Administration, d'un retour même aux sources de la démocratie participative, l'administré et l'administrant coélaborant les politiques publiques. Ne serait-ce pas le gage que le service public répondrait pour le mieux à des besoins sociaux redéfinis ?

Deuxième démarche inédite, l'évaluation a maintenant

son « comité de sages » : le Conseil national de l'évaluation a en effet été installé le 16 févruer 1999, sur les ruines du Conseil scientifique de l'évaluation (instance aux prérogatives bien plus modestes), avec pour mission, comme le stipule le décret référent, « d'apprécier dans un cadre interministériel l'efficacité de cette politique, en comparant ses résultats aux objectifs assignés et aux moyens mis en œuvre. Dans le principe, le progrès est indéniable puisque, pour l'heure, seules quelques très rares lois, jugées importantes, sont soumises à évaluation, comme celles instituant le RMI (du 1er décembre 1988), la réduction du temps de travail (du 13 juin 1998), ou celle relative à la lutte contre les exclusions (du 29 juillet 1998). Sinon, rien, alors même que le nombre de textes explose, puisqu'aux huit mille lois et quatre-vingt mille décrets déjà en vigueur s'ajoutent désormais les multiples textes internationaux et communautaires. Quand l'inflation normative fragilise à ce point le fonctionnement démocratique, une reprise de contrôle s'impose. Face au développement d'instances supranationales, peut-être est-ce même dans cette fonction évaluative des politiques publiques que réside la légitimité nouvelle des instances nationales.

Instituant ce nouveau Conseil, le ministre de la Fonction publique alors en poste, Émile Zuccarelli, déclarait : « Les pouvoirs publics peinent toujours à rendre compte de leur action, à admettre que celle-ci peut et doit être jugée pour mieux servir l'intérêt général... Le temps où la décision publique pouvait se fonder sur le simple exercice de l'autorité est révolu. En 1998, l'OCDE a étudié les mesures prises par les pays membres pour améliorer l'utilisation de l'évaluation. Ses conclusions mettent l'accent sur la nécessité de gérer les démarches d'évaluation de l'administration dans une perspective stratégique de capitalisation des savoirs et de réduction des incertitudes. Une gestion publique responsable ne peut donc se passer de l'évaluation, et il n'est guère de démocratie où sa pratique n'ait sensiblement progressé dans les dix dernières années. » Dans la foulée de cette déclaration de bonnes intentions, ont ainsi été lancés des programmes d'évaluation portant sur la lutte contre le sida, les emplois non marchands dans le secteur de la Jeunesse et des Sports, les effets de la PAC (Politique agricole commune) sur l'environnement, etc.

Des critères d'évaluation généraux restent donc à déterminer pour apprécier avec justesse les résultats des actions publiques engagées. Même si, en toute rigueur, une définition de ces critères au cas par cas s'impose, suggérons un principe commun, aujourd'hui oublié, tant en matière d'éducation que de santé ou de sécurité : l'adaptation des moyens aux besoins ou, dit autrement, la réduction des inégalités sociales comme critère supérieur d'évaluation de nos politiques publiques. Pour ne prendre qu'un seul exemple : notre police ne pourra être jugée efficace que lorsque les chiffres des crimes et délits enregistreront une baisse au profit des zones déshéritées, ce qui suppose une réaffectation des forces de l'ordre sur le terrain.

Pour avancer dans cette direction, peut-être aurions-nous une fois encore intérêt à observer ce qui se met en place au-delà de nos frontières. Bien que critiquable à tant d'égards, et abondamment critiqué dans notre pays, le modèle américain offre en l'espèce un exemple très intéressant. L'affaire commence en 1993, lorsqu'une étude révèle que seulement 21 % des administrés américains font confiance au gouvernement fédéral, soit le pourcentage le plus faible enregistré aux États-Unis depuis quarante ans. Affolé par de tels résultats, le président Clinton confie alors à son vice-président Al Gore ainsi qu'à un groupe d'action intergouvernemental la tâche de changer l'image de son administration. Depuis lors sont publiés chaque année des indices de satisfaction, compris entre 0 et 100, pour les différentes agences fédérales et administrations locales. En 2002, le taux de satisfaction moyen est remonté à 72,9. En parallèle, le Gouvernment and Performance Results Act, voté en 1993, prévoit une planification par objectif ainsi que la mise en place d'indicateurs visant à mesurer l'efficacité des services rendus au public. Depuis l'exercice budgétaire de 1999, un plan de performance couvrant l'ensemble des activités gouvernementales doit même être présenté devant le Congrès chaque année.

Pour ce qui est du Royaume-Uni, une étude comparative menée par notre Inspection générale des finances souligne que l'« effort considérable réalisé en matière de constitution d'indicateurs de résultats et de gestion sert de socle à une constante rénovation de la gestion publique, du travail gouvernemental et du contrôle démocratique ». Surtout, un rapport du Sénat sur « La réforme de l'État à l'étranger » (2001) attire l'attention sur le nouveau rôle joué par le ministère des Finances britannique, passant d'un contrôle de régularité de la dépense à un examen précis de l'utilisation de leurs dotations par les autres ministères. Au niveau administratif, des sous-directions ont été créées (« service à l'usager », « efficacité des services publics », « démarche qualité ») afin de s'assurer que la satisfaction de l'usager est systématiquement recherchée.

Ces initiatives ne sont pas, en dépit des deux exemples ici présentés, l'apanage de pays ayant entrepris, avec ou sans douleur et pour motifs idéologiques, leur « révolution libérale ». Ainsi les Pays-Bas utilisent-ils des indicateurs de performance et évaluent-ils leurs politiques publiques depuis plus de vingt-cinq ans. L'Italie, ayant depuis quelques années réussi sa « révolution silencieuse », a institué dans chaque ministère, agence ou collectivité locale, une unité d'évaluation permettant aux responsables politiques d'exercer un contrôle stratégique

gique des dépenses arrêtées. Soulignons que ces unités d'audit font une large place aux experts extérieurs à l'Administration, venant d'entreprises privées ou de cabinets de conseils. Le Canada a, quant à lui, mis récemment en œuvre un système de gestion de la performance qui, outre l'objectif d'efficacité, tend aussi à améliorer l'information du Parlement en vue d'un contrôle plus fin. Et, si la démarche est plus récente au Danemark ou en Finlande, toutes ces tentatives démontrent, s'il en était besoin, leur caractère consensuel, confirmant que partout, sauf chez nous, « le bon sens est la chose la mieux partagée ».

La reconnaissance du mérite, tout simplement

Pour le reste, les gains de productivité passeront notamment par une plus grande implication des personnels. Dans cette bataille, le premier ennemi est sans hésitation le morcellement extrême des tâches constaté dans la fonction publique. Le cloisonnement et l'étanchéité, auxquels tout usager s'est un jour trouvé confronté, interdisent aux fonctionnaires d'avoir une vision quelque peu globale de l'action dans laquelle ils s'inscrivent. Leur redonner une autonomie individuelle, étalonnée sur la base de projets et d'objectifs précisément définis, semble être une piste à creuser. Le regain d'intérêt à l'égard de sa mission qu'une telle initiative susciterait chez l'agent public devrait légitimement s'accompagner d'une modulation salariale en reconnaissance de l'investissement et des mérites démontrés.

Reprenons le témoignage de Pierre Joxe, devant la Mission d'évaluation et de contrôle, se faisant le chantre de ce principe de rémunération variable : « Je ne voudrais pas paraître immodeste, mais le seul service public dans lequel le système des primes est véritablement modulé est la Cour des comptes depuis deux siècles. Partout ailleurs, les primes sont absolument normalisées... Il est vrai que c'est une petite structure, mais il m'est arrivé d'avoir envie d'appliquer ce genre de régime quand je commandais de grosses structures. Des policiers, il y en a de très bons et de très mauvais ; on a envie de donner des indemnités énormes aux très bons et de supprimer celles des très mauvais. Ce n'est pas possible dans l'état actuel des habitudes. »

Pourtant, nos voisins d'Europe du Nord y parviennent bien. En Suède notamment, les principaux directeurs d'agences publiques, soumis à des contrats de droit privé et pouvant donc être éventuellement « remerciés », sont évalués et rémunérés par leur ministère de tutelle en fonction des résultats obtenus. Par ailleurs, chaque directeur est lui-même responsable du recrutement et de la rémunération des effectifs de son agence. De même au Danemark, un nouveau système de rémunération des fonctionnaires s'est mis en place. Il concerne aujourd'hui plus de 10 % des agents d'État et près de 60 % des agents locaux. Pour ceux-ci, des compléments s'ajoutent au traitement de base, selon la fonction, la qualification, mais également les performances de l'individu. En Allemagne également, des critères de performance individuelle ont vu le jour, tous les agents ne franchissant plus les échelons de la hiérarchie à la même vitesse. Ajoutons que, dans ce cas précis, les organisations syndicales ont accueilli favorablement ce principe du salaire au mérite.

L'actuelle absence de préoccupation managériale au sein de l'administration française tiendrait, à en croire les rapporteurs de la Mission parlementaire, à plusieurs facteurs : « Le manque d'autonomie et de responsabilité des structures observées, mais aussi le manque de cadres administratifs de niveau adéquat sont globalement à l'origine de ce constat. » Un sous-encadrement dont André Legrand, président de l'université de Paris-X-

Nanterre, avait donné la mesure en déclarant devant les parlementaires : « Il y a à la fois une insuffisance quantitative et qualitative des personnels d'encadrement à l'intérieur des universités... Revenant à l'université de Nanterre après une très longue absence j'ai été surpris de constater que l'UFR de droit, qui regroupe 8 000 étudiants, était gérée par un agent de catégorie A et trois de catégorie B, et que les autres personnes étaient de catégorie C. » Claude Allègre lui-même, également auditionné, avait proposé, pour pallier cette carence d'administrateurs de haut niveau, le recrutement de directeurs des ressources humaines et de directeurs financiers dans les universités.

Cette sous-qualification, le rapport concernant les dysfonctionnements de l'administration fiscale nous en fournit une autre illustration : « 50 % des effectifs appartiennent à la catégorie C, ce qui, en l'état, peut constituer un frein entravant l'adaptation à de nouvelles tâches et notamment aux nouvelles technologies. Ce profil convenait sans doute à des pratiques fractionnées et mécaniques ; il n'est plus adapté à une gestion qui va devenir globale. » Raison de plus pour ne pas rater le vaste recrutement de ces prochaines années et souhaiter que de tels paramètres soient pris en considération.

« Management » : un mot qui fâche

Notons par ailleurs que, pour l'heure, le haut fonctionnaire se trouve souvent placé en situation de « manager impuissant », les structures administratives sur lesquelles il exerce son autorité (bureaux, services, sous-directions, directions) se prêtant mal à l'application des méthodes du privé les plus élémentaires. Ce constat ne doit-il pas nous inciter à lancer une vaste entreprise de « débureaucratisation » pour sortir le système de sa torpeur ? C'est la voie de la sagesse qu'ont choisi de suivre nombre de nos voisins en s'appuyant sur la multiplication d'agences publiques, au fonctionnement plus souple que les services administratifs traditionnels. Ce système offre un cadre privilégié pour imprégner la gestion publique d'une logique d'efficacité reposant sur l'autonomie de gestion et de rémunération du personnel.

Le cas du Royaume-Uni illustre cette tendance à réorganiser l'Administration suivant un principe de séparation nette entre les fonctions de définition d'une part et de gestion des politiques publiques de l'autre. Le rapport de l'Inspection générale des finances déjà cité souligne bien que « l'organisation de l'administration britannique en agences ne conduit pas en elle-même à une privatisation ou à un démembrement de l'État », les agences, dénuées de toute personnalité morale, se trouvant investies d'une mission de service public.

Aux Pays-Bas, la transformation des missions ministérielles depuis 1991 a ainsi abouti à la création de près d'une trentaine d'agences en dix ans qui, soumises aux règles de la comptabilité privée (distinguant comptabilité patrimoniale et comptabilité analytique), parviennent à mieux maîtriser leurs coûts. La Norvège connaît une organisation assez similaire : des structures autonomes, appelées « directorats », assurent la mise en œuvre des politiques publiques tout en demeurant placées sous la tutelle des différents ministères qui, avec des effectifs très limités, se concentrent sur des tâches de conception et d'évaluation. La Suède a suivi le même chemin, les compétences opérationnelles des différents ministères (réduits à 13 et qui n'emploient plus que 3 000 personnes) ayant été transférées vers les 250 agences aujourd'hui en activité (qui comptent, elles, plus de 200 000 fonctionnaires). L'initiative danoise, assez semblable, est aujourd'hui considérée par les observateurs comme la plus réussie des réformes entreprises dans les années 1990. Pour introduire un peu d'émulation, le gouvernement danois a même créé, en collaboration avec les syndicats de la fonction publique, un « prix de la qualité du service public » récompensant chaque année l'agence la plus performante.

Tout cela semble relever du simple bon sens. Y a-t-il sincèrement quelque chose de choquant à vouloir faire appel aux méthodes en vigueur dans le privé, comme si le secteur public devait s'interdire de réaliser des gains de productivité ? Qui peut objectivement prétendre que la recherche d'une meilleure efficacité dissimule forcément la volonté de « casser » le service public ?

La nécessaire ouverture de la haute fonction publique

Il paraît, dans cette perspective, difficile d'échapper à la question du statut du haut fonctionnaire, tant paraît impérative, aux niveaux les plus élevés, la mise en place d'un système d'évaluation individuelle intégrant des éléments de promotion et de sanction. Or, pour ce faire, comment maintenir le caractère figé de l'Administration dans un environnement si mobile ? Ne pensons pas seulement au déphasage des temps économiques et administratifs, qu'il paraît impossible de réconcilier. Mais, pour insuffler un peu d'oxygène à notre administration, il semblerait urgent de favoriser toutes les formes de mobilité.

C'est ce qui manque à l'administration française pour que public et privé ne soient plus deux mondes qui s'ignorent, voire se méprisent, et puissent au contraire s'enrichir mutuellement par la confrontation des expériences humaines. Rappelons qu'en Italie un certain nombre de postes de direction sont ouverts à des cadres extérieurs à la fonction publique. Aux États-Unis aussi, il n'est pas rare de voir un grand patron ou un avocat se mettre pour un temps au service de l'Administration. Cette perméabilité est beaucoup plus limitée dans notre pays. Si l'échange se fait, c'est à sens unique, du public vers le privé : des fonctionnaires repus qui s'en vont « pantoufler » à la tête de grandes entreprises pour voir leurs compétences enfin rémunérées à leur juste valeur, estiment-ils. Rendre plus faciles les allers et retours entre les deux sphères semblerait bien plus naturel.

Une mesure d'ouverture aussi simple permettrait de rompre avec l'image calamiteuse aujourd'hui majoritairement répandue d'une haute fonction publique hermétique et déconnectée des « vrais gens », sûre d'elle-même et arrogante. Les compétences de cette technocratie ne sont d'ailleurs pas en cause : ce qu'il convient surtout de dénoncer, c'est l'uniformité de ces compétences. Tel est sans doute le paradoxe de l'ENA : avoir été créée en 1945 pour permettre une démocratisation de la fonction publique et au contraire symboliser, soixante années plus tard, sa fermeture à de nouveaux profils. L'avenir professionnel se grave dans le marbre à 25-26 ans, à la sortie d'une école, dont le diplôme, selon le classement obtenu, décide des carrières et dessine pour des décennies l'architecture de l'Administration. Cette nouvelle aristocratie, n'étant plus fondée sur la naissance mais sur le mérite, ne pourrait plus être soumise à la critique. Quand on sait l'étroitesse sociologique du champ de recrutement des candidats à l'ENA, l'argument perd de sa force. Est-on d'ailleurs bien sûr que l'excellence scolaire, facteur suprême de reproduction sociale, soit le plus légitime des critères de sélection des administrateurs ?

La curée est en tout cas générale. Les produits du système, toujours atteints de schizophrénie, sont naturellement les premiers à en profiter et les premiers aussi à en souffrir. Qui n'a pas entendu, amusé, les lamentations de tel ou tel réclamant la suppression de l'École qui les a faits ce qu'ils sont ? Comme s'il suffisait de supprimer l'ENA pour réformer la fonction publique... En revanche, le statut demande assurément à être toiletté, pour ne plus offrir à ses tenants les bénéfices de cumuls d'activités ou de reconversions multiples avec possibilité de réintégration permanente si telle ou telle tentative à l'extérieur (poste dans une entreprise privée, mandat électif, etc.) tournait court. Une sorte de statut de profession libérale, avec rémunération importante et sécurité de l'emploi. Est-il indécent de demander à un fonctionnaire qui fait le choix de quitter l'Administration de démissionner et de renoncer à ce parachute asuré ?

Surtout, il faut plus que jamais multiplier les passerelles pour sortir de cette professionnalisation figée où les postes clés, politiques et administratifs puisqu'ils se confondent de toute façon, sont accaparés par quelques-uns. Une confiscation du pouvoir que tout le monde observe et qui pouvait faire dire à Ambroise Roux, figure emblématique d'un patronat disparu : « Il n'y a guère que 20 ou 30 hommes en France qui font l'essentiel des décisions. C'est cela, l'establishment. »

Un cas d'école : la non-réforme de Bercy

Pourtant, l'issue du conflit qui a opposé au début de l'année 2000 Christian Sautter, alors ministre de l'Économie et des Finances, à son administration suggère que la confiscation du pouvoir par les techniciens de la chose publique a de beaux jours devant elle. L'affaire est aujourd'hui bien connue : après plusieurs mois de consultation, le ministre dut céder devant la fronde syndicale qu'avait engendrée sa tentative de réforme et remettre sa démission à Lionel Jospin, décidément fâché avec ses grands argentiers.

L'histoire commence à la fin de 1997 lorsque Dominique Strauss-Kahn missionne l'Inspection générale des finances pour mener une analyse comparative des administrations fiscales de différents pays. Comme l'exposera plus tard Thierry Bert, patron de l'Inspection générale des finances, « les résultats de la comparaison n'ont pas été à la gloire de l'organisation du système français ; il est en effet apparu que les autres pays avaient réussi à organiser leurs systèmes de manière plus efficace, plus respectueuse des citoyens, et tout cela pour moins cher ». Ce verdict sévère poussa donc le ministre à agir, en dépit de l'ampleur de la tâche.

Au cœur de la polémique : le coût du recouvrement de l'impôt, plus élevé chez nous que chez nos voisins. En effet, la France aime à ce point les paradoxes qu'elle se trouve face à la question de « l'impôt qui coûte » plutôt qu'à celle de « l'impôt qui rapporte ». Ainsi les charges globales du service fiscal sont chez nous supérieures d'environ 40 % à celles du Royaume-Uni, des Pays-Bas, du Canada, de l'Espagne ou de l'Irlande, et même deux fois plus élevées que celle enregistrées en Suède ou aux États-Unis. Avec, en prime, une image de l'administration fiscale calamiteuse auprès des usagers. Les causes de cette contre-performance sont du reste clairement établies.

Tout d'abord, exception française oblige, nous sommes le seul pays, en dehors de l'Italie, à disposer de quatre administrations différentes pour procéder à la collecte des recettes publiques. Cette profusion tient notamment à la distinction toujours opérée chez nous entre calcul de l'assiette et recouvrement de l'impôt, qui remonte à 1805 et la volonté affirmée par Napoléon de réagir contre les abus des trésoriers d'Ancien Régime qui fixaient l'impôt et en exigeaient le paiement, éventuellement par le recours à la force. Ce principe de séparation physique est-il encore, deux siècles après, toujours fondé ? Il serait, au contraire, sans doute temps que nous puissions déclarer nos revenus, puis payer nos impôts, à une seule et même administration. Dans ce sens, le principe de retenue à la source, adopté partout ailleurs, tant pour l'impôt que pour les cotisations sociales, représente une simplification administrative et un confort pour l'usager dont nous devrions nous inspirer. Beaucoup de pays étrangers ont également avancé sur la voie de l'interlocuteur fiscal unique.

Thierry Bert, dans sa contibution à *Notre État*, fait une description pour le moins loufoque de cette absurdité dans laquelle nous baignons : « Le particulier va ainsi déclarer son revenu imposable auprès du centre des impôts dont dépend sa résidence principale, où s'effectuera aussi le contrôle de sa déclaration d'impôt sur le revenu ; ce centre dépend de la Direction Générale des Impôts (DGI) ; mais il devra effectuer son paiement auprès de sa trésorerie, laquelle dépend d'une autre administration centrale, la Direction Générale de la Comptabilité Publique (DGCP) ; s'il a deux résidences secondaires et un parking dépendant, par le hasard de la géographie des circonscriptions administratives, d'un autre centre des impôts et d'une autre trésorerie que ceux dont relève sa résidence principale, il recevra quatre avis de taxe d'habitation, contrôlables par quatre centres des impôts différents et payables à quatre trésoreries différentes ; à quoi s'ajouteront quatre avis de taxe foncière, émis par d'autres services de la DGI, les centres des impôts fonciers, et naturellement trois avis de redevance audiovisuelle, laquelle est traitée par un service spécialisé ; mais si le contribuable doit également s'acquitter de l'impôt sur la fortune, il devra déclarer et payer auprès de la recette des impôts située ailleurs, et qui dépend non de la DGCP, mais de la DGI. »

Cet énoncé ubuesque prouve à quel point notre système est peu efficace. Car il suppose le maintien d'un réseau extrêmement dense alors même que nos voisins ont opté pour la concentration et la spécialisation par type de clientèle. Partout a été lancé un double mouvement de baisse des effectifs — de l'ordre de 30 % en Suède par exemple — et de requalification des personnels. En France, rien, si ce n'est l'inertie d'un système qui maintient ouvertes 4 000 trésoreries réparties sur tout le territoire national, quand le Royaume-Uni n'en compte que 500 et l'Allemagne 650. Ajoutons-y 850 centres des impôts et autant de recettes des impôts, et signalons au passage que les systèmes informatiques correspondants ne communiquent pas entre eux. La conséquence chiffrée de cette situation n'étonnera pas : *les dépenses de personnel représentent en France 81,2 % des dépenses fiscales générales contre 67,9 % en moyenne ailleurs. Près de 100 000 personnes sur la brèche pour récolter quelque 280 milliards d'euros ; à titre de comparaison, l'URSSAF en récolte autant en cotisations sociales avec... 1 200 agents !*

Mieux encore : alors que nos partenaires consacrent 20 % de leurs moyens au recouvrement spontané contre 80 % au recouvrement forcé, chez nous le rapport est de 50/50. Et encore, car, comme le dénonçait Thierry Bert devant la Mission d'évaluation et de contrôle de l'Assemblée nationale le 10 février 2000, enquêtant justement sur le coût de ce recouvrement, on peut faire dire ce que l'on veut à ces chiffres : « Chaque réseau fait monter sa mayonnaise ! Vous avez des gens qui affichent des statistiques extraordinaires de contrôle fiscal, mais sans aucun recouvrement derrière. C'est la situation d'un département... qui affichait les plus forts résultats de contrôle fiscal [mais] avait abouti à des recouvrements zéro. Zéro, rien ; pas un sou en trois ans ! » *Les résultats de la fraude enregistrée se situent à cette aune : probablement autour de 30 milliards d'euros, quasiment le mon-*

tant du déficit public enregistré chaque année, ou les intérêts annuels de la dette ou encore plus de la moitié de l'impôt sur le revenu. Peut-être devrions-nous consacrer un peu plus au recouvrement forcé ou à tout le moins à une politique préventive, pour autant qu'elle puisse donner des résultats en la matière ? C'est en tout cas ce que suggèrent les expériences américaine ou suédoise qui développent chez les plus jeunes une culture civique de l'impôt en faisant passer ceux qu'on appelle les « flics sympas » dans les classes d'écoles.

En outre, nous pourrions revenir sur les très avantageuses rémunérations attribuées à nos agents fiscaux. Un trésorier-payeur général peut aller jusqu'à déclarer 230 000 euros de revenus annuels, un directeur régional des impôts environ 90 000 euros. *Ces écarts constatés par rapport à la rétribution moyenne des hauts fonctionnaires d'autres administrations tiennent encore à l'héritage historique puisque, sous l'Ancien Régime, ceux qui manipulaient l'argent le garantissaient sur leurs fonds propres*. Une responsabilité financière qui n'est plus vraiment établie aujourd'hui. En revanche, la prime qui l'accompagne l'est, et même solidement. Et cela vaut à Bercy pour toutes les catégories de personnel, permettant à certains agents de catégorie C d'y gagner plus que des cadres A de l'Éducation nationale.

Pour ce qui est du système d'affectations, on pointe les mêmes incohérences que dans toute la fonction publique où le jeune agent, qu'il soit enseignant ou policier, se voit confier les tâches les plus délicates dans les zones les plus sensibles : dans l'administration fiscale aussi, l'ancienneté décidant de tout, on retrouve les jeunes fonctionnaires inexpérimentés aux postes les plus exposés, qu'il s'agisse du contrôle des grandes entreprises de l'Ouest parisien ou de l'accueil du public dans les quartiers difficiles. Quelques années plus tard, en revanche, les affectations, conformes aux vœux des personnels, se font plus confortables. Daniel Lallier, inspecteur des Finances, déclarait à cet égard, en septembre 1998 : « La Direction générale des impôts a le système d'allocation des ressources humaines le plus rigide de toutes les administrations financières. Les mouvements de personnel tiennent plus compte de l'intérêt des agents que de celui du service. »

Le rapport de la « Mission 2003 », en charge de la réforme, suggérait donc, au vu de telles aberrations, une restructuration de bon sens : création d'un interlocuteur fiscal unique pour les particuliers et les entreprises, regroupement des deux directions concernées (DGI et DGCP) afin d'alléger le réseau des perceptions, mise en place de la retenue à la source, vaste plan de modernisation informatique. C'était sans compter sur le conservatisme des syndicats en place, farouchement opposés à toute remise en cause. L'aveuglement corporatiste existe bel et bien, Thierry Bert, copilote de cette Mission, l'a rencontré : « Nous refusons l'approche par l'usager. Nous avons devant nous des redevables, des assujettis, auxquels nous appliquons la loi en vertu de prérogatives de puissance publique », argumentait un syndicaliste de Bercy lors d'une réunion publique à Toulouse. Face à une ouverture d'esprit aussi manifeste, l'optimisme est-il encore de mise ? Et la remise en cause de certains privilèges, ou du moins de l'état d'esprit qui les sous-tend, tel qu'il est notamment exprimé par ce syndicaliste toulousain, s'apparente-t-elle à un démembrement de l'État ?

Notons, à cet égard, que si certaines entreprises publiques ont choisi la voie de la sagesse et donc de la réforme, c'est en général sous la menace, fort persuasive, de la concurrence internationale. Pour l'Administration en tant que telle, cette pression concurrentielle n'existe pas vraiment : une modernisation choisie et négociée serait souhaitable et même préférable à une modernisation imposée par les circonstances. Nous n'y sommes malheureusement pas encore, fidèles en cela à une autre tradition bien ancrée : la grève sans risque et sans retenue comme instrument de dialogue.

Par comparaison avec l'étranger en effet, la fonction publique française fait un usage immodéré de la grève, dont le nombre de jours a littéralement explosé, passant de 105 313 en 1992 à 596 876 en 1998. Les conditions de travail se seraient-elles à ce point dégradées que le nombre de jours d'interruption volontaire de travail ait été multiplié par près de 6 en six ans ? Une évolution qui étonne doublement si l'on observe que le taux de syndicalisation continue de diminuer (pour tourner autour de 13 % aujourd'hui dans le secteur public) et qu'il est de toute façon très inférieur à ceux enregistrés dans les administrations étrangères — autour de 60-65 % en Angleterre ou en Allemagne — bien plus « calmes ». En 1997, le Royaume-Uni comptabilisait en effet 29 500 jours de grève, l'Espagne 20 700 et l'Italie 134 400, faisant de la France l'élément de très loin le plus turbulent de la classe européenne.

Ce recours très prégnant au conflit et l'importance numérique des fonctionnaires, qui sont autant d'électeurs, freine naturellement toute velléité réformatrice : Christian Sautter en a fait les frais après tant d'autres... Avant tant d'autres ?

Trois ans après

« Avant tant d'autres », écrivions-nous en 2002. L'interrogation était prémonitoire. Jamais un pays n'aura autant changé de ministres de l'Économie et des Finances en trois ans. Une valse à Bercy qui défie le bon sens, fait sérieusement douter des capacités du pays à se réformer et entretient dans la population le rejet des élites. Autant de déficits démocratiques qui se sont exprimés avec éclat lors du référendum du 29 mai 2005. Alors que tout semblait possible en 2002, après la déroute de la gauche, à une époque où il était écrit partout que la baisse des effectifs des fonctionnaires était une nécessité et que l'occasion historique de l'amorcer ne se représenterait pas de si tôt.

C'est Jean-Pierre Raffarin qui invitait ses ministres à trouver « de nouvelles formules » pour y parvenir. C'est Jacques Chirac qui appelait l'administration à réduire son train de vie. C'est Francis Mer, quand il était ministre, qui annonçait que son objectif était de ne remplacer qu'un départ à la retraite sur deux. C'est Pierre Méhaignerie, président de la Commission des finances à l'Assemblée nationale qui, estimant que « les temps étaient mûrs pour engager les réformes », s'engageait à « faire la chasse aux dépenses excessives et à supprimer les organisations peu efficaces ». C'est Nicolas Sarkozy, arrivé à Bercy en avril 2004, qui annonçait 5 000 suppressions de postes au ministère des Finances d'ici 2007. C'est Thierry Breton qui, en juin 2005, annonce, pour la quatrième année consécutive, une baisse globale des effectifs de fonctionnaires, sans toutefois en préciser le montant. « L'objectif, c'est qu'il y ait des fonctionnaires là où il y en a besoin pour accomplir le meilleur service public », a précisé François Copé.

En 2003, signe manifeste de la volonté de changement, le nombre d'emplois budgétaires totaux a en effet baissé de... 1 090, de 4 560 en 2004 et de 7 200 en 2005. Fin juin 2005, Matignon a annoncé que la baisse serait d'environ 5 000 dans le budget 2006. A ce rythme, l'objectif modeste annoncé, diminuer d'au moins 200 000 le nombre des effectifs de la fonction publique en cinq ans pour économiser près de 6 milliards d'euros, demandera au moins un demi-siècle. Ramener le nombre de fonctionnaires à la moyenne de l'Union européenne prendra, quant à lui, plusieurs siècles.

Certes, des réformes ont bien été menées, en particulier à... Bercy, qui s'est voulu le ministère de la performance administrative. Un programme ambitieux d'informatique fiscale, appelé Copernic, a été lancé avec succès. 350 Comités « Théodule », à l'instar du Comité du suivi du schéma directeur de réorganisation et de déconcentration, mobilisant à eux seuls l'équivalent de 3 000 à 3 500 postes de fonctionnaires, ont été supprimés par le secrétaire d'État à la Réforme de l'État. Reste qu'une chance historique a été, dans un premier temps, singulièrement gâchée et que la bombe financière que représente le poids futur des salaires et des pensions des fonctionnaires ne tardera pas à exploser si le terrain n'est pas rapidement déminé. Une bombe qu'on peut déjà chiffrer : plus de 700 milliards d'euros d'engagements de retraites que l'État devrait ajouter à sa dette, selon la Cour des comptes, soit près de 50 % de la richesse nationale.

Comme l'écrivait encore dans son langage si particulier la Cour des comptes dans son rapport d'avril 2003 sur les pensions des fonctionnaires civils de l'État : « Plusieurs facteurs imposent aujourd'hui de sortir de cette longue tradition d'opacité :

— le financement des pensions représente à l'horizon des vingt prochaines années pour le budget de l'État une contrainte de première importance ; à législation inchangée, c'est environ un milliard d'euros supplémentaire qu'il conviendra de dégager chaque année d'ici 2020 pour faire face à l'alourdissement de ces dépenses, au détriment, le cas échéant, d'autres priorités de l'action publique ;

— l'objectif de modernisation de la gestion publique, porté par la loi organique du 1er août 2001, exigera que, à brève échéance, la réalité des charges et des conditions d'équilibre du régime des pensions soit retracée de façon sincère et explicite ;

— l'exigence d'équité et la logique de partage des efforts qui sont nécessaires pour assurer la pérennité de notre système de retraites imposent déjà aujourd'hui et imposeront davantage encore demain que la lumière soit faite sur la réalité tant des efforts contributifs que des droits à pension de l'ensemble des actifs. »

Reste aux politiques qui auront assez de courage pour le faire de traduire ces propos en langage compréhensible pour le « peuple ». Nul doute qu'ils seront alors accusés de « populisme » par tous ceux qui font de l'immobilisme le socle du modèle social français.

8

Les gaspillages de l'État décentralisateur

> « Premièrement l'administration devient plus pénible dans les grandes distances, comme un poids devient plus lourd au bout d'un grand levier. Elle devient aussi plus onéreuse à mesure que les degrés se multiplient ; car chaque ville a d'abord la sienne que le peuple paye, chaque district la sienne encore payée par le peuple, ensuite chaque province, puis les grands gouvernements, les satrapies, les vice-royautés qu'il faut toujours payer plus cher à mesure qu'on monte, et toujours aux dépens du malheureux peuple ; enfin vient l'administration suprême qui écrase tout. Tant de surcharges épuisent continuellement les sujets ; loin d'être mieux gouvernés par ces différents ordres, ils le sont moins bien que s'il n'y en avait qu'un seul au-dessus d'eux. »
>
> Jean-Jacques ROUSSEAU,
> *Du contrat social*, liv. II, chap. IX.

A la veille de la Révolution, qui voulait gagner Paris depuis les campagnes du Dauphiné ou de Guyenne avait besoin de deux choses : d'abord d'une excellente monture et ensuite de patience car l'expédition demandait alors au moins dix jours. Pour répondre à l'immensité de son territoire et à la lenteur de ses transports, la France s'était donné la forme d'une gigantesque mosaïque, découpée en 44 000 paroisses, entités administratives de base. Celles-ci fixaient le cadre étroit de l'existence des quelque 28 millions de sujets qui peuplaient alors le royaume : on naissait, on se mariait, on travaillait puis on mourait sans avoir jamais, ou rarement, connu d'autres horizons que celui de sa propre paroisse. Aujourd'hui les prouesses techniques du TGV ont aboli les distances puisque deux heures suffisent à accomplir de tels trajets. Et pourtant, administrativement, l'Ancien Régime n'est pas loin. La commune a remplacé la paroisse mais le maillage s'est à peine desserré : *44 000 paroisses hier pour 36 700 communes aujourd'hui.*

Pire, le morcellement de la carte administrative se double d'un empilement de strates. Ici encore, fidèle à une vieille tradition, notre pays s'est toujours refusé à appliquer un principe de substitution : autrement dit, aucune entité nouvellement créée n'en remplace jamais une plus ancienne et devenue inadaptée. Elle prend au contraire place, à côté, au-dessous ou au-dessus, au sein d'un système de plus en plus touffu. Plus que de décentralisation, nous devrions parler de prolifération. Aux 36 700 communes (sans oublier les arrondissements de nos grandes villes), il convient en effet d'ajouter les 20 000 organismes de cooopération intercommunale, districts, communautés urbaines ou autres syndicats, les 96 départements et les 22 régions. *Une fourmilière qui occupe 1,5 million de fonctionnaires territoriaux placés sous l'autorité de 600 000 élus locaux.* Et comme l'État se veut omniprésent, ses préfets, sous-préfets et autres agents de ses directions régionales ou départementales occupent eux aussi le terrain. Un millefeuille très coûteux si l'on additionne l'entretien des mairies, hôtels de département, préfectures et autres bâtiments en tout genre...

Ainsi, celui qui cherche un quelconque représentant des pouvoirs publics n'a pas à déployer grand effort : un élu pour 100 habitants et un fonctionnaire pour 10 habitants, cela fait du monde... En revanche, la plus grande obstination lui sera nécessaire pour identifier, selon les cas, le bon interlocuteur. Qui connaît en effet avec précision les champs de compétences propres à ces différents niveaux de pouvoir ? La formation professionnelle pour la région, l'insertion pour le département, la voirie pour la commune... Un Parisien, un Lyonnais ou un Marseillais sait-il vraiment faire la différence entre ce qui relève de la mairie de son arrondissement et ce qui dépend de la mairie centrale ? On peut en douter.

Les lois de décentralisation de 1982, c'est la cause principale du gaspillage, au lieu de redonner du pouvoir aux citoyens en tentant de rapprocher d'eux les pouvoirs publics locaux ont en fait abouti à consolider une machine complexe, dont l'emballement ne semble plus pouvoir aujourd'hui être entravé. Car l'échelon local, loin d'avoir été le berceau d'une démocratie participative renouvelée et libérée du poids écrasant de l'État, a en définitive abrité tous les conservatismes, enfanté tous les clientélismes et permis toutes les dérives.

Nos élus, toutes assemblées confondues, conseils municipaux, généraux, régionaux, sont environ 600 000. Comment imaginer qu'une telle foule ne soit constituée que d'excellents gestionnaires, à l'autorité infaillible face au poids des intérêts particuliers et fiers garants de l'intérêt général ? L'évolution des finances locales depuis quinze ou vingt ans tend plutôt à démontrer le contraire, tant ces dernières ont, elles aussi, largement participé de l'explosion récente de la dépense publique. Dans les années 1990, l'augmentation de leur budget a été largement supérieure à celle de la croissance économique, sans que cela soit justifié par un élargissement de leurs missions. Tout cela se résume à un chiffre souvent ignoré : *l'ensemble des collectivités territoriales dépense chaque année près de 140 milliards d'euros, soit un peu moins de 10 % du PIB. Ou encore la moitié de ce dont dispose l'État*.

Profitons-en pour rappeler un autre chiffre : *en vingt ans, le nombre de fonctionnaires territoriaux a augmenté de 40 %, ce qui représente 430 000 agents supplémentaires*. Une embauche si massive se justifierait par le transfert de compétences que l'État a accepté d'octroyer aux différents niveaux de pouvoirs. Mais si, depuis 1982, les prérogatives ont effectivement été redéfinies, les effectifs, eux, n'ont pas été redéployés et ont littéralement explosé. Peut-on rêver qu'un jour ces transferts de compétences respectent une certaine logique : d'une part, que la hausse d'un impôt local, servant à financer une action déléguée par l'État aux instances de pouvoir locales, se traduise par la baisse correspondante des prélèvements nationaux ; d'autre part, qu'à l'embauche de fonctionnaires territoriaux rendus nécessaire par l'élargissement des tâches réponde la suppression d'autant de postes au niveau central ? Est-il déraisonnable de réclamer qu'à périmètre constant l'action publique soit menée à effectifs constants ?

Le rapport présenté en juin 2001 par le sénateur Joël Bourdin, dressant un état des lieux des finances de toutes les collectivités locales, pointait avec diplomatie « l'évolution contrastée des dépenses de gestion ». Elles n'offrent pourtant que peu de « contrastes » et révèlent au contraire une très grande homogénéité... à la hausse. Deux facteurs expliquent cette hausse : d'une part, les dépenses de personnel, d'autre part, le développement des structures intercommunales, dernier avatar de la décentralisation et épaisseur supplémentaire pour notre millefeuille, qui ont bénéficié de transferts massifs, tant en personnel qu'en moyens.

Pour illustrer le premier point, soulignons que, toutes collectivités locales confondues, les frais de personnel, dont le rapport précité qualifie timidement la hausse de « dynamique », avaient fait un bond de 5,7 % en 2000 et un autre de 6,4 % en 2001. Une hausse de 12,5 % en deux ans ! Il n'y a pas un seul exercice où la croissance de ces charges n'ait été supérieure d'au moins 30 % à celle des dépenses générales de fonctionnement. Est-ce ce qu'il convient de qualifier de juste répartition des fruits de la croissance ? Le train de vie des fonctionnaires territoriaux est donc lancé à vive allure alors même que tout le monde exprime la volonté de réaliser des économies d'échelle en visant au regroupement — mais à un regroupement réel, qui suppose d'avoir le courage non pas de nettoyer le système de quelques scories mais bien de le réformer en profondeur. Supprimer les départements et diviser par quatre le nombre de communes, comme le suggèrent les observateurs raisonnables, ferait certes de nombreux mécontents, notamment chez ceux qui se verraient privés de la rente que le système actuel leur accorde. Une telle réorganisation nous ramènerait au niveau de nos voisins allemands, italiens ou anglais — avec 7 500 habitants en moyenne par commune et non 2 000 comme chez nous ; elle nous permettrait de faire également de substantielles économies.

Une répartition des recettes et des dépenses à géométrie variable

Sur les 140 milliards d'euros affectés aux collectivités locales, les communes se taillent la part du lion avec plus de la moitié, devant les départements pour un quart et enfin les vingt-deux régions qui ne disposent, elles, « que » d'un peu plus de 11 milliards d'euros. Sommes auxquelles il convient d'ajouter les 6 milliards d'euros dont profitent tous les groupements intercommunaux.

Un peu moins de la moitié de ces sommes est en fait versé par l'État, dont le concours financier aux pouvoirs décentralisés s'est élevé à 61,8 milliards d'euros en 2005 contre 50 milliards en 2001.

Le reste provient des recettes fiscales directement engrangées par les différentes collectivités. *Ainsi, les impôts locaux (taxe foncière, taxe d'habitation et taxe professionnelle) pèsent aussi lourd, et même légèrement plus, que l'impôt sur le revenu*. La grande différence toutefois, c'est que le second est soumis au principe de progressivité et s'avère plus équitable que les premiers, dont personne n'a jamais compris comment ils sont fixés. Les sommets de la complexité et de l'injustice fiscale sont notamment atteints avec la taxe d'habitation qui n'établit aucun lien entre les revenus que le contribuable perçoit et le logement qu'il occupe d'une part, comme le montant qu'il doit acquitter à ce titre d'autre part.

Il suffit par exemple de comparer les niveaux de la pression fiscale dans les communes de plus de 10 000 habitants pour prendre la mesure des inégalités territoriales : le poids des impôts locaux peut varier du simple au double. A Colmar, par exemple, la pression fiscale sur les ménages s'élève en moyenne à 716 euros (taxe d'habitation, taxe foncière et taxe d'enlèvement des ordures ménagères). Mais à 1 672 euros à Nîmes. A 816 euros à Nanterre mais à 1 669 euros à Créteil. A 839 euros à Annecy mais à 1 551 euros à Digne.

Un véritable « dumping fiscal » profite aussi à certaines communes riches. L'Ouest parisien, par exemple, est pris dans ce cercle vertueux qui permet, parce que de nombreuses entreprises y sont installées, de maintenir à un niveau relativement bas taxe professionnelle et taxe d'habitation. A contrario, là où le tissu économique est moins développé et la population moins aisée, les communes sont contraintes de compenser les maigres rentrées de la taxe professionnelle par une fiscalité sur les ménages (taxe d'habitation) contraignante. Tant que la fiscalité locale ne sera pas refondue, cette concurrence déloyale minera la cohésion nationale. La mise en place de la Taxe Professionnelle Unique (TPU) constitue naturellement un premier élément de réponse.

A cet égard, la politique d'allègement de charges en tout genre qu'ont menée les gouvernements successifs a notamment abouti à une réduction de ces recettes fiscales des collectivités locales, créant un manque à gagner que l'État a dû compenser. L'augmentation de sa dotation a par conséquent réduit de 60 % à 49 % la part de recettes propres dans le budget de fonctionnement des collectivités territoriales. Les régions sont encore plus pénalisées puisque, pour elles, ce taux a chuté à 37 %. Tout cela révèle l'incroyable complexité du système de prélèvement fiscal d'où les collectivités tirent leurs ressources. Le plus simple, le plus juste et — ce qui ne gâche rien — le moins coûteux, ne serait-il pas de *supprimer purement et simplement tous les impôts locaux et de compenser le manque à gagner par l'augmentation correspondante de l'impôt sur le revenu ?*

Parallèlement à ce qu'on peut observer pour les recettes, la ventilation des dépenses est aussi diverse. A cet égard, le rapport annuel du ministère de l'Intérieur consacré aux finances des communes de plus de 10 000 habitants est des plus instructifs. Notons d'abord que, globalement, les dépenses par habitant sont loin d'être uniformes d'une région à une autre : autour d'une moyenne nationale de 1 425 euros par habitant en 1999, l'éventail était très large entre l'Alsace (1 176 euros par habitant) et le Languedoc-Roussillon (1 697 euros), soit un écart de 45 %. Sur ces sommes dépensées, le poids des charges de fonctionnement est également à géométrie variable entre la Bretagne, qui ne leur consacre que 858 euros par habitant, et les 1 232 euros par habitant de la région PACA (écart de 44 %). A l'intérieur même de ce poste de dépenses, les charges de personnel s'avèrent plus ou moins lourdes : alors que la moyenne nationale fixe à 50,3 % des dépenses de fonctionnement général le niveau des frais de personnel, dix points séparent les taux enregistrés en Corse (57,0 %) et en Languedoc-Roussillon (46,7 %).

Le différentiel est encore plus marqué pour ce qui est du remboursement de la dette contractée par les communes qui, selon une règle classique et rarement transgressée, s'obstinent à vivre au-dessus de leurs moyens. Ainsi, 3,6 % de leurs dépenses de fonctionnement sont-elles affectées aux intérêts de la dette dans les communes d'Alsace contre 6,9 % en Languedoc-Roussillon. Si l'on compare l'endettement total des communes françaises de plus de 10 000 habitants à la fin de l'exercice 1999, le ciel azuré de la région PACA s'assombrit brutalement, puisque l'encours de la dette y est estimé à 1 554 euros par habitant contre 616 euros en Alsace, lorsque la moyenne nationale se situe, elle, à 1 052 euros.

En négatif, la part consacrée aux dépenses d'investissement fluctue à l'unisson, de 307 euros par habitant en Alsace à 578 euros en Languedoc-Roussillon (écart de 90 %).

Les gaspillages des départements

Dans nos pérégrinations, les départements peuvent nous servir de première étape. Tout le monde s'accorde à voir en eux le maillon faible de la chaîne administrative, trop grands et trop petits à la fois, coincés entre les régions et les communes (et plus encore les structures intercommunales) d'échelles plus adaptées à une gestion publique moderne.

De plus, les départements ne se sont pas distingués comme bons élèves pour ce qui est de la dérive des frais de personnel que nous avons observée. Leurs charges de fonctionnement globales ont en effet subi une hausse de 3,7 % en 2000. Or, en réalité, les dépenses liées à leur principale compétence transférée, à savoir l'aide sociale (pourtant plutôt un secteur en « expansion »), n'auront, elles, augmenté que de 0,7 %. La hausse générale s'explique par le bond réalisé par les dépenses de personnel, estimé à 6,4 %. Ici encore, le surcroît de dépenses ne profite pas en premier lieu aux ayants droit mais aux membres de l'administration territoriale.

Malheureusement, les abus ne se limitent pas à cela. L'embarras du choix est manifeste puisque les chambres régionales des comptes examinent chaque année la gestion d'une vingtaine de départements, permettant ainsi de renouveler les inspections de ces collectivités tous les quatre ou cinq ans, les plus importants (comme Paris) faisant l'objet de contrôles thématiques plus fréquents. La gravité des dérives débouche régulièrement sur l'ouverture de procédures contentieuses devant des juridictions financières ou même pénales. Les départements ne sont pas en reste dans ce domaine, comme nous pouvons le vérifier des Yvelines au Gard, de l'Essonne aux Bouches-du-Rhône.

En ce qui concerne le département du Gard, la Cour des comptes, dans son rapport public pour 1997, a dénoncé une gestion « caractérisée par une augmentation importante des frais de personnel, par la prise en charge irrégulière, par des associations subventionnées, d'agents mis au service du département et par des remboursements abusifs de frais de représentation ». Des éléments d'autant plus regrettables pour le contribuable local que, au moment des faits, la collectivité s'enfonçait dans une crise financière qui voyait l'endettement par habitant atteindre le triple de la moyenne nationale. De tels chiffres n'ont pourtant pas effrayé nos édiles locaux. *L'un d'entre eux, qui manifestement sait recevoir, est même allé jusqu'à se faire rembourser plus de 26 600 euros de frais pour les 3 929 convives qu'il avait eu la générosité d'inviter en une seule année*. La Cour des comptes dénonce également les divers abus auxquels a donné lieu la politique de communication menée par le conseil général. Une « Maison du Gard », installée dans les quartiers chics de la capitale, aura coûté 4,8 millions d'euros à la collectivité avant de fermer, en 1995, pour cause d'inactivité. En outre, dans le but d'assurer la promotion d'un projet d'aménagement du pont du Gard, le conseil général a financé le voyage de 180 personnes à l'Exposition universelle de Séville en 1992. Dans la foulée, les mêmes, parmi lesquels nombre de journalistes, ont également été conviés en Camargue, pour la modique somme de 711 euros par personne et par jour.

Le département des Bouches-du-Rhône n'est pas non plus en reste. La gestion du personnel vient ici aussi en tête, ayant donné lieu, selon le même rapport de la Cour des comptes, à des « pratiques critiquables, telles que contrats surévalués, indemnités ou primes irrégulières, octroi de prêts personnels », en particulier en faveur des cadres supérieurs de la collectivité. A côté de ces compléments de rémunérations illicites, la plupart des directeurs administratifs départementaux ont notamment bénéficié, au mépris des dispositions légales, de logements de fonction concédés gratuitement, sans que soit démontrée une nécessité absolue de service, avantage auquel s'est ajoutée la prise en charge, également illégale, de dépenses de fournitures diverses, de frais de téléphone et de personnel de service. Si les hauts fonctionnaires ont donc bien été servis, les élus ne se sont pas oubliés, comme le mentionne ailleurs le rapport : « Dans le cadre d'une structure appelée " questure ", des agents du département ont été mis à la disposition des élus ; leur effectif a atteint 344 en 1995 dont 131 personnes pour assurer le secrétariat particulier des 53 conseillers généraux. La " logistique " des élus comprend en outre 64 véhicules (1,2 véhicule par conseiller général donc), 25 chauffeurs, ainsi qu'une cellule " cocktails ". Les avantages consentis aux élus, qui comportaient en outre une assistance juridique et des remboursements de frais de transports et de repas, en principe couverte par l'indemnité de fonction, avaient représenté 15,7 millions d'euros en 1995 ». La cellule « cocktails » était vraisemblablement sous-dimensionnée au regard des besoins de ces élus puisqu'ils ont par ailleurs eu recours à des associations « transparentes », comme l'« Association pour la représentation extérieure du conseil général », permettant de la sorte d'augmenter encore les frais de réception, les voyages d'études inutiles et très coûteux, et même de souscrire des assurances-vie et de contracter des prêts sans intérêts. Entre 1987 et 1995, ce sont ainsi 2,3 millions d'euros qui ont été détournés de leur utilisation publique, hors de tout contrôle et de toute déclaration fiscale. Enfin, on ne peut quitter l'endroit sans dire un mot du palais que se sont fait bâtir les conseillers généraux pour héberger leur assemblée. Les 53 élus se sont offert un bâtiment d'un coût de 250 millions d'euros soit plus de deux fois le devis initial. Chaque année, l'entretien des 25 000 mètres carrés de vitres coûte plus de 150 000 euros à la collectivité. Peu de chose toutefois au regard des 300 millions d'euros absorbés par les dépenses de fonctionnement courantes de l'institution. *La moitié du budget du ministère de l'Environnement rien que pour assurer l'intendance du conseil général des Bouches-du-Rhône...*

Des exemples dont certains départements de la région

parisienne se sont inspiré. Dans les Yvelines, la Cour des comptes a déploré le recours à des bureaux d'études en échange de petits ou gros avantages. Une des sociétés ici mises en cause a pu déclarer aux magistrats référendaires que ces « cadeaux et réceptions » étaient « dans la norme et dans les usages des 300 sous-traitants du conseil général des Yvelines », constatant que, en l'absence de ces petites attentions pour les signataires d'ordre de service du département, les chiffres d'affaires des différents prestataires pouvaient diminuer dangereusement. A l'inverse, le non-respect permanent du code des marchés publics a abouti à de multiples surfacturations pouvant atteindre 25 % du montant des contrats. Tout cela, pour reprendre la formule sibylline des rapporteurs de la Cour des comptes, dans un « contexte de forte augmentation des dépenses de personnel du département, résultant à la fois de l'accroissement des effectifs et de l'élévation substantielle du niveau des rémunérations ».

Le département de l'Essonne a, en quelque sorte, professionnalisé à l'extrême de telles pratiques. L'affaire est bien connue puisque, mettant en cause quelques « ténors » de la classe politique française dont certains ont été sommés de s'expliquer devant la justice, la presse s'en est saisie. Tout le monde connaît donc désormais Xavier Dugoin, ancien président du conseil général de ce département condamné par la justice. Le menu est ici presque complet : rémunérations attribuées dans des conditions irrégulières à des agents du département, aux élus et à leurs collaborateurs, « faux frais » pris indûment en charge par la collectivité, irrégularités dans les modes de passation de marchés, dépenses de communication et de grands programmes d'aménagement pour le moins scandaleuses, etc. Commençons par le régime indemnitaire des agents qui a donné lieu à nombre d'avantages en contradiction avec les dispositions législatives et réglementaires car rompant avec le principe de parité institué entre fonction publique territoriale et fonction publique d'État : versement de primes de fin d'année et d'allocations vacances pour un montant de 5 millions d'euros en 1996, de rémunérations accessoires au bénéfice des personnels d'encadrement pour un total cumulé de 320 000 euros entre 1991 et 1997 (non déclarées à l'administration fiscale, précisons-le), attribution de logements de fonction gratuits sans contrepartie... Enfin, nos élus de l'Essonne ont eu le mauvais goût de populariser la pratique des emplois fictifs au sein du cabinet du président du conseil général. Sont notamment en cause l'épouse de ce dernier, qui a encaissé la somme de 107 000 euros entre 1993 et 1995, un élu d'un autre département qui, lui, aurait touché 76 000 euros en trois ans, une personne employée au domicile privé du président entre 1993 et 1997 pour 81 800 euros. L'Association pour la gestion des personnels des groupes politiques du conseil général a également servi de tiroir-caisse : un autre des collaborateurs de cabinet du président a bénéficié de rémunérations complémentaires provenant de cette structure tout en touchant, par ailleurs encore, un salaire versé par une entreprise privée du département. Cette liste non exhaustive permet de mesurer le cynisme de certains potentats locaux qui en oublient les préceptes de moralité les plus élémentaires. Si les sommes en jeu n'étaient pas si colossales, les grands programmes d'aménagement développés pourraient également prêter à rire. En 1994 notamment, dans le cadre des jeux de la francophonie, le département a délégué à une société d'économie mixte la maîtrise d'ouvrage des travaux pour une dizaine d'équipements destinés à accueillir la manifestation : du stade nautique départemental de Mennecy au Grand Dôme de Villebon, en passant par le vélodrome de Corbeil-Essonne, le dojo de Brétigny-sur-Orge ou encore le stade d'Évry-Bondoufle, les retards, les surdimensionnements, les irrégularités ou même les abandons de projets ont laissé des ardoises énormes au regard des retours sur investissements. Pour le seul Grand Dôme de Villebon, dont le coût total s'est élevé à plus de 10 millions d'euros, seulement quarante manifestations sont organisées chaque année, attirant en moyenne 1 500 personnes, pour une capacité de 5 000 places ; les coûts de fonctionnement de cet équipement « fantôme » n'en atteignent pas moins 460 000 euros par an.

On mesure très vite toutes les économies potentiellement réalisées en supprimant les départements et avec eux des élus pour lesquels, incontestablement, l'intérêt général n'est pas une priorité.

Les gaspillages des communes

Ici, la taille ne fait rien à l'affaire : petites ou grandes, les communes manquent, elles aussi, singulièrement d'imagination et se rendent fréquemment coupables des mêmes méfaits que leurs « grands frères » des départements. Une mention spéciale doit néanmoins être accordée à la commune de Gravelines, à laquelle la Cour des comptes s'est intéresée en 1998 : un vrai cas d'école. Chef-lieu de canton du département du Nord, Gravelines, qui compte 13 000 habitants, se trouve au cœur d'une zone économiquement sinistrée avec un taux de chômage presque deux fois plus élevé que la moyenne nationale. Toutefois Gravelines bénéficie d'une chance inespérée dans cet environnement peu favorable : s'y trouvent installées plusieurs grandes entreprises, dont notamment une importante centrale nucléaire, qui lui procurent de substantielles ressources. Avec un budget de plus de 51 millions d'euros en 1997, la commune encaissait près de 2 800 euros par habitant d'impôts locaux, lorsque la moyenne nationale pour des communes identiques était de 520 euros. Une chance dont les élus n'ont malheureusement pas pleinement pris la mesure, la Cour des comptes déclarant : « En dépit, ou à cause, de l'importance du potentiel fiscal de la commune, les responsables municipaux, loin de contenir les dépenses, ont laissé s'accroître les charges courantes de fonctionnement et surtout ont multiplié, sans les maîtriser, opérations d'investissements et projets d'équipement. » Comme d'habitude, le laxisme concerne les charges de personnel, très élevées, de par le nombre de fonctionnaires communaux (350 pour 13 000 habitants) et les avantages multiples qui leur sont accordés, souvent de manière irrégulière. Le rapport de la Cour des comptes mentionne notamment le cas du secrétaire général de la commune qui aurait exploré tous les systèmes de primes : prime de responsabilité, indemnité forfaitaire de direction, indemnités d'élection, prime de vacances, prime de fin d'année. Ces émoluments versés par la ville ne semblant pas couvrir tous ses besoins, ce dernier s'est par ailleurs arrangé pour toucher des compléments de rémunération provenant d'établissements publics communaux ou intercommunaux pour un revenu annuel total de 68 600 euros.

Son cas n'était toutefois pas isolé : à Gravelines, tout agent municipal a droit à la prime de vacances (686 euros), à la prime de fin d'année (variant de 1 370 euros à 2 744), à une prime de cantine (535 euros), à une seconde prime de vacances (535 euros) versée par l'amicale du personnel, à une prime d'habillement (123 euros), à une indemnité pour « travaux dangereux, incommodes ou insalubres » indistinctement versée, à une prime de jouet (46 euros), à une prime aux retraités (915 euros), ainsi qu'à une prime « d'avance retraite » (3 050 euros), pour la plupart illégales dans leur principe. La liste est si longue que nous allions oublier la prime informatique, qu'un agent municipal sur quatre reçoit bien qu'aucune des dispositions réglementaires ne soit remplie. Nous pensons naturellement aux employés municipaux des communes voisines qui se contentent du traitement que la grille indiciaire du statut général leur accorde et doivent chaque jour maudire la Providence de ne pas leur avoir envoyé leur lot de centrales nucléaires ou autres grosses industries locales.

Ces chiffres ne traduisent pas pour autant une réalité brillante, tant les opérations d'investissement réalisées ont démontré leur ineptie. Un seul exemple suffira : l'installation du réseau câblé, initialement estimé à 2,7 millions d'euros, en aura finalement coûté plus du double (5,8 millions), le coût unitaire par prise atteignant ici 1 000 euros, alors qu'en règle générale il ne dépasse pas 450 euros. Plus dramatique encore, Gravelines ne s'est pas contenté de finaliser des opérations particulièrement onéreuses, elle en a également abandonné beaucoup : de l'aménagement des arcades du beffroi à celui de la zone d'activités des Huttes, du parc d'activité des Dunes au centre international de découvertes et de vacances, en passant par le musée de l'aluminium, les chantiers les plus mégalomanes ont été ouverts avant d'être enterrés avec autant d'ardoises à éponger.

Un prix peut sans doute être décerné au projet de « parc de l'Aa », complexe de loisirs de 165 hectares, comprenant un stade nautique aux normes olympiques, un hippodrome de trot et de galop, un golf olympique, une salle de spectacle et des résidences de loisirs, dont l'avant-projet était évalué en 1992 à 33,5 millions d'euros (soit un coût de 2 590 euros par habitant). Quelle démence peut pousser un élu local à imaginer une telle opération ? Depuis, bien sûr, le projet est retourné dans les cartons, ayant seulement engraissé quelques architectes ou bureaux d'études locaux alors que les terrains acquis par la société d'économie mixte désignée restent inoccupés. Triste paradoxe, ce laxisme a conduit la commune à recourir massivement à l'emprunt, malgré ses considérables ressources fiscales, pour financer tous ces chantiers fantaisistes. Le poids de la dette s'élevait en 1995 à 5 411 euros par habitant contre une moyenne régionale de 868 euros par habitant, induisant des intérêts annuels s'élevant à 395 euros. Gravelines, ou comment une commune particulièrement riche parvient à se ruiner...

A lui seul, cet exemple résume tous les autres et illustre parfaitement les agissements scandaleux dont les élus locaux se rendent parfois coupables. Après tout, la sanction n'est pas bien lourde : au pire une défaite électorale, et encore, les résultats des élections municipales de 2001 ont pu accréditer l'idée d'une « prime à la casserole », de Béthune à Levallois-Perret. L'ancien maire de Paris lui-même n'a-t-il pas finalement été crédité d'un score honorable alors que manifestement les pratiques démocratiques nécessitaient d'être renouvelées dans la capitale ? Un petit détour par certaines des affaires qui s'y sont jouées n'est pas inutile.

La chambre régionale des comptes d'Ile-de-France s'est régulièrement intéressée à certains points de la gestion municipale parisienne. En 2001, celle-ci a notamment enquêté sur « l'octroi de logements de fonction à certaines catégories de personnel de la Ville de Paris ». La chambre a en particulier examiné la situation de quatre-vingt-huit cadres supérieurs de la fonction publique de la capitale, dont le secrétaire général de la Ville, son adjoint et certains secrétaires généraux de mairies d'arrondissement. L'inspection révèle notamment que le secrétaire général de la Ville en poste jusqu'à l'automne 1998 était hébergé gratuitement dans un appartement de 418 mètres carrés situé dans le très chic

7e arrondissement tandis que son adjoint devait se contenter d'un « modeste » logement de 203 mètres carrés dans un quartier bourgeois de l'Ouest parisien, tous deux par conséquent assez éloignés de l'Hôtel de Ville. Or, il se trouve que la gratuité n'est accordée qu'en cas de « nécessité absolue de service », non avérée pour les postes en question, et qui impose que les agents concernés soient logés à proximité de leur lieu professionnel, ce qui n'était pas le cas en l'occurrence. Les appartements réservés aux secrétaires généraux des mairies d'arrondissement n'étaient pas moins confortables, offrant des superficies comprises entre 150 et 350 mètres carrés, ce qui, au regard de la situation du logement à Paris, relève du luxe le plus extrême. Pour eux non plus, rien ne pouvait justifier l'octroi d'un tel avantage en nature, comme le souligne le rapport de la chambre régionale : « Il paraît incertain qu'un secrétaire général puisse veiller personnellement à la sécurité d'un bâtiment communal quand ce fonctionnaire occupe un logement de fonction situé ailleurs dans l'arrondissement ou hors de l'arrondissement. » Des « cadeaux » que les contribuables parisiens ont donc payés au prix fort, la Ville ayant renoncé pendant toutes ces années à de très confortables loyers, étant donné les surfaces de ces logements et leurs quartiers d'implantation. Terminons sur ce point en rappelant que Paris n'est en rien un cas isolé. D'autres lettres d'observation révèlent exactement les mêmes pratiques à Asnières, Issy-les-Moulineaux, La Grande-Motte...

Les gaspillages de l'intercommunalité

Il est en effet opportun de faire ici un détour par l'intercommunalité pour mesurer combien le principe de mutualisation des compétences et des moyens peut parfois être détourné de ses objectifs. Le poids de cette nouvelle « couche » de pouvoir est devenu déterminant, la part de ce que le jargon administratif a baptisé les EPCI « Établissements Publics de Coopération Intercommunale ») étant passée de 4 % à 7 % du total des frais de personnel de la fonction publique territoriale. Ce principe est d'ailleurs ancien puisque, à la fin du XIXe siècle déjà, les pouvoirs publics avaient jugé opportun de créer des Syndicats Intercommunaux à Vocation Unique (SIVU), permettant à des communes d'additionner leurs moyens en vue de réaliser un équipement ou d'offrir un service dont le coût dépassait la capacité financière des communes prises isolément. C'est dans la continuité de ce dispositif qu'ont depuis lors proliféré les Syndicats Intercommunaux à Vocation Multiple (SIVOM). Pour se faire une idée d'un tel foisonnement, citons en vrac, parmi les milliers d'entités constituées : le SIVOM de la Vallée de l'Yerres et les Sénarts (Essonne), le Syndicat intercommunal pour l'enlèvement et le traitement des ordures ménagères de la région de Tournan-en-Brie (Seine-et-Marne), le Syndicat mixte d'études et de promotion de l'axe européen Toulouse-Lyon (Haute-Garonne), le Syndicat intercommunal d'adduction d'eau potable d'Ammertzwiller-Balschwiller (Haut-Rhin), le Syndicat intercommunal de collecte et de traitement des ordures ménagères de Rambouillet (Yvelines), le Syndicat intercommunal des transports de l'agglomération mulhousienne (Haut-Rhin)... La liste est aussi longue que l'annuaire téléphonique.

En outre, la politique d'aménagement du territoire menée pendant les décennies de l'après-guerre a, elle aussi, favorisé les regroupements divers autour d'une commune pilote, selon le précepte élémentaire qui veut qu'on soit plus fort à plusieurs : districts, communautés urbaines, communautés de communes (en zone rurale) ou communautés de villes (en zone urbaine) et, depuis la loi du 12 juillet 1999, communautés d'agglomérations, ont ainsi poussé comme champignons en forêt. A tel point que les deux tiers des communes françaises sont désormais engagées dans ce processus de coopération. Si la nécessité de regrouper les moyens et de fédérer les énergies est aujourd'hui unanimement admise, en revanche l'efficacité n'est pas toujours au rendez-vous. Au contraire, sur le terrain, l'articulation des différentes structures laisse souvent à désirer et brouille la lisibilité de l'action et de ses résultats. Il n'est notamment pas rare qu'en dépit du transfert d'une compétence la commune, normalement dessaisie, continue à l'exercer en totalité ou en partie, alors même que tout support juridique a disparu.

A l'inverse, bien des EPCI exercent de fait une autorité très supérieure à celle que les textes leur ont octroyée, leurs missions se trouvant progressivement et officieusement élargies. La Cour des comptes cite notamment l'exemple type du syndicat ayant en charge la gestion des réseaux de canalisation et également hériter du traitement des eaux usées sans qu'aucun texte ne le formalise. Parfois cet élargissement de compétences se trouve non conforme à la répartition des pouvoirs légalement fixée. Épinglant la communauté urbaine de Nancy, la Cour des comptes en a profité pour dénoncer « l'imbrication irrégulière des compétences et des financements » entre l'État, les communes et les communautés. Il est en particulier très fréquent que ces dernières investissent le champ de l'enseignement supérieur et de la recherche, qui relève normalement de la compétence de l'État mais dont celui-ci se désengage progressivement. Ainsi des communautés de Nancy et de Strasbourg qui soutiennent des programmes scientifiques, ou encore de celle de Dunkerque qui s'est vue chargée de la maîtrise d'ouvrage de l'université du Littoral. A Lille même, ce sont 25,3 millions d'euros que la communauté urbaine a versés à divers établissements (publics et privés). Enfin le tribunal administratif a annulé la délibération par laquelle la communauté lyonnaise envisageait de prendre part au financement de la création de l'Université catholique de Lyon. Dernière illustration : il peut arriver que plusieurs EPCI voient leurs compétences s'entrecroiser lorsque les structures locales se multiplient sans qu'un plan d'ensemble ait été préalablement défini. L'empilement mène alors fatalement à l'inefficacité, voire à la paralysie du système et, dans tous les cas, occasionne des surcoûts considérables.

Des dysfonctionnements soulignés par le rapport public particulier que la Cour des comptes a consacré aux communautés urbaines en novembre 2001 et dont la conclusion est sans ambiguïtés : « Faute parfois de règlement intérieur, ou en raison de l'imprécision de celui-ci, la répartition des responsabilités communautaires entre les différents organes statutaires manque souvent de la clarté que l'importance de ces établissements nécessiterait. » Faisant référence au point que nous avons évoqué plus haut, le rapport déclare par ailleurs : « Ainsi, dans le domaine de l'enseignement, les souhaits exprimés par les communautés et les contraintes budgétaires ressenties par l'État peuvent expliquer l'imbrication irrégulière des compétences et des financements ; ni les uns, ni les autres ne sauraient cependant justifier que la loi soit enfreinte. »

Quand la définition des compétences recouvre autant d'imprécision, on devine aisément ce que la gestion du personnel peut avoir d'aléatoire. Ici encore, les magistrats de la Cour des comptes dénoncent sans détour « l'extraordinaire diversité de la situation réservée aux agents des communautés ». Plus sévères, ils concluent même que « les pratiques de gestion des personnels par les communautés urbaines traduisent un certain laxisme, mais surtout engendrent des différences incompatibles avec l'existence même d'une fonction publique territoriale ». Dans cet esprit, il n'est pas rare que, par exemple, tel ou tel fonctionnaire terrotiral, contrairement à ce que la loi autorise, arrondisse ses fins de mois en occupant un poste dans un « Établissement public de coopération intercommunale ». Ce que la Cour des comptes, s'intéressant justement à la gestion de ces établissements, résumait comme suit : « Il ressort de la lecture des lettres adressées par les chambres aux EPCI que l'attribution d'une activité partielle dans un établissement de ce type répond également (ou parfois principalement) à la préoccupation non déguisée d'assurer un complément de rémunération à des cadres ou employés de la principale collectivité membre de l'EPCI. »

En outre, si la situation financière des communautés urbaines se révèle inégalement tendue, on observe une tendance générale à la baisse pour leurs dépenses d'investissement et de leur capacité d'autofinacement. *Ces structures absorbent donc de plus en plus d'argent public, pour en investir de moins en moins*. Et comme il s'agit de commissions *ad hoc*, nées de la bonne volonté d'élus locaux mais non soumises au suffrage universel, cette dérive s'opère sans que les citoyens puissent exercer une quelconque autorité.

Les gaspillages des organismes parapublics

Il faut enfin mentionner une forte récurrence d'observations sur les relations que les collectivités locales entretiennent avec des organismes de droit privé, qu'il s'agisse d'associations ou de sociétés d'économie mixte.

Dans le premier cas, les critiques sont nombreuses, alors même que les risques encourus par les élus locaux d'être déclarés comptables de fait auraient dû inciter ces derniers à renforcer leur contrôle sur les associations bénéficiant de financements publics. Bien au contraire, comme l'établit la Cour des comptes dans son rapport public pour 2000 : « Les observations des chambres montrent la persistance de pratiques connues depuis longtemps comme irrégulières ou risquées :

« — Utilisation d'associations subventionnées pour verser au personnel territorial, et parfois aux élus locaux, des avantages et compléments de rémunération divers ;

« — Cumuls d'emplois, une fonction au sein de la collectivité employeuse se superposant en toute illégalité à un emploi au sein de l'association soumise au droit privé ;

« — Mise à disposition de l'association des moyens de la collectivité publique sans convention. Les moyens consistent en personnels, locaux et financements ;

« — Démembrement de services administratifs à travers le recours à des associations " transparentes ", dont les organes de direction sont constitués d'élus ou de responsables locaux, et les moyens, fournis par la collectivité qui y dispose de la totalité des pouvoirs de direction et d'exécution. »

Dans ce domaine, la palme revient incontestablement à la municipalité de Levallois-Perret (Hauts-de-Seine), épinglée par la Cour des comptes à plusieurs reprises, et dont les « affaires » ont défrayé la chronique judiciaire. Le contrôle, qui a porté sur des associations sportives ou à vocation sociale, constitue un autre cas d'école, tant les types d'abus énoncés ont tous, sans exception, pu être constatés dans cette commune. Les sommes en jeu sont loin d'être dérisoire puisque les associations mises en cause ont reçu de la commune un total de 65,5 millions d'euros entre 1989 et 1996.

Dans une confusion totale des rôles des cinq organismes contrôlés et de la commune, les associations, dépourvues de toute autonomie, ont en réalité servi de guichet automatique pour rémunérer certains personnels municipaux. Le Comité des œuvres sociales de la ville a notamment consenti cinq prêts personnels d'un montant total de 84 000 euros à son trésorier, par ailleurs adjoint au maire. Ajoutons que 60 % des dépenses de l'association disparaissaient chaque année en versement de primes occultes de toutes sortes, pour un montant cumulé de 1,2 million d'euros entre 1989 et 1996. Rares sont les communes à consacrer autant à leurs « œuvres sociales » ! Une générosité dont n'eurent pas à se plaindre certaines personnes : en sept ans, la secrétaire générale de la mairie s'est vu verser pour 180 000 euros de primes, son adjoint a touché environ 106 000 euros et la directrice du Comité des œuvres sociales près de 140 000 euros. Pour l'anecdote, la Cour des comptes précise qu'entre 1991 et 1995 l'association a financé « des dépenses totalement étrangères à son objet, comme des achats de bijoux ou de vêtements pour sa directrice, le déménagement du secrétaire général adjoint de la commune ou encore les frais de pressing, de restaurant ou de contraventions du chauffeur du centre ».

Par ailleurs, les fonds encaissés en liquide par le Levallois Sporting Club, pour un montant d'environ 180 000 euros entre 1990 et 1993, ont servi, selon les termes mêmes de la Cour des comptes, à « alimenter une caisse occulte ». Ces fonds, provenant des cotisations des adhérents et de la billetterie d'un certain nombre de manifestations sportives, ont permis de verser pour près de 122 000 euros de rémunérations illicites à une quinzaine de personnes, dont une majorité de sportifs mais également au directeur de l'association (qui a touché plus de 45 000 euros), ainsi que, encore elle, à la secrétaire générale de la mairie (pour plus de 12 000 euros). En authentique cumularde, celle-ci a d'ailleurs été citée dans d'autres affaires : l'association

Levallois-Enfance, chargée de gérer des crèches et haltes-garderies de la ville, employait cette personne en tant que conseillère technique, pour un poste à mi-temps qu'elle ne pouvait pas cumuler avec sa fonction municipale. Cet emploi fictif lui a malgré tout offert un complément de rémunération de plus de 1 500 euros mensuels entre 1989 et 1996, soit un total de 145 000 euros.

Les sociétés d'économie mixte, elles aussi, abritent parfois des comportements pour le moins troubles et sont fréquemment mises à contribution pour arrondir les fins de mois de valeureux agents municipaux insuffisamment rémunérés au regard de leur dévouement à la chose publique.

Ainsi, la Société d'Aménagement de la Région d'Évry (SARE) a, par exemple, rémunéré un chargé de mission à temps plein entre août 1991 et décembre 1992 alors même que ce dernier travaillait simultanément au cabinet du maire de la commune. La SEM Espace-Roissy, ayant pour objet d'étudier l'aménagement d'un parc paysager d'activés de niveau international, a été mise en sommeil en 1994 après enterrement du projet. Pendant ces quatre années de fausse activité, sa principale dépense s'est rapportée à la rémunération de son P-DG qui n'était autre que le maire de Roissy, pour un montant total de 150 000 euros.

Une autre, un peu plus célèbre, la Société Anonyme d'Économie Mixte Sportive (SAEMS) « Limoges Cercle Saint-Pierre basket-ball », qui sert de support juridique à la prestigieuse équipe de basket française, ne s'est pas seulement illustrée par ses performances sportives. Le contrôle que la chambre des comptes du Limousin a opéré a, selon les termes mêmes de son rapport, « permis de mettre en évidence la situation financière très dégradée de la société dont l'activité n'a pu se poursuivre que grâce à l'injection massive de fonds publics ».

Les sommes en question sont considérables puisque la ville de Limoges, le département de la Haute-Vienne et la région Limousin ont versé plus de 15 millions d'euros entre 1991 et la liquidation de la société, prononcée en 1997, alors même que la chambre relevait dans le même temps des pratiques irrégulières en matière de recrutement et de rémunération. Réussissant l'exploit sportif (et par conséquent financier) d'être championne de France et championne d'Europe en 1992-1993, l'équipe s'est néanmoins rendue coupable d'une gestion calamiteuse : ce sont donc les contribuables limousins qui ont dû financer les contrats pharaoniques que le club passait avec certains joueurs, multipliant les avantages en nature (attribution de logements, de véhicules... pour un montant de 850 000 euros rien qu'en 1995). L'entraîneur lui-même a détourné des montants de transfert pour un total de 70 000 dollars déposés sur un compte en Suisse sous l'appellation d'honoraires pour négociations de contrats...

Offices HLM, établissements hospitaliers, abattoirs publics... L'interminable litanie des gestions coupables entretient un sentiment proche de l'écœurement. Comment pourtant constater de tels agissements sans les dénoncer alors même que les chambres régionales des comptes sortent chaque année autant de « lièvres » ? Ces informations sont à la disposition de tous, et personne, ou si rarement, n'en parle, sauf lorsqu'une tête d'affiche, inquiétée pour la rédaction de quelque rapport fictif, est mise en cause. Les sommes en question sont énormes. Mais, plus encore, la morale publique est bafouée dans l'indifférence générale.

Trois ans après

Trois ans après, on pourrait, en multipliant la liste des abus les plus manifestes collectés par les chambres régionales des comptes, poursuivre l'énumération des fonds publics gaspillés par les collectivités territoriales : revenir sur les frais d'hôtellerie somptuaires de la région PACA et les déplacements en hélicoptère de Michel Vauzelle, dénoncer l'absentéisme dans la capitale des Gaules où le taux d'accidents du travail est le double de celui de l'industrie chimique, se demander pourquoi Raymond Forni, président du Conseil régional de Franche-Comté a confié à son épouse, décoratrice d'intérieur, le soin de remettre à neuf le salon de réception de l'hôtel de Grammont pour une facture de 65 085 euros, se poser la question de savoir si la commune de Bompas (Pyrénées-Orientales) avait besoin de construire un gymnase voué à l'athlétisme pour un coût global de 5,5 millions d'euros, de savoir si le Conseil général de la Manche devait bien verser 33 millions d'euros de subvention pour une École de la création audiovisuelle et de réalisation qui n'accueillait en 2003-2004 que 120 étudiants qui déboursent par ailleurs 7 500 euros par an, ausculter l'activité des 27 conseils économiques et sociaux régionaux dont personne ne lit les rapports superficiels mais dont le budget s'élève à 20 millions d'euros, s'interroger sur l'utilité des « ambassades » des conseils régionaux à Bruxelles alors qu'il suffit de naviguer sur Internet pour trouver tous les rapports et autres appels d'offres que l'administration européenne met régulièrement en ligne, s'interroger aussi sur le coût des « Maisons » des régions à Paris comme celle de l'Aveyron qui accueillait 6 visiteurs par jour, se demander pourquoi en Bretagne, soixante instances se penchent sur la question de l'eau potable alors que sur les 310 millions d'euros engagés entre 1993 et 2000, 30 % des travaux prévus ont été réalisés.

Ce serait, protesteraient les bons esprits, faire preuve de « populisme », c'est-à-dire flatter l'ire des contribuables qui pourraient alors se demander pourquoi les impôts locaux sont passés de 38,4 milliards d'euros en 1993 à près de 65 milliards aujourd'hui.

Mieux vaut, dans ce langage feutré qui convient si bien à nos « élites », reprendre le rapport de la Cour des comptes concernant l'année 2004 qui constate : « Pour la première fois depuis près de dix ans, les collectivités territoriales ont dégagé un solde négatif. »

C'est qu'en effet la politique de décentralisation qui avait pour ambition de « décider au plus près du citoyen » et de lui assurer « l'égalité des droits, quel que soit le territoire », se heurte aux pesanteurs et aux corporatismes de notre « vieille » République qui, en dépit de tous les assauts, reste plus jacobine que girondine et aboutit au résultat que la France est aujourd'hui suradministrée et sous-organisée, avec une fiscalité locale totalement injuste et kafkaïenne. Rien ne justifie vraiment qu'Agen ait accru son imposition de 17,84 % en 2003 par rapport à 2002 alors que cette hausse n'a été que de 1,24 % à Rouen.

Il nous reste, pour conclure, à citer une nouvelle fois sans décodeur les conclusions du rapport de la Cour des comptes sur « la déconcentration des administrations et la réforme de l'État » (novembre 2003) : « La réaffirmation répétée de la nécessité d'une gestion plus cohérente des politiques et des moyens mis en œuvre par les services déconcentrés, établissements et organismes divers qui relaient localement l'action de l'État, n'a pas suffi à en garantir la traduction efficace.

« Les relations entre les préfectures et les autres services déconcentrés sont fort différentes selon les ministères concernés, les départements ou régions, et même les préfets. Ces différences reflètent souvent moins l'affirmation du pouvoir d'organisation des services déconcentrés, récemment reconnu aux préfets, que la diversité des ministères et des contextes locaux sur lesquels ils ont en fait peu de prise. Elles témoignent aussi du manque de volonté politique manifesté jusqu'ici pour définir les grandes lignes d'une organisation plus cohérente des services locaux de l'État. »

Dont acte...

Conclusion

Réinventer la démocratie

Réduire d'environ 100 milliards d'euros la dépense publique, tel était l'objectif que nous nous étions fixé au début de cette enquête sur les grands gaspillages de l'État, un objectif qui pouvait et a pu apparaître totalement absurde mais qui s'avère en fait largement accessible. En 2004, rappelons-le, la part des dépenses totales des administrations publiques représentait pour la France 54,5 % du PIB, 48,6 % pour les pays de la zone euro, un écart de 5,9 % qui représente exactement 96 milliards d'euros. 96 milliards d'euros, telle serait l'économie que feraient le contribuable et les « travailleurs » français si la France faisait simplement aussi bien que la moyenne des pays européens. 96 milliards d'euros, soit près de 4 000 euros pour chaque ménage. Si la France faisait aussi bien que le Royaume-Uni, qui consacre aux dépenses publiques 41 % de son PIB, ce serait plus de 9 000 euros par an qui pourraient être distribués à chaque ménage. Si la France avait le courage de faire ce qu'a fait la Suède qui, de 1993 à 2000, a réduit de près de 15 points de PIB le poids de ses dépenses publiques qui était en train de l'asphyxier, elle ferait l'économie de 240 milliards d'euros, soit près de cinq fois le montant de l'impôt sur le revenu.

Certes, ceux qui nous gouvernent et surtout ceux qui ne nous gouvernent plus ou ne nous ont jamais gouvernés aiment à répéter que si notre dépense publique n'est pas franchement optimale, elle est toutefois difficilement compressible, tant elle assurerait les vertus de l'« exception » française. Pour en avoir fait de multiples expériences, toute conversation sur ce sujet avec des responsables politiques, des hauts fonctionnaires ou des membres des cabinets ministériels se termine par un impitoyable « ce n'est pas possible », par un laconique « les dépenses de l'État sont incompressibles », comme si l'effort à réaliser pour réduire la dépense était trop rude pour être accepté par les électeurs, comme si l'État était le seul qualifié pour créer de la croissance, comme si toute mise en cause de la dépense publique risquait de se traduire par moins de justice et plus d'insécurité. Vouloir la réduire, ce serait vouloir diminuer la qualité de l'enseignement, cesser de soigner les malades ou retirer aux plus pauvres le peu qu'ils ont.

Arc-boutés sur la défense de leurs acquis, les citoyens français seraient hostiles à toute réforme, pensent-ils. Héritiers d'une longue tradition, ils seraient uniquement voués aux grands chambardements entre lesquels il ne serait pas possible de faire évoluer les choses raisonnablement. L'« esprit français » serait-il donc si différent de l'esprit de ses partenaires européens ? En fait, comme le démontrent les enquêtes et sondages, les Français ne sont pas culturellement réfractaires à toute idée de réforme. Certes, ils sont viscéralement attachés à l'instruction obligatoire et gratuite pour les enfants, au SMIC, aux assurances maladie et chômage et à la retraite à 60 ans. Ils sont même persuadés qu'ils bénéficient du meilleur système mondial de remboursement des dépenses maladie alors qu'en France le taux de remboursement des dépenses de santé est l'un des plus bas d'Europe !

Mais en même temps, les Français savent que l'avenir n'est plus au conservatisme ni à l'acharnement aveugle à défendre « les avantages acquis ». Sondés en février 2005 par la Sofres, à l'occasion de la 6e journée du livre d'économie qui avait pour thème central « le contrôle de la dépense est-il démocratique ? », 67 % des Français interrogés ont estimé que l'État gère assez mal ou très mal son budget, qu'il y a du « gaspillage », c'est le mot qui a été prononcé. Par ailleurs, 59 % des Français estiment que l'information sur la transparence des comptes de l'État n'a pas changé depuis quelques années. Votée en 2001, la « loi organique relative aux lois de finances » (LOLF), qui entre en application en 2006 mais est expérimentée dès 2005, permettra peut-être de diminuer ce sentiment et d'avancer dans la voie d'une « révolution » qui semble de plus en plus indispensable et urgente.

Justice, tel est le seul mot d'ordre qui peut rassembler les Français. Que les « sacrifices », si sacrifices il doit y avoir, pèsent équitablement sur tous et d'abord sur ceux qui peuvent payer. Même les enquêtes réalisées auprès des enseignants, souvent présentés comme hostiles à tout changement, les révèlent prêts à des modifications importantes dans l'exercice de leur mission. C'est dire...

L'absurde, en la matière, est que ces « sacrifices » sont largement possibles... sans sacrifices. Car il y a un payeur possible, ou plutôt un grand gaspilleur qui devrait se résoudre coûte que coûte à diminuer ses dépenses pour mieux assurer la justice, augmenter la productivité de ses services et assurer la cohésion sociale. C'est une machine qui fonctionne à l'aveugle et qui s'appelle État, un État qui éprouve les plus grandes difficultés à maîtriser ses dépenses et qui néglige au plus haut point toute analyse en termes de coût/efficacité.

Un programme d'action

Alors que les gaspillages sont parfaitement identifiés par l'ensemble de ceux qui savent et veulent compter. Réduire de 15 % le nombre des agents publics au sens large, en remplaçant deux départs en retraite sur trois comme cela a été fait en Allemagne depuis 1989, et en permettant aux agents occupant des postes inutiles de partir contre le versement d'une indemnité confortable, permettrait de diminuer les dépenses publiques de près de 30 milliards d'euros.

Suivre l'exemple de la Suède ou des Pays-Bas qui, au cours des dix dernières années, ont, d'une manière significative, contrôlé leurs dépenses maladie sans aucune dégradation de leurs indicateurs de santé permettrait d'économiser encore 25 milliards d'euros.

Mieux contrôler les subventions aux associations, les subventions d'équilibre aux entreprises publiques, les aides aux entreprises privées qui multiplient les « effets d'aubaine » sans aucune efficacité sur le niveau de l'emploi et les dépenses de coopération internationale mal contrôlées et régulièrement détournées à des fins privées réduirait les gaspillages d'au moins 15 milliards d'euros.

Remplacer les incitations à l'inactivité par des incitations au travail, lutter énergiquement contre la fraude, particulièrement fréquente dans le cas des allocations de chômage (plusieurs études estiment que le niveau de fraude est situé entre 10 et 15 % des dépenses) ou de la formation professionnelle, réexaminer le cas des prestations qui ne sont aucunement liées à l'existence d'un besoin réel, comme en particulier les aides personnalisées au logement (400 000 étudiants touchent l'allocation au taux maximum, quelle que soit l'aide qu'ils reçoivent par ailleurs de leur famille), seraient aussi la source d'une économie qui a été chiffrée à 15 milliards d'euros. Et ainsi de suite...

Autant d'économies qui, il faut le rappeler avec insistance, seraient obtenues sans réduire la qualité d'aucun service rendu au public. Les seules dépenses que nous proposons de supprimer sont celles dont plusieurs évaluations ont démontré qu'elles faisaient double emploi ou qu'elles étaient devenues inutiles. Autant dire que l'objectif n'a rien de révolutionnaire.

Ce qui risque d'être « explosif » en revanche, c'est de maintenir une situation où l'excès de la dépense publique ne fait qu'encourager les comportements prédateurs et creuser les écarts entre ceux qui ont accès à la « cagnotte » et ceux qui n'en ont pas pour leur argent. L'explication est purement mathématique. Dans une société où près de la moitié du revenu des ménages vient de la dépense publique, de nombreux groupes sociaux ont intérêt à consacrer l'essentiel de leur énergie à obtenir la plus grande part de ce revenu. Pour cela, le moyen le plus efficace est d'intimider la puissance publique. Augmenter son revenu par le travail ou par la prise de risque devient une activité peu rentable. En fait, tous ceux qui multiplient les grèves n'« exagèrent » pas. Ils se comportent au contraire en « libéraux » parfaitement rationnels qui ont compris que, dans une société où plus de la moitié du PIB est absorbée par la dépense publique, le meilleur moyen de s'enrichir est d'accroître à leur profit le prélèvement sur les contribuables. Aussi longtemps que les gouvernements leur donnent raison, chaque fois qu'une catégorie sociale obtient une part supplémentaire de la dépense publique, la rentabilité relative du travail devient plus faible et celle du chantage devient plus forte. En supposant même qu'il serait profitable pour tous de consacrer plus de temps au travail, aucun *homo œconomicus* n'aurait intérêt à faire ce choix, puisqu'il est plus rentable de se battre pour un revenu distribué par l'État plutôt que de créer une richesse dont la plus grande part sera prélevée par d'autres. *En fait, dans notre société, les partisans de l'économie de marché ne sont pas là où on pense les trouver. Ils sont plutôt là où la « main invisible » du marché les incite à se trouver, c'est-à-dire dans la rue.*

Certes, dans la mesure où le marché est aussi une jungle, la répartition des revenus qui résulte de ce chantage permanent est profondément défavorable à la cohésion sociale, puisqu'elle exige pour se maintenir une répétition régulière, presque rituelle, de conflits sociaux qui dressent les prédateurs contre les usagers. L'agitation constante, en France, des catégories sociales les plus dépendantes de la dépense publique, salariés du secteur public, enseignants, professionnels de la santé, agriculteurs, ou encore artistes et personnels de la culture, est parfaitement « rationnelle » et s'inscrit dans une logique totalement « libérale ». Elle ne s'explique pas autrement que par la nécessité de faire preuve régulièrement de leur pouvoir de nuisance pour préserver le montant de la part qui leur est attribuée.

Comme dans toute logique de « marché », ce mode de répartition du revenu oublie presque entièrement ceux qui ont réellement besoin de la solidarité de la collectivité. Les chômeurs sont les premiers à souffrir de l'excès de la dépense qui alourdit le coût des embauches et diminue le montant des ressources consacrées à l'emploi. De même, les quelque 7 % de ménages français qui souffrent de grande pauvreté bénéficient moins de la dépense publique que les classes moyennes et aisées, mieux organisées et électoralement plus fortes.

Réduire la dépense publique avec l'appui… de ceux qui en sont les supposées victimes

Réduire la dépense publique pour mieux la distribuer, c'est simplement faire l'hypothèse qu'un service peut souvent être mieux rendu pour moins cher, c'est vouloir mettre un terme aux rentes corporatistes, c'est vouloir imposer aux administrations de soumettre régulièrement à la concurrence les services qu'elle assure, c'est vouloir aussi revaloriser la mission des fonctionnaires qui souffrent de l'étiolement de leurs compétences et du dédain de plus en plus en marqué de l'opinion publique à leur égard. Qu'un gestionnaire public ne puisse attendre aucune récompense des économies de gestion qu'il pourrait réaliser, qu'il continue au contraire à fonder son prestige sur la masse budgétaire qu'il a à gérer est un non-sens économique qui ne peut qu'aggraver la sous-productivité des services dont il a la charge. En fait, si chaque agent public, même et sans doute surtout à l'échelon le plus modeste, pouvait être traité en acteur, avec la part d'autonomie, d'initiative et d'intéressement matériel que cela implique, nul doute que tout le monde y trouverait son compte. Comme nous l'avons vu, dans le système actuel de la fonction publique, les possibilités de récompenser le mérite individuel restent faibles. Différencier les rémunérations pour encourager la performance individuelle ne peut que séduire ceux qui se sentent impliqués, alors que les augmentations de salaires accordées à des agents dont le travail ne s'est pas amélioré ne peut que sous-motiver l'ensemble des agents de la fonction publique.

Au Royaume-Uni, alerté au milieu des années 1990 par une série de rapports qui montraient que près de la moitié des élèves de onze ans n'atteignaient pas les niveaux de lecture et de calcul requis à cet âge, et qu'un adulte sur cinq ne possédait pas les bases essentielles, Tony Blair et David Blunkett, le personnage sans doute le plus populaire du parti travailliste, ont, sous le mot d'ordre « *High challenge, high support* » (mobiliser des moyens à la hauteur du défi), défini le programme suivant : normes de qualité ambitieuses avec tests nationaux pour tous les élèves à sept, onze, quatorze, seize ans, définition de méthodes pédagogiques, fondées sur les expériences des « meilleures pratiques » ; décentralisation des responsabilités au niveau des établissements, en ce qui concerne les ressources et le recrutement des professeurs ; analyse des performances annuelles permettant de comparer les établissements ; inspection de chaque école tous les quatre à six ans ; publication de tous les rapports d'inspection, publication annuelle des performances des écoles et des académies ; statut d'école-phare et autonomie accrue pour les écoles qui réussissent ; plans d'amélioration, suivi serré, éventuel retrait des budgets et possibilité de fermeture pour les écoles en voie d'échec ; changement de directeur dans les trois quarts de ces écoles. Dès l'an 2000, les résultats des tests étaient à la mesure de l'effort : 75 % des élèves de onze ans avaient atteint le niveau en lecture et 72 % en calcul contre respectivement 57 % et 54 % en 1996.

Enfin, pour attirer les étudiants diplômés vers les postes autrefois boudés de l'enseignement, une réforme radicale du corps enseignant a été entreprise. Le rôle des directeurs d'école a été renforcé. Un programme de recrutement de diplômés à fort potentiel est en cours d'établissement avec l'aide de « recruteurs » du secteur privé. Les performances individuelles ont été prises en compte dans les traitements des enseignants dont les promotions et les rémunérations dépendaient fort peu des performances pédagogiques. Les compléments de rémunérations qui sont accordés selon un barème incluant l'impact de leur travail sur les résultats de leurs élèves peuvent atteindre 8 % du salaire annuel. Court-circuitant les syndicats, David Blunkett s'est adressé directement aux enseignants. Appelés à voter sur le projet, ceux-ci l'ont adopté à une forte majorité [1].

1. Stephen Pollard, « Royaume-Uni : traitement de choc pour le mammouth éducatif », *Sociétal*, n° 34, 4e trimestre 2001.

Au Canada, de 1993 à 2003, les dépenses des ministères (transferts aux provinces exclus) sont passées de 16,8 % du PIB en 1993 à 11,5 %. Le nombre des fonctionnaires fédéraux payés par le Trésor a diminué de 30 % et le déficit public qui représentait 5,6 % du PIB en 1993 était en excédent de 0,6 % en 2003.

En quelques semaine, Jocelyne Bourgon, responsable de la réforme, une femme menue débordant d'énergie, a mis au point une check-list distribuée dans tous les ministères. Chaque service, chaque poste de dépense devait être jugé à la lumière de six questions. Le programme sert-il encore l'intérêt public ? Incombe-t-il à l'État de le financer ? Pourrait-il être exécuté plus efficacement par les provinces ? Par le secteur privé ? S'il est maintenu, comment faire pour accroître son efficacité ? A-t-on les moyens de financer l'ensemble des programmes maintenus et lesquels convient-il d'abandonner ? Remise des réponses à ces interrogations six mois après. Un an après, la « révolution » était en marche. Le budget du ministère des Transports a fondu de 40 %, celui de la Défense de 25 %. La gestion des aéroports, les cantines militaires, la météo, le contrôle aérien, l'entretien des voies navigables, celui des bâtiments fédéraux et même la collecte des impôts ont été « externalisés ». Certains de ces services ont signé des partenariats avec le secteur privé, d'autres ont été transférés aux administrations locales ou au secteur bénévole, d'autres encore ont donné lieu à la création d'agences publiques dont les salariés n'ont pas la garantie de l'emploi.

Tous les fonctionnaires de plus de cinquante ans ont pu partir en préretraite, en touchant leur traitement puis une pension à taux plein. Les autres ont quitté leur emploi sur la base du volontariat en encaissant ce que les Canadiens appellent « une poignée de main en or », de un an à dix-huit mois de salaire, sans perdre le droit à l'assurance-chômage. Si cette « révolution » a été possible, c'est qu'elle répondait aux attentes d'une majorité de l'opinion qui avait le sentiment que le Canada était en faillite et qu'il risquait, comme l'écrivait alors un article du *Wall Street Journal*, de subir le destin du Mexique. « Nos citoyens en avaient marre des déficits à répétition. Ils ne supportaient plus qu'un tiers de leurs impôts soit consacré au paiement des intérêts de la dette. Et ils étaient conscients que leurs enfants allaient hériter d'un énorme fardeau financier », rappelle Denis Desautels, alors vérificateur général (l'équivalent du président de la Cour des comptes). Une colère qui devrait inspirer les Français qui savent désormais que leur impôt sur le revenu ne sert plus pratiquement qu'à payer les intérêts d'une dette qui, au rythme actuel, risque de doubler tous les cinq ans ! Au Canada, elle a fondu et le taux de chômage est passé de 11,3 % en 1993 à 6,8 % en mai 2005...

Au même moment qu'au Canada, en 1994, la réforme de l'État a aussi été lancée en Suède, par un gouvernement social-démocrate. Le chômage frappait alors un actif sur dix, la croissance était négative pour la troisième année consécutive, le déficit public atteignait 11,4 % du PIB et les dépenses publiques 72,9 % du PIB. Aujourd'hui, la croissance atteint 3,7 % en rythme annuel, le taux de chômage ne dépasse pas 5,6 %, les finances publiques sont excédentaires de 0,5 % et les dépenses publiques ne représentent plus que 58,3 % du PIB. Pour ce faire, il a suffi d'une méthode qui a le mérite de la simplicité et qui pourrait être immédiatement expérimentée en France : toutes les administrations du pays, sans exception, ont dû réduire leurs dépenses de 11 % en trois ans (une réduction qui ramènerait la France à la moyenne des dépenses publiques de la zone euro et nous ferait économiser 88 milliards d'euros, soit deux années d'intérêts de la dette). Distribuant promotions et primes aux fonctionnaires qui jouaient le jeu, sanctionnant les autres, l'Agence du management public a joué le rôle de bras armé du gouvernement. Comme au Canada, de nombreux services publics ont été sous-traités. Surtout, les fonctionnaires ont perdu la garantie d'emploi, et leur grille de traitements fondée sur l'ancienneté a fait place au salaire au mérite. Chaque entité administrative fonctionne désormais comme une entreprise, l'objectif général étant d'avoir moins de fonctionnaires mais des fonctionnaires mieux payés et plus efficaces. En dix ans, la fonction publique d'État est ainsi passée de 400 000 postes à 230 000 mais les salaires ont augmenté de 60 %. « Nous savions que la situation catastrophique des finances publiques menait le pays à l'abîme, explique Annette Carnhede, la présidente du principal syndicat des fonctionnaires. Nous avons donc accepté les licenciements. » Des licenciements qui ont fait l'objet de réelles négociations : l'État s'est engagé à offrir une formation et à payer les fonctionnaires jusqu'à ce qu'ils retrouvent un emploi. Une agence spéciale, cogérée avec les syndicats, a été créée à cet effet. Ainsi les trois quarts des partants ont été replacés, le quart restant ayant l'âge d'être mis en préretraite.

Résultat : la Suède consacre aujourd'hui 4,2 % de son PIB à la recherche, record mondial, on y compte deux fois plus de chercheurs qu'en France par habitant et on y recense désormais un million de PME, soit trois fois plus qu'en France par habitant. L'accès aux administrations par Internet est possible vingt-quatre heures sur vingt-quatre et les principaux services de la Poste ont été transférés aux supermarchés, aux bureaux de tabac ou chez les marchands de journaux et les loueurs de DVD, des points d'accueil plus nombreux, ouverts plus longtemps, même le... dimanche.

Autant dire qu'il est possible de réformer même en affrontant les syndicats. Autant dire que le seul moyen de mettre en œuvre une réduction massive des dépenses publiques est de s'appuyer en direct sur ceux qui craignent en premier la remise en cause des droits acquis en leur montrant le « donnant-donnant » du projet, c'est-à-dire les avantages qu'il procurerait aux plus motivés d'entre eux.

La politique de la cigale

Autant dire que, faute de courage, les divers gouvernements qui se sont succédé depuis dix ans ont délibérément sacrifié les ambitions du long terme à la gestion du court terme. Si gouverner c'est prévoir, force est de reconnaître qu'il n'y a plus de gouvernement en France. En leur froideur, les statistiques nous rappellent que la hausse des rémunérations des personnels de la fonction publique et des prestations sociales a eu pour contrepartie le manque de ressources pour les investissements qui engagent l'avenir. *Ainsi, les dépenses en capital, qui représentaient 14,3 % des dépenses du budget général en 1990, n'en représentent plus que 11 % aujourd'hui*. Il est difficile d'interpréter cette évolution autrement que comme la manifestation d'une préférence donnée au présent par rapport à l'avenir.

Par ailleurs, les intérêts de la dette publique qui représentaient 12,1 % des dépenses du budget général en 1990 se sont élevés à 16 % en 2005. Ils se montent aujourd'hui à 45 milliards d'euros, qui, faute d'un remboursement programmé de la dette, pèseront une nouvelle fois sur nos enfants.

Enfin, alors que le poste de dépense publique dont l'augmentation promet d'être la plus rapide au cours des prochaines décennies est indiscutablement celui des retraites, le moins qu'on puisse dire est que les réformes menées sont loin d'avoir désamorcé la « bombe ». Pour financer des retraités toujours plus nombreux, en meilleure santé qu'à aucun autre moment de l'histoire humaine et dont les revenus sont plus élevés que la moyenne nationale, il faudra soit augmenter l'âge de la retraite, soit diminuer son montant, soit faire peser sur les jeunes générations des taux de cotisation qui risquent d'être insupportables et de conduire à une montée de tensions particulièrement forte entre actifs et retraités. En effet, le « papy boom » dans la fonction publique risque, si rien n'est fait, d'avoir des conséquences dramatiques sur le budget de l'État. Dans son rapport à l'exécution des lois de finances pour 2000, la Cour des comptes avait souhaité « que lui soit communiqué le chiffrage des engagements de l'État au titre des pensions des fonctionnaires ». Le secrétaire d'État au budget avait répondu que, « en fonction du taux d'actualisation retenu (6 ou 5 %), l'ordre de grandeur des engagements hors bilan de l'État au titre des retraites des fonctionnaires pouvait être estimé comme s'inscrivant dans une fourchette d'évaluation comprise entre 600 milliards d'euros et 700 milliards d'euros ». *700 milliards d'euros, soit presque la moitié du PIB !*

En 2005, après analyse, on les évalue à 940 milliards d'euros.

Comment faire triompher le « bon sens » ?

Reste donc en conclusion à se poser l'inéluctable question : qui peut mettre en œuvre ces réformes de « bon sens » ? qui peut prendre le « risque » de proposer un projet qui semble pourtant évident ? Certainement pas, on le comprend aisément, l'hôte actuel de l'Élysée. En dix ans, de 1995 à 2004, les crédits de la présidence de la République sont passés de 3,3 millions d'euros à 31,9 millions d'euros, une hausse de 580 % alors qu'en 1995, Jacques Chirac avait promis une « présidence modeste ». Certes l'Élysée avance le fait que « les fonds spéciaux » qui complétaient les ressources de la présidence ont été supprimés par le gouvernement Jospin en 2001 et qu'il assure désormais des dépenses naguère prises en charge par les ministères. Reste qu'en l'absence de tout contrôle, ces crédits qui apparaissent comme une survivance de la monarchie d'Ancien Régime peuvent alimenter le poujadisme d'une population qui se coupe de plus en plus de ses élus et ne supporte plus le langage et les codes de ceux qui entretiennent les illusions des uns et désespèrent les espoirs des autres.

Or il faut une nouvelle fois le souligner : adopter un programme résolu de diminution des dépenses publiques qui s'appuierait sur la pédagogie, le courage et la volonté rencontrerait l'adhésion de la majorité des Français.

Tel est le défi lancé à notre démocratie représentative. Comment faire pour que les représentants du peuple incarnent la volonté du peuple, alors qu'il leur semble plus populaire, en termes d'investissement électoral, d'« acheter » les votes en offrant des avantages immédiatement sensibles à telle ou telle catégorie d'électeurs ? Comment faire pour que le « marché politique », en France, soit moins favorable à l'inflation de la dépense ? Comment faire pour que nos parlementaires soient plus sensibles à l'intérêt général qu'à celui des collectivités locales qui sont le terreau où ils puisent leur clientèle ? Comment développer une démocratie qui privilégie la promotion des idées sur les intérêts des territoires ?

A ces questions, les Grecs, nos pères en démocratie, avaient répondu. Si, dans la démocratie athénienne, certaines fonctions importantes étaient remplies par des magistrats élus, la plupart des tâches étaient confiées à des citoyens sélectionnés par tirage au sort parmi tous les citoyens de plus de trente ans n'étant pas sous le coup d'une privation des droits civiques et s'étant présentés eux-mêmes comme « candidats » au tirage au sort, une pratique qui n'appartient plus depuis longtemps à notre culture politique et qui apparaît aujourd'hui comme fantaisiste. Les magistratures attribuées par le sort étaient collégiales et duraient un an. A leur sortie de charge, les magistrats devaient rendre des comptes à l'Assemblée. Autant de dispositifs qui reflétaient la profonde méfiance des démocrates à l'égard du professionnalisme politique et postulaient le fait qu'il était moins dangereux de confier la gestion de la cité à des citoyens sans qualification qu'à des démagogues. C'est encore Montesquieu qui, dans *De l'esprit des lois*, établit un lien étroit entre tirage au sort et démocratie, en écrivant : « Le suffrage par le sort est de la nature de la démocratie ; le suffrage par choix est de celle de l'aristocratie. Le sort est une façon d'élire qui n'afflige personne ; il laisse à chaque citoyen une espérance raisonnable de servir sa patrie. »

Une leçon qui mérite d'être toujours méditée. En démocratie, c'est le peuple et non l'État qui est réputé avoir raison. C'est donc d'abord du peuple que doit venir la pression en faveur d'une réduction des gaspillages puisque ses représentants élus, composés pour l'immense majorité d'entre eux d'agents de la fonction publique, n'ont pas souhaité prendre le temps d'engager les réformes qui risquent de mettre fin à leur « carrière ».

Les propositions ici rassemblées sont suffisamment simples et chiffrées pour être comprises par tous les citoyens. L'homme d'État de demain ne sera certes pas tiré au sort. Mais il devra se donner les moyens de convaincre un peuple qui ne demande qu'à être convaincu. Tous les Français qui ne consultent pas *Le Robert* ont en effet spontanément compris qu'un « populiste » était un homme qui écoutait et entendait le peuple... Pour donner une chance à la France de ne pas sortir complètement du jeu des pays qui feront le monde de demain.

Sources documentaires

Cour des Comptes

Rapports publics annuels de 1996 à 2004

Rapports publics particuliers

La fonction publique de l'État (1re partie — mars 2000)
La fonction publique de l'État (2e partie — avril 2001)
La politique portuaire française (1999)
La politique autoroutière française (1999)
Les interventions des collectivités territoriales en faveur des entreprises (1996)
Les instituts universitaires de technologie (1994)
Les aides au logement dans le budget de l'État de 1980 à 1993 (1994)
La gestion budgétaire et la programmation du ministère de la défense (1997)
L'intervention de l'État dans la crise du secteur financier (2000)
La déconcentration des administrations et la réforme de l'État (2003)
La Banque de France (2005)
La Poste (2003)
La gestion du système éducatif (2003)

La Sécurité sociale (septembre 2001)

Contrôle des organismes faisant appel à la générosité publique

Médecins du Monde (2001)

SIDACTION (2001)
Ligue nationale contre le cancer (1999)
Médecins sans frontières (1998)
Association française sur les myopathies (1996)
Association pour la recherche sur le cancer (1996)

Cour de discipline budgétaire et financière

Rapport public 1999
Rapport public 1998

Comité d'enquête sur le coût et le rendement des services publics

Rapport général 1995-1998
Rapport d'enquête et conclusion du comité : « La mise en place d'indicateurs de résultats dans trois ministères » (juin 2001)

Conseil des Impôts

L'imposition des revenus (2000)

Inspection générale des finances

Mission 2003 : construire ensemble le service public de demain
Rapport Lépine : analyse comparative de neuf administrations fiscales

Mission d'évaluation et de contrôle (MEC) de l'Assemblée nationale

Rapport n° 3151 (juin 2001) :	*Le logement social*
Rapport n° 2357 (mai 2000) :	*La modernisation de la gestion des universités*
Rapport n° 2543 (juillet 2000)	*Le recouvrement de l'impôt*
Rapport n° 1781 (juillet 1999)	*La politique autoroutière*
	La gestion des effectifs et des moyens de la police nationale
	Les aides à l'emploi
	L'utilisation des crédits de la formation professionnelle

Commission des finances du Sénat

Rapport d'information n° 42 (oct. 2000)
Le financement des infrastructures de transport
Rapport d'information n° 65 (nov. 2000)
La situation, la gestion et la rémunération des personnels du ministère de l'emploi
Rapport d'information n° 274 (avril 2001)
La Villa Médicis
Rapport d'information n° 348 (mai 2001)
La réforme de l'État à l'étranger
Rapport d'information n° 483 (juillet 1999)
La concurrence fiscale en Europe
Rapport d'information n° 485 (sept. 2000)
Le fonctionnement des services de l'État dans l'élaboration des projets de loi de finances et de l'exécution des lois de finances

Rapport général au projet de loi de finances 2001

— Tome III — Annexes 1 : *Les Affaires étrangères*
— Tome III — Annexe 10 : *Culture et communication — Presse*
— Tome III — Annexe 23 : *Routes et sécurité routière*
— Tome III — Annexe 28 : *Fonction publique et réforme de l'État*

Rapport général au projet de loi de finances 2005

Conseil d'analyse économique

Rapport n° 3 : *Service public, secteur public*
Rapport n° 11 : *Fiscalité et redistribution*
Rapport n° 13 : *Régulation du système de santé*
Rapport n° 24 : *État et gestion publique*

Ministère de la Fonction publique et de la Réforme de l'État

Rapport annuel (1992-2000)

Ministère de l'Économie et des Finances

Les Notes bleues de Bercy : Projets de loi de finances pour les années 1990 à 2002

Ministère de l'Intérieur

Les finances des communes de plus de 10 000 habitants pour 1999 (juillet 2001)

Ministère de l'Emploi et de la Solidarité

Données sur la situation sanitaire en France (2000)

Ministère de l'Éducation nationale

Rapport de l'inspection générale de l'Éducation nationale (2001)

Observatoire national de la pauvreté et de l'exclusion sociale

Rapport 2000
Rapport 2004

Conseil national de l'évaluation

Rapport annuel 1999 : « L'évaluation au service de l'avenir »

Observatoire de l'emploi public

Rapport annuel (juin 2001)

Observatoire des finances locales

Les finances des collectivités locales en 2001

INSEE

France, portrait social
Données sociales. La société française
Annuaire statistique de la France (années 1990 à 2005)
Extraits et tableaux des comptes de la Nation

OCDE

Statistiques des recettes publiques, 1965-2000, 2001
Mesurer les charges fiscales. Quels indicateurs pour demain ?, 2000
Perspectives économiques, juin 2001

Bibliographie

Patrick Artus, Marie-Paule Virard, *La France peut se ressaisir*, Paris, Economica, 2004.

André Barilari, *Le consentement à l'impôt*, Paris, Presses de Sciences Po, 2000.

Louis Bériot, *Abus de bien public*, Paris, Plon, 1999.

Perrine Cherchève, *Les fonctionnaires entre privilèges et préjugés*, Paris, Éditions Milan, 2001.

J.-P. Davart, T. Tursz, G. Vallancien, avec P. Boncenne, *La révolution médicale*, Paris, Seuil, 2003.

Mathias Emmerich, *La République prodigue*, Paris, Plon, 2000.

Philippe Even, *Les scandales des hôpitaux de Paris et de l'hôpital Pompidou*, Paris, Le Cherche-Midi, 2001.

Magnus Falkehed, *Le modèle suédois*, Paris, Payot, 2004.

Roger Fauroux, Bernard Spitz, *État d'urgence*, Paris, Robert Laffont, 2004.

Roger Fauroux et Bernard Spitz (dir.), *Notre État*, Paris, 2001.

Jacques Généreux, *Les vraies lois de l'économie*, Paris, Seuil, 2001.

Gilles Johannet, *Santé, dépenser sans compter*, Paris, Santé de France, 1995.

Jacques Julliard, *La faute aux élites*, Paris, Gallimard, 1997.

Maîtriser la dépense publique. Le retard français s'aggrave !, Institut de l'entreprise, mars 1999.

Béatrice Majnoni d'Intignano, *Économie de la santé*, Paris, PUF, 2001.

Bernard Manin, *Principes du gouvernement représentatif*, Paris, Calmann-Lévy, 1995.

Jacques Marseille, *C'est beau la France ! Pour en finir avec le masochisme français*, Paris, Plon, 1993.

Moins de dépenses publiques pour davantage de croissance d'emploi et de liberté, Institut de l'entreprise, mars 1996.

Thomas Picketty, *Les hauts revenus en France au XX*e *siècle*, Paris, Grasset, 2001.

Politique économique 2002, Rapport économique, social et financier du Gouvernement, Paris, Economica, 2001.

Pour l'école, Rapport de la commission présidée par Roger Fauroux, Paris, Calmann-Lévy, 1996.

Pierre Rosanvallon, *La démocratie inachevée*, Paris, Gallimard, 2000.

Yves Salesse, *Réformes et révolution*, Paris, Agone, 2001.

Le service public demain. Textes réunis par Robert Fraisse, Paris, Economica, 1989.

Le sursaut. Vers une nouvelle croissance pour la France, rapport du groupe de travail présidé par Michel Camdessus, Documentation française, 2004.

Claude Thélot *L'évaluation du système éducatif*, Paris, Nathan, 1993.

Une irrésistible modernisation des entreprises de service public ?, Presses Universitaires de Rennes, 2000.

Bernard Zimmern, *Les profiteurs de l'État*, Paris, Plon, 2000.

L'auteur tient à remercier tout particulièrement Damien Cazé, maître de conférence à l'Institut d'études politiques de Paris, pour ses conseils avisés, et Mathieu Carquain, pour sa précieuse collaboration à la rédaction de cet ouvrage.

Table

La photocomposition de cet ouvrage
a été réalisée par
GRAPHIC HAINAUT
59163 Condé-sur-l'Escaut

collection tempus
Perrin

DÉJÀ PARU

1. *Histoire des femmes en Occident* (dir. Michelle Perrot, Georges Duby), *L'Antiquité* (dir. Pauline Schmitt Pantel).
2. *Histoire des femmes en Occident* (dir. Michelle Perrot, Georges Duby), *Le Moyen Âge* (dir. Christiane Klapisch-Zuber).
3. *Histoire des femmes en Occident* (dir. Michelle Perrot, Georges Duby), *XVIe-XVIIIe siècle* (dir. Natalie Zemon Davis, Arlette Farge).
4. *Histoire des femmes en Occident* (dir. Michelle Perrot, Georges Duby), *Le XIXe siècle* (dir. Michelle Perrot, Geneviève Fraisse).
5. *Histoire des femmes en Occident* (dir. Michelle Perrot, Georges Duby), *Le XXe siècle* (dir. Françoise Thébaud).
6. *L'épopée des croisades* – René Grousset.
7. *La bataille d'Alger* – Pierre Pellissier.
8. *Louis XIV* – Jean-Christian Petitfils.
9. *Les soldats de la Grande Armée* – Jean-Claude Damamme.
10. *Histoire de la Milice* – Pierre Giolitto.
11. *La régression démocratique* – Alain-Gérard Slama.
12. *La première croisade* – Jacques Heers.
13. *Histoire de l'armée française* – Philippe Masson.
14. *Histoire de Byzance* – John Julius Norwich.
15. *Les Chevaliers teutoniques* – Henry Bogdan.
16. *Mémoires, Les champs de braises* – Hélie de Saint Marc.
17. *Histoire des cathares* – Michel Roquebert.
18. *Franco* – Bartolomé Bennassar.
19. *Trois tentations dans l'Église* – Alain Besançon.
20. *Le monde d'Homère* – Pierre Vidal-Naquet.
21. *La guerre à l'Est* – August von Kageneck.
22. *Histoire du gaullisme* – Serge Berstein.
23. *Les Cent-Jours* – Dominique de Villepin.
24. *Nouvelle histoire de la France*, tome I – Jacques Marseille.
25. *Nouvelle histoire de la France*, tome II – Jacques Marseille.
26. *Histoire de la Restauration* – Emmanuel de Waresquiel et Benoît Yvert.
27. *La Grande Guerre des Français* – Jean-Baptiste Duroselle.
28. *Histoire de l'Italie* – Catherine Brice.
29. *La civilisation de l'Europe à la Renaissance* – John Hale.
30. *Histoire du Consulat et de l'Empire* – Jacques-Olivier Boudon.
31. *Les Templiers* – Laurent Daillez.

32. *Madame de Pompadour* – Évelyne Lever.
33. *La guerre en Indochine* – Georges Fleury.
34. *De Gaulle et Churchill* – François Kersaudy.
35. *Le passé d'une discorde* – Michel Abitbol.
36. *Louis XV* – François Bluche.
37. *Histoire de Vichy* – Jean-Paul Cointet.
38. *La bataille de Waterloo* – Jean-Claude Damamme.
39. *Pour comprendre la guerre d'Algérie* – Jacques Duquesne.
40. *Louis XI* – Jacques Heers.
41. *La bête du Gévaudan* – Michel Louis.
42. *Histoire de Versailles* – Jean-François Solnon.
43. *Voyager au Moyen Âge* – Jean Verdon.
44. *La Belle Époque* – Michel Winock.
45. *Les manuscrits de la mer Morte* – Michael Wise, Martin Abegg Jr. & Edward Cook.
46. *Histoire de l'éducation,* tome I – Michel Rouche.
47. *Histoire de l'éducation,* tome II – François Lebrun, Marc Venard, Jean Quéniart.
48. *Les derniers jours de Hitler* – Joachim Fest.
49. *Zita impératrice courage* – Jean Sévillia.
50. *Histoire de l'Allemagne* – Henry Bogdan.
51. *Lieutenant de panzers* – August von Kageneck.
52. *Les hommes de Dien Bien Phu* – Roger Bruge.
53. *Histoire des Français venus d'ailleurs* – Vincent Viet.
54. *La France qui tombe* – Nicolas Baverez.
55. *Histoire du climat* – Pascal Acot.
56. *Charles Quint* – Philippe Erlanger.
57. *Le terrorisme intellectuel* – Jean Sévillia.
58. *La place des bonnes* – Anne Martin-Fugier.
59. *Les grands jours de l'Europe* – Jean-Michel Gaillard.
60. *Georges Pompidou* – Eric Roussel.
61. *Les États-Unis d'aujourd'hui* – André Kaspi.
62. *Le masque de fer* – Jean-Christian Petitfils.
63. *Le voyage d'Italie* – Dominique Fernandez.
64. *1789, l'année sans pareille* – Michel Winock.
65. *Les Français du Jour J* – Georges Fleury.
66. *Padre Pio* – Yves Chiron.
67. *Naissance et mort des Empires.*
68. *Vichy 1940-1944* – Jean-Pierre Azéma, Olivier Wieviorka.
69. *L'Arabie Saoudite en guerre* – Antoine Basbous.
70. *Histoire de l'éducation,* tome III – Françoise Mayeur.
71. *Histoire de l'éducation,* tome IV – Antoine Prost.
72. *La bataille de la Marne* – Pierre Miquel.
73. *Les intellectuels en France* – Pascal Ory, Jean-François Sirinelli.
74. *Dictionnaire des pharaons* – Pascal Vernus, Jean Yoyotte.

75. *La Révolution américaine* – Bernard Cottret.
76. *Voyage dans l'Égypte des Pharaons* – Christian Jacq.
77. *Histoire de la Grande-Bretagne* – Roland Marx, Philippe Chassaigne.
78. *Histoire de la Hongrie* – Miklós Molnar.
79. *Chateaubriand* – Ghislain de Diesbach.
80. *La Libération de la France* – André Kaspi.
81. *L'empire des Plantagenêt* – Martin Aurell.
82. *La Révolution française* – Jean-Paul Bertaud.
83. *Les Vikings* – Régis Boyer.
84. *Examen de conscience* – August von Kageneck.
85. *1905, la séparation des Églises et de l'État.*
86. *Les femmes cathares* – Anne Brenon.
87. *L'Espagne musulmane* – André Clot.
88. *Verdi et son temps* – Pierre Milza.
89. *Sartre* – Denis Bertholet.
90. *L'avorton de Dieu* – Alain Decaux.
91. *La guerre des deux France* – Jacques Marseille.
92. *Honoré d'Estienne d'Orves* – Etienne de Montety.
93. *Gilles de Rais* – Jacques Heers.
94. *Laurent le Magnifique* – Jack Lang.
95. *Histoire de Venise* – Alvise Zorzi.
96. *Le malheur du siècle* – Alain Besançon.
97. *Fouquet* – Jean-Christian Petitfils.
98. *Sissi, impératrice d'Autriche* – Jean des Cars.
99. *Histoire des Tchèques et des Slovaques* – Antoine Marès.
100. *Marie Curie* – Laurent Lemire.
101. *Histoire des Espagnols,* tome I – Bartolomé Bennassar.
102. *Pie XII et la Seconde Guerre mondiale* – Pierre Blet.
103. *Histoire de Rome,* tome I – Marcel Le Glay.
104. *Histoire de Rome,* tome II – Marcel Le Glay.
105. *L'État bourguignon 1363-1477* – Bertrand Schnerb.
106. *L'Impératrice Joséphine* – Françoise Wagener.
107. *Histoire des Habsbourg* – Henry Bogdan.
108. *La Première Guerre mondiale* – John Keegan.
109. *Marguerite de Valois* – Eliane Viennot.
110. *La Bible arrachée aux sables* – Werner Keller.
111. *Le grand gaspillage* – Jacques Marseille.
112. *« Si je reviens comme je l'espère » : lettres du front et de l'Arrière, 1914-1918* – Marthe, Joseph, Lucien, Marcel Papillon.
113. *Le communisme* – Marc Lazar.
114. *La guerre et le vin* – Donald et Petie Kladstrup.
115. *Les chrétiens d'Allah* – Lucile et Bartolomé Bennassar.
116. *L'Égypte de Bonaparte* – Jean-Joël Brégeon.
117. *Les empires nomades* – Gérard Chaliand.

À PARAÎTRE

La bataille de la Somme – Alain Denizot.
La guerre de Trente Ans – Henry Bogdan.
L'Église des premiers siècles – Maurice Vallery-Radot.

Impression réalisée sur Presse Offset par

BRODARD & TAUPIN

GROUPE CPI

La Flèche (Sarthe), le 05-01-2006
pour le compte des Éditions Perrin
76, rue Bonaparte
Paris 6e
N° d'édition : 2049 – N° d'impression : 33632
Dépôt légal : septembre 2005
Imprimé en France